JN409139

죽음과 사색

이동조 수필집

다솜출판사

죽음과 사색

2025년 11월 20일 인쇄
2025년 11월 25일 발행

지은이 | 이동조
펴낸이 | 박중열
펴낸곳 | 다솜출판사
부산광역시 중구 대청로 135번길 10-1
TEL.(051)462-7207~8 FAX. 465-0646
등록번호 1994년 4월 22일 제325-2001-000001호

값 20,000원

ISBN 978-89-5562-825-8 03810

| 들어가는 글 |

표제를 무엇으로 할 것인지 잠시 고민을 했다. 몇몇 작품의 제목이 머리에 떠올랐으나 한순간 망설이지 않고 '죽음과 사색'으로 정했다. 이 작품을 발표할 때에 내 나이는 20대 중반이었고, 영도에 있는 조선소에서 한창 기계조립공으로 일할 때이다. 이후 40년 정도의 세월이 흘렀다. 이제 초심으로 돌아가야 할 때다.

'사색(思索)을 포기하는 자는 정신적 파산의 선고다'라는 슈바이처 박사의 말은 사색이 없는 자는 현대 사회의 기성 조직이 만들어 낸 사색의 강제 흡입으로 진리에 대한 감각도 상실하고 취생몽사(醉生夢死) 즉, 아무 의견이나 마구 쫓아다닌다는 뜻일 것이다.('죽음과 사색'에서, 본문 9쪽)

정년퇴임을 불과 몇 개월 앞두고 성찰의 기회를 가져본다. 강산이 네 번이나 바뀌는 동안, 나의 정신세계는 한 걸음도 나아가지 못했다. 청년시절의 순수성은 퇴색 되어 버리고 늘어난 것은 처세에 관한 것 뿐이다. 지워버리고 싶다고 지워지는 세월도 아니다.

'子曰 德之不脩 學之不講 聞義不能徙 不善不能改 是吾憂也.(論語 述而편 3장)' 지나온 세월을 돌이켜 보니, '덕을 갖추지도 못하고, 학문과 지식을 배워서 제자들에게 제대로 가르치지도 못하고, 올바른 도리를 실행도 못하고, 나쁜 점이 있으면 이것을 빨리 고쳐서 시정해야 하는데 그것도 안 되고.' 꼭 지금 이 자리에 서 있는 나를 두고 하는 말 같다.

죽음과 사색

幼年三題

1. 과꽃

저는 전포초등학교 4학년이 되자마자 10년 넘게 살아오던, 전포동 시절을 마감하고 동래 내성초에 전학을 가게 되었습니다. 산중턱에 위치한 외딴집이라 주위에 친구도 없었답니다. 꿈을 꾸면, 골목길에서 구슬치기, 다망구, 숨바꼭질하던 전포동 시절의 꿈이었습니다. 그러던 어느 날, 소년에게 놀라운 소식이 전해졌습니다. 소년이 다니던 내성초에서 부산 시내 초등학교 합창대회가 열리는데, 전포초등학교 합창반도 참가를 했다는 소식을 바람결에 들었습니다. 소년은 수업을 마치자 곧바로 학교 뒤편 강당으로 달려갔습니다. 그렇지만 이미 합창대회는 끝이 나버렸습니다. 낙심을 한 소년은 힘없이 터벅터벅 교문을 향해 걸었습니다. 그런데 저 멀리 열을 지어 가는 전포교 팻말을 든 합창부 학생들이 보였습니다. 교문을 나서며, 그들은 다같이 '과꽃'을 부르며 기다리던 버스에 올랐습니다. 소년은 기쁜 마음으로 교문을 향해 달려갔습니다. 그렇지만 버스는 이미 부르릉~ 떠나버리고 말았답니다. 그때, 와르르 가슴을 무너져 내리던 안타까움이란, 소년은 어른이 된 지금도 동요 '과꽃'을 부르면 그때의 그 심정이 되어 버립니다. 다행스럽게도 2년 후, 소년은 다시 전포초 6학년으로 전학을 와서 그 곳에서 졸업을 했습니다.

2. 결석

소년은 정오의 뙤약볕을 얼굴 한 가득 받으며, 학교로 가는 길입니다. 콜타르가 칠해진 검은 나무 울타리가 길동무가 되어 함께 갑니다. 머릿속에 고민이 있다 보니 나무 울타리를 쓸면서도 손이 더러워지는 줄 모릅니다.

'아~, 정말 오늘만큼은 학교에 가기 싫다.'

어머니 심부름을 하다가 지각을 하게 되었다거나, 숙제를 미처 못한 일 때문만은 아닙니다. 학교에 가더라도 수업을 못 받고 쫓겨날게 뻔합니다. 어디 그뿐인가요. 선생님으로부터 호된 빰을 맞고 또다시 집으로 되돌아오지 않는다면 다행입니다. 바로 기성회비 약속 날짜이기 때문입니다.

'아~, 오늘만큼은 정말 학교에 가기 싫어.'

소년은 또 한 번 마음속으로 되뇝니다. 교사(校舍)를 새로 짓는 일 때문에 임시로 쓰고 있는, 천막 교실 주위를 빙빙 돕니다. 수업은 이미 한창 진행되었나 봅니다. 아이들의 글 읽는 소리가 맑고 또랑또랑하게 들려옵니다. 그것은 마치 '여기는 성스러운 곳이야, 너처럼 놀기를 좋아하는 아이가 올 곳이 못 되지!'라고 속삭이는 것 같습니다. 천막을 세 바퀴째 돌다가, 드디어 그 어린 이방인은 천막을 떠날 결심을 합니다.

그리고 고무줄에 튕겨나듯 간 곳은 부전시장입니다. 그 곳에 가면 약장수 가설무대를 얼기설기 지어 놓고 심청전, 춘향전을 합니다. 예쁜 여배우들이 하는 연기를 넋을 잃고 쳐다보다가, 등이 찢어지는 고통에 한순간 정신 줄을 놓아 버립니다. 돈이 안 되는 어린 훼방꾼들을 쫓아내기 위해 고용된 단속원들이 대회초리로 여린 등살을 후려쳤기 때문입니다. 고통에 진저리를 치면서 '아, 여기는 두 번 다시 올 곳이 못되는구나!'하고 그 자리를 떠납니다. 그러나 그 다음날도, 그 다다음날도 어김없이 소년은 학교에 있을 시간에 그 자리에 앉아 있습니다. 이번에는 약삭빠른 참새처럼 요리조리 단속원을 잘도 피하면서 말입니다.

3. 노래

아마도 초등학교 저학년 때쯤이었을 것입니다. 그 소녀는 우리 모두의 우상입니다. 윤기가 자르르 흐르는, 묶음머리가 동그마니 햇살 아래에서 반짝반짝 빛이 났습니다.

입고 있는 교복 칼라도 빛이 바래져서 누렇게 변하도록 입고 다니던, 우리들과는 확연히 달랐습니다. 어디 옷 칼라뿐이던가요. 모든 옷 매무새가 눈이 부시도록 하얀색이었습니다. 공부도 잘 했고, 얌전하기가 이를 데 없었지요. 먼발치에서만 봐도 가슴이 두근거렸습니다. 다른 아이들이 하는 대로 하굣길에 골목에 숨어서 발쪽을 향해 연탄재를 던지면서도 행여 그 소녀가 다치면 어쩌나, 걱정이 앞섰습니다.

어느 날, 음악시간이었습니다. 선생님은 북, 북~, 빅, 빅~ 풍금을 치시며, 이 노래를 아는 사람은 손을 들어 보라고 하셨습니다. 항상 공부가 바닥을 헤매던 나는, 평소 내가 아는 것은 대부분 반 아이들도 다 알고 있었기에, 앞에 앉아서 겁 없이 손을 들었습니다. 손을 들고 주위를 둘러보는데, 아무도 나처럼 손을 든 아이가 없었습니다. 그런데 저 멀리 여학생 한 명이 손을 들고 있었습니다. 묶음머리, 그 소녀였습니다. 그런데 선생님은 우리 두 사람을 교단 위로 불러내었습니다. 그리고 서로의 손을 잡게 하고는 함께 노래를 부르게 하였습니다. 그 노래는 '리, 리, 릿자로 끝나는 말은'이라는 노래였습니다. 잡고 있는 나의 손에서는 땀이 흥건히 괴어서 소녀의 손이 자꾸만 미끄러졌습니다. '리, 리, 릿~자로 끝나는 말은'까지는 그런대로 맞았습니다. 그 다음이 문제였습니다. 제가 '개나리, 보따리…'하면, 그 소녀는 '보따리, 개나리……'하는 식이었습니다. 그날따라 오후 창을 통해 비쳐드는 햇살이 왜 그리 따가운지 저의 얼굴은 자꾸만 붉어졌습니다. 초등학교 인터넷 카페에 있는 앨범을 뒤적거려 보았습니다. 그 소녀는 꿈속에서 본 아이는 아니었는지……. 아! 놀랍게도 있었습니다. 그것은 꿈이 아니었던 것입니다.

죽음과 사색

죽음이란, 크나 큰 명제를 안고, 처음으로 달팽이처럼 사색에의 여로(旅路)를 떠난 때는, 언제쯤이었을까? 아마 고교에 합격했으나 입학금이 없어 진학을 포기하고 서울 영등포에 있는 양식기 공장에 다니던 그 무렵이었던 것 같다. 세척실에 있는 양식기를 목판(木板)에 담아 검사실 컨베이어로 나르는 단순 노동에다, 아침 8시에 출근에 다음날 새벽 4시가 되어서야 비로소 퇴근하는 과로가 연일 계속 되었다. 때때로 동료가 술집 작부로 전락해야 하는 말 못할 애환이 그늘져 내리기도 하던 그런 곳이었다.

그때 그 곳의 생활을 단적으로 표현 하자면 '생즉고(生卽苦)' 바로 그것이었다. 마치 기계의 일부인양 흐느적거리면서 정신은 오직 하나의 상념으로 일관했다. 우연히 어느 학교의 교지에서 단편적으로 주워 삼켰던 쇼우펜하우어의 한 마디.

'삶은 부역에 끌려가 당하는 노역이니라.'

당시로서는 이 한 구절이 나의 사상의 전부였다고나 할까? 삶이란, 어차피 이 따위의 것이니 별 도리가 없다며 그저 체념으로 살았던 것이다. 그러자 부모를 원망하는 마음이 자연히 생겨났다.

그 후, 고교에 진학하게 되고, '이번 겨울에는 호주머니가 큼직한 털옷을 짜서 한 해 동안 둘 사이에 있었던 갖가지 사연을 담아 놓겠다.'던 소녀와의 만남도 있었다. 얼마간의 세월이 흐르고, 극히 단조로운 일상을 영위하면서 어느 날 막연히 죽음이란 것을 생각했다.

삶이 괴롭다는 것을 인정하면서 왜 죽지 않고 살아 있느냐? 내 부모는, 내 이웃은, 한결같이 삶이 고달프다고 하면서 왜 죽지 않고 살아 있을까?

음독을 생각했다. 쥐약을 먹고서 마당을 몇 바퀴 돌다가 힘없이 쓰러지던 개의 죽음과, 스물이란 꽃다운 나이에 짐승처럼 발광하던 친척 누나의 모습이 오랜 기억에서 클로즈업 되었다. 그리고는 그것만은 도저히 못할 짓이라 싶어 도리질을 했다. 낭떠러지 아래의 시퍼런 물결을 바라보며, 단 세 번의 자맥질 끝에 드디어 허이연 시신으로 떠오를 자신의 모습을 연상하며, 오히려 두려움과 공포감만으로 전율했다. 최후로 얻은 결론은 '죽을 용기가 없어 산다.'는 것이었다. 현해탄에 몸을 날린 윤심덕이나 테네시강에 투신한 버어지니아 울프를 용기 있는 자들로 칭송했다. 가장 좋아하던 쇼우펜하우가 헤겔이 자신의 죽음을 예견하지 못하고 가버린 것을 비웃었다는 일화를 들으며, 그 역시 용기가 없어 죽음을 행동으로 옮기지 못한 나약한 인간이었으리라고 힐난하기도 했다. 때때로 자신이 탄 차가 교통사고라도 내었으면 하고 은근히 기대해 보기도 했고, 횡단보도를 걸어가던 중, 고속으로 달리던 차가 급브레이크를 밟으며 뒤에서 세차게 경적을 울려도 모른 척 외면하기도 했다.

그러던 중 뜻밖에 아버지의 부음을 들었다. 입관에서 매장하는 일련의 장례식을 끝내고 심한 허탈에 빠졌다, 삶도 괴롭지만 죽음도 허무하다는 것을 깨달은 것이다, 삶과 죽음의 기로에 서서 언제까지나 혼미한 상태로 허덕일 것만 같았다.

그런 와중에 마치 누구로부터 죽음의 실체를 극명하라는 계시라도 받은 듯 또 하나의 죽음을 목격해야만 했다. 바로 김노인의 죽음이다. 노인은 우리 집에 세 들어 사는 신혼부부의 부친이었는데, 중풍을 앓고 있었다. 회생이 어려워 죽을 날만 기다리는 시한부의 삶이었다. 어머님의 배려로 내가 쓰는 방의 다락에서 지내게 되었는데 하체의 완전한 마비로, 처음 본 그의 모습은 비아프라족의 꼬챙이 같은 육신에 눈만이 퀭하게 뚫려 있는 형상이었다. 노인은 마치 신들린 사람처럼 열성으로 라디오를 켜대고 있었다. 그런데 하루는 다락에서 늘 들려오던 라디오 소리가 들리지 않았다. 이상한 느낌에 사로잡히는 순간 부엌에서 곁방 아이의 외마디가 들려왔다. 뛰어 나가 보니 다락에서 내려온 노인이 어느새 식칼을 쥐고 할복(割腹)하려는 자세를 취하고 있었다. 칼을 빼앗는 데는 제법 오랜 실랑이를 벌려야 했다.

이 날 이후, 약 일 주일 만에 노인은 죽었다. 그런데 이 사건은 죽음에 대한 나의 견해에 새로운 쐐기를 놓았다. 마치 우리의 태어남이 자기와는 무관한 일이었던 것처럼 죽음 역시 어느 절대자에 의한 것이 아닐까? 하는 의문이 생기게 되었다. 그리고 평소에는 너무도 평범하게 흘려들었던 '인명재천(人命在天)'이라는 말에 전적으로 공감하게 된 것이었다. 사실 부모에 대한 원망의 생각은 그때까지도 버리지 못하고 있었다. 그런 생각은 나의 앞길에 하등의 이득도 되지 못한다는 사실 때문에 스스로 자제하려 했을 뿐이었다.

그러다가 우연인지 필연인지 불교를 가까이 접하게 되었고, 이로 인해 모든 의문을 쉽사리 풀 수 있게 되었다. 내가 비록 부모의 몸을 빌려 태어났지만 그것은 부모의 뜻도 그 누구의 뜻도 아닌, 대우주의 질서를 위한 한 과정이라는 것, '생자필멸(生者必滅)'이라고 해서 태어난 것은 모두 형태를 변화해 가면서 반드시 소멸되고 만다는 것. 그러므로 죽음이란, 스스로 자행할 성질도 못 되고, 두려워 할 필요도 없으며, 그저 우주의 섭리에 순응하는 것이 가장 자연스럽고 현명하다는 판단을 갖게 된 것이다. 그것에 더하여 일체 중생은 불성(佛性)이 있으므로 한 생명 속에 한 우주가 내재해 있다는 사실도 인식하게 되고, 마침내 생명의 존엄성마저 깨닫게 되었다.

'현미경을 통하여 수많은 병균을 보고 인간의 생명을 구하기 위하여 병균을 죽이지 않을 수 없는데 대해 깊은 감개를 금치 못했다.'라고 한 의사이며 신학자인 슈바이처의 말이나 '호미로 밭을 일구면서도 생명이 다칠까 조심을 한다.'는 운문사의 어느 비구니 스님의 말씀이 아무런 차이가 없다는 것을 알고, 피상적인 안목이긴 하지만 기독교와 불교는 일맥이 상통해 '모든 진리는 한 나무에서 자란다.'는 법정스님의 생각과도 합류하게 된 것이다.

이렇듯 죽음에 대한 큰 의문은 끈질긴 사색의 집념을 낳고, 나는 그 사색을 통해 부정적 삶에서 긍정적 삶으로, 생명의 경시에서 존엄으로 발전하여 미흡하나마 불교의 자비와 기독교의 사랑을 실천으로 행하려는 단계에까지 이르게 된 것이다.

기실 스모그 현상으로 새벽별조차 보이지 않던 서울의 삭막한 하늘이나, 처음 입사해서 튕기는 그라인더의 불꽃이나, 용광로에서 나오는 불빛, 연기, 갖가지 소음이 사색을 방해하며 극도로 괴롭히는 요인이 되었지만, 나의 선천성 사색벽은 악착스럽게 사색을 놓아 주질 않았다. 어떤 때는 아주 작업을 기피해 가며, 생활관 옥상에서 맞은편 국민학교의 운동장을 바라본다거나, 배 위에 올라 망연히 시선을 던지다가 안전요원에게 적발되어 시말서를 써 본 적도 있다.

'사색(思索)을 포기하는 자는 정신적 파산의 선고다'라는 슈바이처 박사의 말은 사색이 없는 자는 현대 사회의 기성 조직이 만들어 낸 사색의 강제 흡입으로 진리에 대한 감각도 상실하고 취생몽사(醉生夢死) 즉, 아무 의견이나 마구 쫓아다닌다는 뜻일 것이다.

나는 장래 무엇이 될 것인가 하는 내 나름대로의 목표가 설정되어 있지만 내 뜻대로 될 것인지 의문스럽다. 하지만, 한 가지 분명하게 확신하고 싶은 것이 있다. 그것은 결코 사색을 잃지 않는 인간이 된다는 것이다. '인간은 생각하는 갈대다.'라는 파스칼의 말을 인용할 필요도 없다. 내가 사색을 떠나는 순간 나는 마음을 잃은 존재로서 이 세상에 서 있어야하기 때문이다.

슬견설(虱犬說)

'슬견설(虱犬說)'은 고등학교 국어책에 나오는 고려시대 문인 이규보의 수필이다.

내가 재직하고 있는 곳은 야간 고등학교이다. 그날도 제법 늦은 밤 아이들 앞에서 '슬견설'에 관해 열심히 설명하고 있었다.

어떤 손이 주인을 방문해서 하는 말이 '개를 몽둥이로 처참하게 쳐서 죽이는 장면을 보고 다시는 개고기를 먹지 않기로 맹세를 했다.'고 하자 이 말을 받아서 주인은 '누가 이를 잡아서 이글이글 타오르는 화롯불 안에 집어던지는 것을 보고 다시는 이를 잡지 않기로 했다.'

이 이야기를 듣던 아이들이 수업도중에 깔깔대며 손뼉을 치고 웃었다. '이는 하찮은 미물이 아니냐.'는 것이다. 그래서 그것은 인간의 편견에서 나온 것이라는 점과 모든 생명체는 소중하다는 것을 아울러

인식시켜 주어야만 했다. 그러나 기계를 만지는 공고생들이라서 그런지 역시 무반응이었다.

그로부터 일주일 쯤 지나서였다. 돌아서서 칠판에다 판서를 하고 있을 때 한 학생이 고함을 치며 질겁했다. 풍뎅이 한 마리가 창문을 통해 날아들어 와서는 그 학생의 머리 위에 붙었던 것이다. 교실은 순식간에 아수라장이 되었다. 마침 풍뎅이가 내 쪽을 향해 날아와 얼떨결에 출석부로 일격을 가한 것이 명중되었다.

풍뎅이가 일시적으로 기력을 잃고 교실바닥을 엉금엉금 기었다. 나는 수업 분위기를 엉망으로 만든 풍뎅이에 대해 일말의 적개심을 느끼고 지시봉 끝으로 눌러버리려 했다. 바로 그때 상황을 주시하던 아이들이 '슬견설', '슬견설' 하고 외치며 약속이나 한 듯이 풍뎅이를 살려주자는 것이었다. 풍뎅이의 목숨도 소중하다는 주장이었다.

'그래 너희들도 다 알고 있었구나!'

나는 순간 가슴이 뭉클했다. 풍뎅이를 손으로 집어서 창가로 다가가서 힘껏 던졌다. 기력이 없어 날지 못할 것 같았던 풍뎅이가 양 날개를 쫙 펼치며 어둠 속에서 어디인지 모를 곳으로 힘차게 날아갔다. 아이들의 환호와 갈채 속에서…….

문학도의 꿈을 키우며

같이 中學을 졸업한 친구들이 책가방을 들고 학교를 다니는 한 해 동안, 나는 궁핍한 집안 사정으로 서울과 부산을 오가며 매연과 소음이 산재해 있는 공장에서 공원생활을 했다.

이런 연유로 내가 처음 교복을 입었을 때의 감회는 남들보다 배가(倍加)가 되는 것이었다. 그만큼 알찬 고교시절을 보내고 싶었던 것이 입학한 직후 나의 바람이며 각오이기도 했다. 지금 학교를 떠나 사회에 몸담은 지가 6年을 넘었지만 오히려 재학시절의 3年이 나의 인생역정에서 보다 크고 명확한 자국으로 남아 있음을 부인할 수 없다. 누구나 마찬가지로 아마도 그 시절의 몇 년이 내 청춘시절의 성장기이기도 한 점도 있겠지만, 그것은 어디까지나 일부이다. 요즘도 시내 번화가에서 동기들을 만나면 우리들은 10원 짜리 고무공이 고급가죽으로 된 그 어떤 축구공보다도 소중하고 값진 것이었음을 이야기한다. 수업이 파하자마자 책가방과 교모는 스탠드위에 처참하게 나뒹그러지고 황혼 무렵에 시작한 축구시합은 칠흑 같은 어둠속에서 교정에 매달려 있는 수은등이 달처럼 환한 웃음을 지어도 계속 되었다. 모두가 번들거리는 낯빛으로 수돗가로 달려가 꼭지를 끝 간 데까지 틀어놓고 저마다 머리를 쑤셔 박으며 그 청렬함이 피의 순환을 따라 온몸의 구석진 데까지 씻어 내리고 그 한기가 살갗에 소름을 생성할 때야 비로소 우리는 가을이 가고 겨울이 성큼 다가섰음을 알았다. 그때 축구와 인연을 맺은 몇몇 친구는 공을 차마 버리지 못하여 조기회 같은 데에 나가는 것을 볼 수 있다. 그렇게는 못하더라도 모두들 그때의 투지와 지구력을 자신의 일상에 쏟으며 보람찬 나날을 영위해 나가고 있으리라.

글에서 도무지 문외한인 내가 감히 문예부에 가입할 엄두를 낼 수 있었던 것은 중학교 저학년 때부터 꾸준히 써온 일기를 믿었기 때문이었다. 초기에 십 수 명이 몰렸던 문예부원은 차차 떨어져 나가 결국 삼 사명만 남게 되었다. 형제처럼 다정한 우리들에게 선배니 후배니 하는 호칭조차 어색했다. 그 당시만 하더라도 문예부실을 갖기란 참으로 요원한 일이요. 모임이 있을 때마다 본관 뒤편 등나무 아래에서 만났고 학교 행사나 교지를 만들 때면 도서관 모퉁이를 잠시 대용하기도 했다. 행사가 코앞에 닥쳐 손 갈 데가 많아 밤늦게 작업을 마치면 제각기 주머니를 털어 쏜살같이 달려가 사온 것은 으레 식빵이었다. 물 한 방울도 없이 잘도 삼키던 빵맛은 그때의 누구도 잊지 않았으리라. 이 어쭙잖은 문예활동을 통해 입학초기에 열망했던 대부분을 충족시켰다. 그 동안 재직했던 회사의 사보에 뻔질나게 이름 석자를 올릴 수 있었던 것은 순전히 이 시기에 익힌 실력에 바탕 했다.

흔히 고교시절을 집약해서 표현할 때 '꿈'이니 '낭만'이니 하며 현혹하게 하는 용어가 자주 오르내리는 것은 유감스러운 일이다. 그 자체에 탐닉하여 학업을 등한히 한다면 그처럼 우둔한 행위도 없을 것이다. 학과목의 공부는 모든 것에 우선하여야 한다. 자신의 의지와는 무관한 자연발생적인 후회라는 것은 일단 경계하고 볼일이다.

학교에 가면 후배들에게 꼭 들려주고 싶은 말이다.

뿌리에 대한 단상(斷想)

내가 숭조상문의 뜻을 가지고 문중(門中)의 문턱을 드나든 지도 어느덧 7년여가 되었다.

이제 내 나이 불혹을 겨우 넘긴 처지이니. 그때는 지금보다도 더 혈기 방창한 30대 중반이었다. 요즘은 대가족에서 소가족으로, 소가족에서 대시 핵가족으로 바뀌었다. 핵가족은 다시 아버지는 아버지대로, 어머니는 어머니대로, 자녀는 자녀들대로 제각기 바빠 일주일에 얼굴 몇 번 마주치기 힘든 핵분열의 상태로 접어들었다 해도 과언이 아니다.

하루가 다르게 모든 게 급변해 가는 디지털 시대에 그 퇴조의 기미를 보이는 것 중에 문중일, 즉 문사(文事)를 꼽는 사람이 많다. 세상이 하도 어지럽게 돌아가서 그 일에 종사하고 있는 나로서도 무어라 확언할 수 있는 입장에 있는 것은 아니다.

내가 성장한 곳은 서면 중심가에서 30여 분이 채 걸리지 않는 전포동 산비탈이었다. 울산에서 태어나 두 살이 채 못 되어서부터 이곳에서 자랐으므로 여러모로 보아도 도회 놈임에 틀림이 없다. 뒤늦게 결혼을 해서 장전동쪽에 신혼살림을 차렸다가 전세방에서 내쫓김을 당하는 처지가 되었다. 또다시 부산에서 전세를 전전하느니, 차라리 허름한 집이라도 내 집이 제일이라는 생각으로 양산시 웅상읍에 있는 아파트로 이사했다. 그런데 공교롭게도 그곳이 바로 내 윗대 선조가 300여년 정도 뼈를 묻고 살아온 명실상부한 나의 고향이었다. 처음에는 갑자기 많아진 아재니 할배 때문에 무척 당황되기도 하였다. 농협에 다니는 저 아재는 윗대 선조 어디에서 갈라져 나의 아재인가? 방금 인사하고 헤어진 저 할배는 나하고 열 몇 촌이라는데 촌수 계산은 도대체 어떤 경로를 거쳐서 이루어진 것인가?

어느 해 여름방학. 한 달 내내 나는 꼬박 족보를 구해다 놓고 땀을 뻘뻘 흘리며 세계도(世系圖)를 그리기에 여념이 없었다. 누구는 누구를 낳고 또 누구는 누구를 낳고……. 끝없는 생몰(生沒)을 되풀이 하는 가운데 드디어 현대 어느 날 '나'라는 존재가 세계도 그 끄트머리에 달라붙어 있었다. 세계도가 완성되던 날 나는 미묘하고 야릇한 기분에 사로 잡혔다. 그것은 이런 것이었다. 지금부터 300여 년 전 한 넉넉지 못한 살림을 하던 시골 선비가 있었다. 낮에는 농사일을 마치고 저녁에 밥상을 물린 후 글을 읽다가 차를 달여 온 아내와 가볍게 담소를 나누다 문득 운우지정(雲雨之情)을 나누었다. 그날 밤 그 소산으로 생겨난 것이 저 아재고 방금 인사하고 헤어진 사람이 저 할배다. 세계도를 그리고 난 후 나는 집안사람들이 예전보다 훨씬 더 친근하고 다정하게 다가왔으며, 그 어느 때보다 도타운 정을 느끼게 되었다.

지금부터 20여 년 전, 미국의 알렉스 헤일리라는 작가가 쓴〈뿌리〉라는 작품이 일대 센세이션을 일으킨 적이 있었다. 그 드라마는 TV로 방영되어 엄청난 시청률을 올리기도 했다. 흑인인 작가는 자신의 조상인 '쿤타킨테'라는 아프리카 사람이라는 사실을 알고 있었다. 그리고 그분이 살던 곳은 아프리카의 '캄비 볼롱고'라는 것이었다. 그는 아프리카어를 전공한 사람으로부터 '볼롱고'라는 말이 '강'을 뜻하고 '캄비 볼롱고'란 '캄비아 강'을 가리킨다는 사실을 알아내었다. 그는 몇 차례에 걸쳐 죽을 고비를 넘기며 아프리카의 '주푸레'라는 곳에 당도해서 '그리오트'(기억에 의존하여 그 마을의 내력을 말하는 사람)를 통하여 '쿤타킨테'라는 자신의 오래된 조상을 만난다.

사람의 가치관이 저마다 다르므로, 나는 현재 내가 관여하고 있는 이 일이 지상에서 가장 종요로운 일이라 말할 수 없다. 그러나 인간이 하는 여러 가지 소중하고 긴요한 일들 중 하나는 근원을 캐는 일이 아닌가 한다. '우주의 기원, 혹은 근원', '생물의 기원 혹은 생명의 근원' 등. 그런데 여러 가지 근원을 알아보는 중에 내 조상의 근원을 천착하는 일도 결코 우리가 간과해서는 안 될 일로 생각한다. 우리는 어디로부터 와서 어디로 가는가? 전생과 내세의 문제는 종교와 신앙의 일이므로 무어라 말할 수 없다. 그러나 나의 조상에 관한 문제는 묵은 책장 속의 족보를 펼쳐보면 금방 알 수 있다. 누구처럼 약간의 시간만 할애한다면 언제든지 가능하다. 저마다 바쁜 일상에 쫓기는 줄은 알지만 적어도 한 번쯤은 제대로 눈길을 주어야 하는 것이 바로 '뿌리'에 관한 문제가 아닐까?

나의 사랑스런 제자에게

우리는 목욕을 하면서 옷을 입고하지 않는다. 만약 그런 사람이 있다면 그의 정신 상태를 전문 의사에게 의뢰해 봐야 할 것이다. 역으로 우리는 서면 시가지 한 복판을 활보하면서 옷을 벗은 나신(裸身)으로 나다니지 않는다.

그 이유는 무엇일까? 무릇 우리 사회는 그 구성원 개개인에게 그 장소와 분위기에 맞는 옷차림과 행동을 요구한다.

가끔이지만 나는 교실에서 공차기를 하는 사람을 본다. 지나친 확대해석이라 비난할지 모르겠으나, 이런 사람은 옷을 입고 목욕을 하는 사람과 같다고 본다, 지금은 근절되었지만 얼마 전까지만 해도 교실에서 동전 따먹기를 하는 속칭 '판치기'라는 것이 있었는데, 이런 사람은 옷을 벗고 서면(西面) 한 중심가를 나다니는 사람과 같다고 본다. 누가 뭐라고 해도 교실은 정숙하게 앉아 공부하는 곳이다. 공을 차고 싶으면 공을 들고 운동장으로 나가야 한다. 판치기를 하고 싶으면

노름하는 장소로 가야 한다.

성장시기로 보아 중2 남학생에게는 짓고, 까불고 떠들고 싶어 하는, 충동이 심리적으로 있음을 모르는 바는 아니다. 그러나 보다 성숙된 품위 있는 인간, 이것이 우리가 언젠가는 나아가야 할 목표가 아닌가?

교실에서는 공부만 하고, 떠들고 뛰어 놀며 운동하는 것은 운동장에서 하는 그런 학생들이 모인 학급이 되었으면 좋겠다.

어머니의 죽비소리

어린 시절, 우리 집의 경우 다른 집과는 약간 특이했다. 전통적으로 嚴親慈母(엄친자모)인 반면에 우리 집은 가히 慈親嚴母(자친엄모)라 할 만큼 어머니가 엄격하셨다. 하여튼 어머니께서는 평소 자애로우시다가도 무언가 확연한 잘못을 한 경우 그 단죄가 자못 따끔하셨다. 누구나 다 생활이 빠듯하던 시절인 60년대 중반. 나에게는 어쩌면 일생을 그르칠 지도 모를 큰 위기가 왔었다.

초등학교 2학년 때의 일로 기억된다. 콩나물 교실로 2부제 수업을 할 때였다. 오후반이었는데 어머니의 긴한 심부름으로 지각을 하게 되었고, 그로 인해 숙제까지 못하게 되었다. 지각에다가 숙제를 안 해 매 맞을 일을 생각하니 눈앞이 아찔하고 발길이 천근만근인데 공교롭게도 그날이 기성회비를 납부하기로 한 날이었다. 학교에 가도 어차피 수업은 못할뿐더러 손바닥이 도톰하게 살찐 여선생으로부터 매서운 따귀를 맞고, 오던 걸음 그대로 돌아서야 할 지 모른다. 어린 나이에 생각해도 참으로 난감한 일이었다. 집에 돌아가도 어머니가 계신다는 보장도 없고, 설혹 계시더라도 돈이 없는 것은 너무도 자명하다. 억울하고 답답한 일이지만……. 어떤 때는 왕복 30리 길을 걸어서 분명히 집에 다녀왔지마는, 담임교사로부터 중간에 놀고 왔다며 양 볼이 얼얼하도록 얻어맞기도 했다. 그래도 그날 교실 근처까지 가기는 갔다. 새 건물을 신축 중이라 임시 교사(校舍)인 천막에서 공부를 했는데, 나는 그 천막 주위를 빙빙 돌며 어찌할 바를 몰라 고민하고 있었다. 그러다가 천막 교실 모서리를 마악 도는 순간 나는 맞은편 모서리를 돌던 한 낯익은 눈과 마주쳤다. 바로 내 이웃에 사는 같은 반 '골통'이었다. 그는 학교에 등교하는 날과 결석하는 날이 엇비슷할 만큼 소위 문제 학생이었다. 그는 시장에 가면 약장수들이 펼치는 연극이 몹시 재미있다는 것과 재수가 좋으면 돈도 주울 수 있다는 말로 나를 유혹했고, 방향타를 상실하고 방황하던 나는 선뜻 그의 뒤를 따랐다. 돈은 고사하고 극장 관리자로부터 등줄기에 내려치는 호된 대회초리만 맞고 쫓겨났다. 그러다가 결국 시장통 골목을 거렁뱅이처럼 어슬렁거리다가 길고 긴 늦가을 해가 서산으로 뉘엿뉘엿 질 무렵. 다른 아이들 하교 시간에 맞추어 집으로 향하였다. 난생 처음 나는 집으로 가서 부모님의 눈을 속여야 한다는 것과 그리고 거기에 걸맞게 적당한 연기도 할 수 있어야 한다는 생각에 심장이 쿵쾅거리는 소리가 귓전을 울리고 지나는 소리를 들었다. 죄의식 때문에 무거운 긴장과 불안이 나를 에워쌌다. 집에 돌아오자 어머니는 우리 아들 공부하고 오느라 애썼다며, 선반 위에 올려놨던 잘 익은 홍시가 담긴 쟁반을 내려놓고 나가셨는데 그 순간, 나는 가책도 되는 데다 끓어오르는 회한을 주체 할 길이 없어 혼자 서 훌쩍이며 안으로만 눈물을 삼켰다. 그러나 다음 날도 그 다음날도 나는 학교에 가지 않았다. 자신도 모르는 사이 앞서 열거한 여러 가지 죄목 중에 무단결석이라는 죄목이 하나 더 늘어나 있었던 것이다. 그러나 결석 나흘째 되는 날, 이웃 아주머니가 시장에 갔다가 우연히 나를 발견하게 되었고, 그 사실은 곧바로 어머니의 귀에 들어갔다. 집 안에 들어서는 순간, 나는 손목이 어머니에게 잡혀서 안방으로 끌려 들어갔다. 어머니는 방문을 안으로 걸어 잠근 다음 수수로 된 빗자루가 다 헤어져 너덜너덜 해지도록 나를 체벌하셨다. 무릎을 꿇고 빌어도 막무가내였다. 그 서슬에도 나는 '기성회비 때문에 매 맞는 것이 두려워 학교를 가지 않았다'며 볼멘소리를 했고 그 말을 듣는 순간 어머니의 눈에도 그렁그렁 눈물이 맺히는 것을 보았다. 그러자 나는 지금까지와 또 다른 애잔한 슬픔이 밀려와 더 큰 목소리로 울었던 기억이 있다.

절에서 스님들이 참선을 할 때 간혹 졸거나 태만하면 사정없이 매를 가지고 등짝이나 어깨 죽지를 후려치는데 그 매를 '죽비'라 한다. 나도 몇 번 맞아본 적이 있는데 크게 소리 나는 것에 비하면 별로 아프지는 않다. 내가 그날 어머니에게 맞은 것은 단순한 매가 아니고 바로 그런 '죽비'였다고 생각한다. 그때 만약 어머니의 그런 죽비소리가 없었더라면 나는 학교에도 가지 않고 연일 나쁜 아이들과 어울려 지금보다 훨씬 나쁜 상태가 되어 있을 지도 모른다. 그 다음날 나는 학교로 갔다. 선생님에게 크게 야단맞을 나를 보며 아이들이 측은한 눈길로 바라보았지만 나는 전혀 개의치 않았다. 왠지 발걸음이 그저 무척 가벼웠다. 지금에 와서 생각하는 것이지만, 그것은 어머니의 죽비소리 이후 막연한 가운데 어떤 희미한 깨달음이 나에게 주어 졌기 때문이라고 생각한다. 그것은 뭐랄까, 어머니의 사랑을 확인한 다음에서야 뒤늦게 이 세상에서 가장 두려운 것 선생님의 빰따귀나 어머니의 매질로 인한 육체적 고통보다 자신의 양심을 거스르며 가족을 속이고 이웃을 배반한 정신적 아픔이라는 것을…….

無思萬打

언제부터인가 반 아이들 사이에 '무사만타'라는 말이 나돌았다. 특정한 아이가 무얼 잘못했을 경우, 요놈의 빠따 몇대로 했으면 좋겠느냐고 물으면 아이들은 장난기 섞인 목소리로 '무사만타!'하며 소리 질렀다. 어쩌다 조회 시간에 '내가 다른 반 담임 선생님들에 비해 매를 많이 드는 편이 아니냐?'하고 물으면, '거의 무사만타 수준입니다.'하며 농을 던졌다. '無思萬打'란, 말 그대로 '無思' 즉 아무 생각 없이 '萬打' 만 대를 때린다는 뜻이다. 말이 만 대지 거의 무한대로 매를 든다는 이야기다, 내가 처음 저들 사이에 '무사만타'라는 말이 나도는 것을 감지했을 때의 기분은 뭐랄까, 일견 흐뭇하고 한편으로는 씁쓸한 심정이었다.

만 십 년을 꼬박 넘기는 교직 생활을 하면서 자연스럽게 나도 매라는 것을 들게 되었다. 그리고 언제부턴지 거기에 글귀를 적어 넣은 습관이 있었다. 기억에도 까마득한 최초의 글은 아마도 그저 평범한

'사랑의 매'가 아니었나 싶다. 그러다가 조선일보 이규태씨의 글 중에 '서당 빗자루'라는 제목으로 쓰인 글을 읽고, '서당 빗자루'라고 명명하였다. 옛날 서당에서는 학부모들이 싸리나무를 꺾어 자식을 훈육하는데 써 달라고 가져오는데, 그것이 너무 많아 빗자루를 만들어 사용하기도 하고, 남으면 시장에 내다 팔기도 했다는 데서 유래된 말이다. 그러다가 우연히 TV광고에서 참선하는 스님들이 졸거나 산만하면 지키고 섰던 다른 스님이 죽비로 어깻죽지나 등을 후려치는 장면을 보고 옳다구나 싶어 '죽비 소리'라고 새겨 넣기도 했다. 그 후에도 '精神棒', '精神一到棒'. 또 무슨 봉, 무슨 매를 거쳐 가장 최근에 애용한 글이 바로 '三思一打'였다. 자칫 남발할 지도 모를 매를 스스로 삼가고 경계하자는 취지로 '三思一言'에서 착안한 것이었다. 매를 한 대 들더라도 맞는 학생과 그 부모를 생각해서 신중하자는 것이다.(물론 내가 생각한데로 얼마만큼 실행해 옮겼는지 생각해 보면 회의적이라 할 수 밖에 없지만…….) 앞서 내가 일견 흐뭇하다고 한 것은 '삼사일타'라는 말을 가지고 반 아이들이 '무사만타'라는 말을 조어할 수 있는 능력을 길렀다는 점에서이다. 처음 학년 초 내가 담임을 맡았을 때에 그야말로 붕어빵에 붕어가 없듯이 자습시간에 자습이 없다는 것을 알았다. '자습'(自習)이란 말 그대로 스스로 하는 학습인데 저들끼리 맡겨 두었을 때 제대로 된 학습 분위기를 유지한다는 것은 백년하청(百年河淸)이었다. 하는 수 없이 나는 칠판에다 한자성어, 숙어, 단어…… 등을 빽빽하게 적고, 그것을 익히도록 하였다. 한 학기가 끝나갈 무렵 저들의 입에서 한자 문구들이 많이 오르내리었다. '虎林'이라는 아이의 별명이 '猫林'으로 바뀌었다든지, 그날 배운 한자를 괴발개발 번갈아 가며 칠판에 썼다가는 지우고 하는 모습이 자주 눈에 띄고 하는 것들이 그랬다. 그러면서도 내가 '無思萬打'에 유감인 것은 그들이 나의 아픈 부위를 건드렸기 때문이다. 매를 드는 것이 최선이 아니라는 것은 누구보다 내가 제일 잘 안다. 말만 가지고 정신적 감화를 주어 아이들을 지도할 수 있다면 그 이상 바랄 게 없다. 그러나 그것은 거의 이상론에 가깝다고 본다. 예를 들면 수업 중에 아이들보고 조용히 하라고 고함을 질러보지만, 목만 아프고 별무 효과다. 네 번, 다섯 번 소리쳐도 마찬가지다. 그때 가장 심하게 장난치는 학생을 불러내어 따끔한 매를 한번 들면 한 시간 내내 조용하다. 제대로 든 매라면 다음 시간까지도 영향을 미치고, 어쩌면 저 선생님은 매우 무서운 분이라는 인식이 들면, 일 년 내내 정작 매를 드는 횟수가 얼마 되지 않고도 정숙한 수업 분위기를 유지 할 수 있다. 그럼에도 불구하고 선생님이 드는 매도 일종의 폭력의 범주에 넣는 사람이 있는가 하면, 거기에는 나름대로의 만만찮은 논리가 버티고 있기에 내 마음 또한 개운치가 못하고 씁쓸한 심정이 저버릴 수가 없는 것이다.

나는 최근에 또다시 매의 이름을 바꾸었다. 지난 번, 1학기 기말고사 때 전체 학급 중 순위가 2등으로 간발의 차로 1등을 놓쳤다. 조그만 더 열심히 하면 1등을 할 수 있다며 아이들을 열심히 독려하였고, 저들도 '眼光이 紙背를 綴할 정도'로 학습 열기가 뜨겁게 달아오르는 듯 했다, 그러나 결과는 대 실망이었다. 아무리 의욕이 넘치더라도 방법이 나쁘다든지 해서 결과가 좋지 않으면 소용없는 일인 것이다. 그래서 급훈도 '盡人事, 待天命'에서 '言必行, 行必果'(말을 내뱉었으면 행동으로 실천하고, 실천을 했으면 반드시 거기에 비례해서 결과가 나타나 주어야 한다.)로 바꾸었다. 그리고 담임교사로서 각오를 다지는 의미에서 그 글을 나의 매에 새겨 넣은 것이다. 아마도 내가 교직에 몸을 담고 있는 세월만큼이나 많은 나의 '매 이름'이 작명 되어졌다가는 어느 순간 자취도 없이 사라질 것이다. 그러나 이 매는 알고 있을 것이다. 내가 누구보다 절친한 동반자이긴 하지만, 내 스스로가 가장 먼저 한시바삐 내 것을 떠나 영원한 결별의 그날이 오기를 간절히 고대하고 있다는 것을…….

아아, 그리운 이여!

복모 兄!

정말 얼마 만에 불러 보는 이름인지 모르겠습니다.

오늘도 나는 뒷산의 뻐꾸기 소리를 들으며 어린 딸아이의 고사리 손을 뒤로한 채 출근길을 서둘렀습니다. 길섶에는 갖가지 풀꽃들이 피어있습니다. 야생화 중에는 명아주, 쇠뜨기 풀처럼 내가 아는 이름도 있고 어쩌면 내가 모르는, 그야말로 이름 모를 풀꽃들이 훨씬 더 많습니다. 그런데 며칠 전 소위 말하는 게릴라성 폭우가 지나간 뒤에 유독 키가 우쭐 자라서 바람에 고갯짓을 하는 놈이 하나 있었습니다. 이른바 '개망초'라는 꽃이었습니다. 그때 우리는 호박을 심기 위해 파 놓았던 밭 버텅의 구덩이에 앉아 개망초 꽃잎을 따서 엄지와 중지 사이에 나란히 끼어 팽이 돌리듯 공중에서 회전시키곤 하였습니다. 지금 생각해 보면 참으로 무료하고 따분한 행위였음에도 우리는 서로가 낄낄대며 무척 재미있어 했지요.

애당초 가세가 기울어 십 수 년을 살아오던 전포동에서의 생활을 청산하고 동래 칠산동 산비탈에 슬레트 집을 지어 온 가족이 옮겨가 사는 순간, 그 외로움은 예견된 것인지도 모르겠습니다. 전학을 하면서 관계 서류가 미처 준비되지 않아 나와 동생은 모두들 학교 가고 없는 시간에 빈방에서 무료하고 따분한 시간을 보냈습니다. 언제든지 골목을 나서면 딱지치기, 구슬치기, 땅콩놀이……등으로 북적대던 예전 동네에 비해 너무도 고적하고 쓸쓸한 나날들이었습니다. 자리보전을 하고 드러눕지 않았다 뿐이지 전포동에서의 갖가지 아련한 추억 때문에 거의 병을 앓을 정도였습니다. 그때 우리 곁에 이 세상의 어느 누구보다도 다정하게 다가와 준 사람이 형이었습니다. 형은 내보다 다섯 살 많았고, 내 어머니 바로 위의 언니의 셋째 아들이었으니까 우리는 이종사촌지간이었지요. 동생과 나를 데리고 장대산 밤나무밭에 가서 몰래 밤을 따 온 일. 여름철 남의 밭에 가서 수박 서리하던 일. 저는 아무리 작은 수박도 얼마든지 달고도 발갛게 잘 익을 수 있다는 것을 그때 처음 알았지요. 동굴에서 콩서리를 하며 매캐한 연기 때문에 목을 캑캑거리며 눈물을 흘린 것도 그때였고, 밀서리를 하며 시커멓게 된 서로의 입을 바라보며 마주 웃던 것도 그 시절이었습니다. 도회 변두리에서 줄곧 자라온 우리에게 시골 정취를 마음껏 느낄 수 있게 해 준 유일한 구원의 천사였습니다.

사실 동생과 나는 친형이 둘씩이나 있었지만 그들도 우리들 사이를 시샘할 정도로 형을 따랐습니다. 아니 우리가 형을 따랐다기보다, 형이 오히려 넘쳐나는 사랑을 우리에게 마구 퍼부어 주었습니다. 도대체 형의 그 넓고 큰 사랑은 어디서부터 온 것인지 저로서는 지금도 헤아릴 길이 없습니다. 장기와 바둑을 배운 것도 형을 통해서였고,

난생 처음 동래에서 부산 역 앞 광장까지 걷다시피 해서 중국곡예단의 공중 그네타기의 묘기와 사자가 불구덩이 속으로 가는 것을 본 것도 그때였습니다. 제가 지금 하모니카 연주 솜씨로 사람들 앞에 뽐낼 수 있게 된 것도, 해질 무렵 저녁노을을 배경으로 밭두둑에 앉아 형이 베이스를 넣어가며 멋지게 백난아의 '찔레꽃'을 연주하는 것을 보고 난 다음이었습니다.

형은 공고를 졸업하고 몇 군데의 회사를 전전하다가 여의치 않아 결국 해군 입대를 자원하였습니다. 그 후 그 엄청난 일이 벌어진 것이 언제였던가요? 집에 오래 묵은 일기장을 넘기니 그 날 일이 비교적 소상하게 적혀져 있습니다. 1974년 2월 22일 오전 11시경. 형과 형의 동기생을 태운 YTL 함정을 악랄한 파도가 한순간 덮쳐 버린 것이었습니다. 수심 20미터의 뻘 물에서 50명씩 무더기로 시체가 발굴되어 나왔습니다. 그렇지만 그 어느 곳에서도 형의 시체는 찾을 수가 없었습니다. 우리는 모두 믿었습니다. 형은 건장한 체구에 영리했고, 수영도 잘 했기 때문에 결코 죽지 않았으리라는 것을…. 형의 맏형인 원모형은 그랬지요. 배를 인양하면 갑판 위에서 점잖게 바둑이나 두고 있을 놈이라고……. 총 159구의 시체 중 마지막 12구의 시체가 수색 중에 발견되었고, 그 중에서 형의 시체도 함께 발견되었습니다. 그때가 2월 26일이니 사고가 난 후 나흘 만이었습니다. 형의 코와 귀는 이미 물고기가 뜯어 먹어 얼굴 형체를 가지고는 알아 볼 수 없었고, 목에 걸려 있던 군번을 보고서야 겨우 확인했다는 이야기를 직접 진해까지 다녀 온 어머니의 말씀을 듣고서야 알았습니다.

아아, 그리운 복모兄!

우리는 일생을 두고 무수한 사람과 만났다가는 헤어지곤 합니다. 퇴근길 버스 안에서 차창을 통해 거리를 걸어가는 사람을 바라보는 것처럼 잠깐 동안의 일별이 있는가 하면 혈연이나 부부지연으로 꽤 오랜 기간 동안 함께 지내는 사이도 있습니다. 긴 세월을 함께 했으면서도 금방 기억에서 사라지는 사람이 있는가 하면, 비록 짧은 만남이었지만 세월이 흐르면 흐를수록 새록새록 잊혀 지지 않는 사람이 있습니다. 형도 바로 그런 분 중의 한 분이십니다. 정말 보고 싶습니다. 그러나 이승에서는 불가능한 일이겠지요. 그렇지만 그다지 서운해 할 필요는 없다고 생각합니다. 제가 살아 있는 동안 늘 형은 내 마음 외딴방에 남아 언제까지나 격려와 질책을 함께 할 것이기 때문입니다. 참으로 때늦어서 송구한 마음이지만 삼가 형의 명복을 빕니다.

나의 할아버지 충숙공 이예 선생

아주 어린 시절, 그러니까 내가 초등학교를 들어가기 훨씬 전에 일종의 통과의례처럼 돌아가신 나의 아버님은 아들들에게 제일 먼저 훈육 시키는 것이 있었습니다. 바로 그것은

"네 이름이 무엇이냐?"하고 물으면,

"예, ○○○입니다."

라고 답하고, 그 다음에 부친의 함자를 물으면 "예, ○자, ○자를 쓰십니다."라고 답하고, 마지막으로

"본관은 어디냐?"하고 물으면,

"예, '울산 학성'입니다."

라고 답하는 것이었습니다. '학성'은 '울산'의 다른 이름이지만, 그냥 학성이라고 하면 모르기 때문에 그 앞에 울산을 붙여서 반드시 '울산 학성'이라고 대답하도록 배웠습니다.

그즈음 동네에 엿장수가 들어왔는데, 집안에 고무신이며, 양재기 등 엿을 바꾸어 먹을 수 있는 것은 거의 다 바꿔 먹었기 때문에 우리 또래는 엿판 주위를 맴돌며 군침만 흘리고 있었습니다. 그것이 측은 해서인지 마음씨 좋은 엿장수 아저씨는 한 가지 제안을 하였습니다. 우리나라 대도시를 순서대로 이야기하면 엿을 한 가닥 준다는 것이었습니다. 나는 서울, 부산은 이야기 했지만, 내 옆의 친구가 대구까지 이야기 하는 바람에 일단 선수를 빼앗겼습니다. 그 다음은 본관을 물었는데 제대로 답하는 사람이 아무도 없었습니다. 나는 배운 대로 정확하게 "예, 저는 '울산 학성' 이가(李哥)입니다."라고 어른스럽게 답해 침 안에 흥건하게 고여 오는 달콤한 엿 맛을 마음껏 음미할 수 있었습니다.

내가 자라온 곳이 변두리이긴 하지만 도회지여서, 그 이후 나는 더 이상 선조가 누구이며, 조상이 누구인지 더 이상 알려고 하지도 않았고 또, 알 필요도 없었습니다. 거짓말 같지만 그 사실을 모른다고 해서 내 생활에 아무런 불편은 없었습니다. 까마득히 잊고 지내다가 서른이 넘어 결혼을 하고 셋방살이를 하다가 졸지에 세 들어 살던 집에서 쫓겨나는 신세가 되고 말았습니다. 고무줄에서 튕겨 나가듯 그렇게 떨어져 나와 살게 된 곳이 공교롭게도 고향 근처 마을이었습니다. 그곳 분위기 때문인지 나는 그 곳에서 어찌어찌하다가 새롭게 문중의 모임을 만들고 무려 6년간 총무를 맡게 되었습니다. 그동안 나는 많은 집안사람들과 알게 되고, 그들과의 교류를 통해 여러 가지 유익한 일들이 많았습니다. 그렇지만 정작 그것보다도 더 중요한 것은 나의 시조 할아버지 충숙공 이예(李藝) 선생과의 만남이었습니다.

공(公)은 1373년에 태어나셨습니다. 나이가 우리 나이로 스무 살이 되던 해에 조선이 건국되었으므로, 당시 국내 사정은 왕조교체기를 즈음하여 몹시 혼란하던 시기였습니다. 굵직한 사건만 하더라도 열여섯 살 나던 해에 이성계의 위화도 회군이 있었고, 고려의 유신 72인이 끝까지 고려에 충성을 다 하고 지조를 지키다가 두문동에서 몰살을 당하는 사건이 일어났습니다. 뿐만 아니라 고려가 망하게 되는 직접적인 원인이 되었던 왜구가 황해, 경기, 삼남(충청, 전라, 경상) 지방에 극심하게 들끓던 시기였습니다. 왜구들이 한번 들이닥치면 재물을 약탈하고 사람을 학살하는 것은 물론이고, 많은 사람들을 노예로 삼기 위해 포로로 잡아갔습니다.

그 와중에 공께서도 8살 때인 우왕 6년(1380) 어머니를 왜구들에게 빼앗기는 불우한 날을 맞이하였습니다. 그 후 공은 평생에 걸쳐 애오라지 포로로 잡혀간 동족을 되찾아 오는데 심혈을 기울이셨습니다. 40여 차례 일본을 내왕하여 무려 600여 명의 포로를 다시 국내로 되찾아 오게 되는데, 이는 바로 어머니를 왜구에게 잃은 지극한 슬픔 때문이 아닌가 생각됩니다.

공이 살아생전에 많은 일을 하셨지만 그 중에 몇 가지만 말씀 드리도록 해보겠습니다. 1396(태조 5년)에 왜구의 괴수 비구로고 등이 무리 3천여 명을 이끌고 와서 울산 부사 이은을 잡아가는 일이 생겼습니다. 기록에 의하면 그때 울산 주민의 수가 겨우 4천 명 정도였다니, 무슨 싸움이나 제대로 되었겠습니까. 지난 KBS 역사스페셜에도 나왔지만 이때의 왜구는 단순한 도적떼가 아닌 일본의 정예된 군사들이었습니다.

다급한 상황에서 다른 울산의 군리(群吏)들은 전부 도망을 갔습니다. 그렇지만 공은 군의 공금인 은으로 된 주기를 싸서 가지고 이미 멀리 떠난 이은이 타고 있는 배의 뒤를 따랐습니다. 그리고 왜구에게 간청하여 이은이 타고 있는 배와 동승할 수 있기를 부탁했습니다. 자신의 상관에 대한 신의를 잃지 않고 싶었기 때문이 아니겠습니까? 그 후 대마도 화전포라는 데서 포로 생활을 하게 되는데, 왜구는 몇 번이나 이은을 죽이려하였습니다. 한번은 이은에게 먹이려는 독초를 공이 직접 입 안에 넣어 사경을 헤매게 되었는데, 누군가가 감초를 먹여 겨우 살아난 적도 있다고 합니다. 그 와중에도 노예로 삼은 왜인이 나무를 해오도록 시켰는데, 공은 상관인 이은을 양지 바른쪽에 앉히고 스스로 혼자서 두 사람의 몫을 했다고 합니다. 그리고 두 사람 몫의 나무를 지게에 지고 왜인의 집 앞에 당도해서는 짐을 내려 제각기 나누어지고 집안으로 들어갔다고 합니다.

이를 알고 왜인들은 공을 보고 “이 사람은 진정한 조선의 관인이다. 이런 사람을 죽이거나 함부로 대하면 상서롭지 못하다.”라고 말하며 저들이 스스로 경배하는 태도를 취하더라는 것입니다. 이후 공은 수개월 그곳에 머물면서 왜구를 매수해서 탈출을 시도하는 과정에 때마침 나라에서 통신사를 보내와 대마도주와 화해하여 겨우 풀려나게 되었습니다.

공이 하신 여러 가지 일 중에 또 한 가지는 공이 대단한 인간주의였다는 것입니다. 오늘날 남북 가족 이산과 같은 슬픔이 당시에도 있었습니다. 앞서 이야기한 것처럼 왜구들은 우리나라 내륙으로 침입해서 많은 포로들을 잡아갔습니다. 그 포로들은 대마도(쓰시마섬)와 일기도(이끼섬) 혹은 구주(큐우슈우)와 같은 곳에도 끌려갔지만, 때로는 일본 본도는 물론이고, 오늘날 오끼나와에 해당하는 유구국까지 끌려갔습니다. 그리고 그곳에서 이루어지는 포로매매시장을 통해 오늘날 동남아시아에 해당하는 남만이나 멀리 유럽으로까지 끌려갔습니다.

이때, 태종 임금께서는 공으로 하여금 포로들을 찾아오도록 시키셨는데, 이때 조선시대 최대의 휴머니스트인 황희 정승도 그 일에 대해서는 반대를 하였습니다. 그도 그럴 것이 그때는 오늘날과 같은 엔진으로 가는 배가 아니고 돛을 달아 조류와 바람의 힘을 이용한 배였기에 몹시 위험할 뿐만 아니라, 많은 인력과 비용을 감당해야 하는 일이었기 때문입니다. 그렇지만 이미 가족 이산의 슬픔을 누구보다도 잘 알기 때문에 공의 간곡한 청에 의하여 그 일은 성사가 되었습니다. 그때의 기록은 당시의 왕조실록에도 있는데 태종 임금은 "고향 땅을 그리워하는 정은 신분의 귀하고 천함이 따로 없다. 황판서(당시 호조판서)의 집에서 만약 포로 된 자가 있다면, 과연 번거로움과 비용을 따지겠는가?"하고 꾸짖는 장면이 나옵니다. 이때 공은 오끼나와로 가서 우리나라 사람 중 포로 된 자 44명을 되찾아 오게 됩니다.

그 중에는 전언충이라는 사람이 있었다고 합니다. 나이 14세에 포로가 되어 팔려갔다가 공을 따라 본국에 돌아오니 이미 부모가 모두 죽은 뒤였습니다. 전언충이 뒤늦게 그 부모의 3년 상을 입으려 하자 나라에서 기특하게 여겨 겹옷 두 벌, 홑옷 한 벌, 베 10필, 쌀과 콩 15석을 주었다는 사실이 기록에 나옵니다.

이 이외에도 공이 한 일은 참으로 많습니다. 종전의 구리로 된 화포 대신에 무쇠로 주조할 수 있게 하여 성능을 올리고, 경비를 절감하게 하였으며, 마구잡이 들어오는 왜인 상인들로 인하여 국가적 손실이 크자 대마도주와 담판을 지어 그 수를 제한하는 문인제도를 시행하게 됩니다. 세견선이라 하여 일종의 왜인 무역선을 50척으로 제한하는 이른바 '계해조약'을 체결하는데도 주도적인 역할을 담당하게 됩니다. 그리고 세종 원년에 있었던 '대마도 정벌'에서는 '중군병마부수사'로 출정하여 많은 공을 세워 일등공신으로 공패를 하사 받게 되기도 합니다.

어느 누구인들 자신의 선조들 중에 한두 분 쯤 자랑스럽지 않는 있겠습니까만, 공은 일개 아전 출신의 미천한 신분에서 세자좌빈객(世子左賓客 정2품), 동지중추원사(同知中樞院事, 정2품)라는 높은 벼슬에 올랐고, 무엇보다도 이산가족의 슬픔을 누구보다도 뼈저리게 느꼈습니다. 그리고 몇 번의 죽을 고비를 넘기면서 자신의 생명은 아랑곳하지 않고 40여 차례에 600여 명의 포로 된 사람들을 그리운 고국으로 다시 오게 하였습니다. 그리고 혈육간의 그리워하는 철천지한을 풀어주셨습니다.

그리고 이 일은 나의 선조 할아버지라서가 아니라, 우리나라의 한 사람으로서 생각해 보아도 참으로 자랑스러운 일이라 하지 않을 수 없습니다. 살다가 어려운 일에 부딪혀 힘들어하다가도 그 분을 생각하면 새로운 힘이 용솟음치는 것은 내 자신이 단순하게 공의 후손이기 때문일까? 문득 그런 생각을 해 봅니다.

죽음을 기억하라

지난 여름방학 15일 정도, 나는 병원에 있었다. 내가 아팠던 것은 아니고, 장인어른이 밭일을 나갔다가 갑자기 뇌출혈로 쓰러지셨기 때문이다. 나는 울산 동강병원 중환자실 앞, 복도에 있는 긴 의자에 진종일 앉아 있었다. 병원 중환자실이라는 데가 다들 알다시피 그야말로 목숨이 경각에 달려 있는, 병이 위중한 사람들만이 입원해 있는 곳이다.

그런데 참으로 알 수 없는 일이 사람의 임종이라는 것이다. 가령 나란히 병실에 누워 있어도 한 사람은 점차 병이 악화되어 눈만 멍하니 뜬 채, 말도 못하고 그저 고개를 끄덕이거나 가로 저어서 자신의 의사를 겨우 표현한다. 그 반대로 옆에 또 한 사람은 상태가 점차 호전되어 미음을 들기도 하고, 자신의 의사를 기운이 빠져 힘은 없으나 말로써 표현하기도 한다. 그러면 병이 점차 위중해진 가족들은 그 옆의 가족들이 부러워 한마디씩 하는 것이다.

"우리 아버님(혹은 어머님)도 옆에 계신 분처럼 말도 좀하고, 하다못해 미음이라도 좀 드셨으면 좋겠어요. 그런데 이제는 병이 악화되어 겨우 고개나 끄덕일 정도니……."

그런데 다음날 붉은 눈빛을 띠고 손으로 입을 막은 채, 울음을 삼키며 중환자실 문을 밀치고 나오는 사람을 보면 의외로 상태가 호전되었다며 기쁨에 차 있던 그 환자의 가족들이다. 순간, '태어나는 데는 순서가 있어도 죽는 데는 순서가 없다'는 말을 참으로 실감하게 되는 것이다. 나는 그 곳에서 의사가 세 번씩이나 "오늘밤이 고비일 것 같으니, 가족들을 전부 부르시는 것이 좋을 것 같습니다."라고 말했던 환자가 거뜬히 살아나 휠체어에 의지해 병원을 산책하는 것을 목격한 적이 있다. 이러다 보니 죽음과 삶의 경계선이 불분명해지고, 살아 있는 사람과 죽은 사람의 구분이 제대로 안 될 지경이 되는 것이다.

나는 이십 대에 죽음에 관하여 깊이 생각하고 나름대로 거기에 대해 초연해 왔다고 자부해 왔다. 그런데 사십대 후반부에 들면서 주위에 비슷한 또래들이 일찌감치 세상을 떠나는 것을 보며 그 두려움이 보다 실감나게 다가서는 것이다. '죽음이란 무엇일까?', '저 세상은 있는 것일까?' 최근 복제인간을 만든 미국의 클리로이드사는 우리 인간이 외계의 뛰어난 집단으로부터 복제되어진 존재라는데……. 과연 그럴까? 그러나 분명한 사실은 하나 있다. 사람은 누구나 죽는다는 것이다. 진시황도, 세종대왕도, 이순신도 죽었다. 그 끊임없이 무한하게 이어온 죽음의 연속선상에 내가 있다고 생각하면 죽음도 별 것 아니라는 생각이 들기도 한다.

최근 '끝나지 않은 마침표'라는 책을 읽었다. '메멘토 모리'라는 부제가 붙은 글이다. 역사적으로 유명한 인물들의 묘비명을 모아 엮은 책이다. 내가 만약 죽으면 묘비명에다 무슨 글을 새길까? 한참 동안 생각에 잠겨 본다. 그러다가 요즘 화장 문화가 보편화되어 가는 것을 느끼며 죽음 앞에는 그것도 부질없다는 생각이다.

요산 문학 기념관을 다녀와서

그의 집은 범어사 아래에서 한 해에 쌀 600가마를 소출하는 대농가. 그는 그 집의 장손이었다. 본인이 마음먹기에 따라서는 얼마든지 세도를 부리고 떵떵거리며 부귀영화를 누리며 안락하게 일생을 살 수 있었다. 요즘 소위 말하는 재벌 2세나 오렌지족처럼 향락을 일삼으며 살 수도 있었던 것이다. 그런데 어려서부터 감옥소를 드나들기 시작해서 무려 8회나 출입을 했다. 한마디로 순탄치 않는 삶이었다. 도대체 무엇이 그로 하여금 그런 형극의 길을 걷게 하였는가? 당시로 보면 갑부의 아들로서 사회주의 사상에 경도되어 그러한 삶을 살아온 분들이 주위에는 더러 있다. 그러나 요산선생의 경우 반드시 그런 쪽으로 이해될 수도 없었다. 아니면 어떤 책을 읽고 일생을 운명을 결정짓는 큰 감화를 받은 것일까? 아니면 돌이킬 수 없는 어떤 사건이 계기가 되었나?

〈수라도〉에서는 오봉 선생과 가야부인이 일제에 저항하였으며,

〈사하촌〉에서는 또줄이, 들깨, 철한이, 봉구와 같은 농민 무지랭이들이 일제의 주구가 되어 착취를 일삼는 당시 승려들에게 저항하고 있다. 뿐인가? 〈모래톱 이야기〉에서는 갈밭재 영감이 〈인간단지〉에서는 우중신 노인을 비롯한 문둥이들이 최소한의 재산권과 생존권을 주장하며 저항하고 있다. 그 외에도 〈어둠 속에서〉 나오는 김인철 교사가 일인 교장 '수미'에게, 〈교수와 모래무지〉에서는 이교수가 교육관청의 부당한 요구에 저항하는 것이다.

문학 기념관 2층 전시실 액자에 씌어져 있는 '直筆也人誅之(직필야인수지)' 즉, '곧은 말은 사람들이 이를 죽인다.'에 나오는 말 그대로다. 직언(直言)하고, 직필(直筆)하고, 직한 행동을 하는 사람들은 한결같이 다른 힘이 센 자들로부터 핍박 받고 시달리는 장면이 나오는 것이다.

20년도 더 된 세월, 나는 초읍 어린이대공원에 있는 요산 문학 비에 실려 있는 글 '사람답게 살아라.'라는 글을 처음 접하고, 결국 말처럼 쉽지 않더라는 것만 확인하고 살아온 셈이다. '노력은 해보겠지만 그게 어디 말처럼 쉬운가요?' 그렇게 되묻고 싶은 심정이었다. 요산 문학 기념관 1층에서 2층으로 올라가면 정면 벽 현수막에 한 편의 글이 씌어져 있다.

무척 긴
어둠의 날들을
살아온 셈이지만
밝고 곧은 것에
대한 희망을

포기해 본 적이 없다.

포기한 적이 없었던 요산선생에 비해 훨씬 짧은 삶을 살아왔고 또한 살고 있는 나는 그동안 얼마나 수도 없이 포기하고 좌절해 왔던가! 그럴수록 더더욱 요산선생의 강인한 정신력의 근원은 무엇인가에 대해 질문하지 않을 수 없었던 것이다. 요산선생의 사촌동생 되시는 김재한 옹은 '무욕(無慾)'에서 그 해답을 찾았다. 즉, '아무런 욕심 없음'이라고 말씀해 주셨다. 평소에 요산선생은 자리나 재물에 대한 욕심이 없었다고 했다. 막걸리 한 잔이면 모든 게 허허하고 넘어 갔다고 했다. '그렇구나.'하고 맞장구를 치면서 우연히 나는 그 나머지 해답을 솔뫼 최해군 선생님의 글에서 찾았다.

"그(요산)는 항시 말했지요. 사람은 태어나면서 저항을 하게끔 되어 있다고. 아이가 태어나면서 '응아'하고 우는 것은 그것이 바로 주위 환경에 대한 저항이라고……. 그 저항이 발전과 진취의 힘이 되고 촉매제가 되어 오늘날 사회와 문화를 형성한다고 말했습니다."

두 분의 말씀을 합하면 이렇다. 인간이 무욕 속에 살아가다 보면 생래적으로 내재 되어 있는 불의에 대해 저항하는 힘이 점차 길러진다. 단지, 일반 사람들은 거기에 관심을 두고 있지 않을 따름이다.

문학관을 문학인들만의 폐쇄적 공간으로 두지 않고 동네 사랑방 구실을 하도록 하겠다던 개관 당시의 뜻이 불과 3개월밖에 지나지 않았건만 지금에 와서 무색하다. 공교롭게도 우리가 찾아간 날만 그런 건가! 두어 시간 넘도록 찾아오는 이 하나 없고 한겨울 찬바람 속에 벽장 속 요산선생의 비망록이 나를 향해 "이 선생, 여기는 너무 춥구먼." 하는 음성이 들리는 듯하여 문을 나서면서도 내내 마음이 무거웠다.

樂山文學碑를 찾아서

흡사 폭우와 같이 비가 내렸던 전포동 산 52번지를 찾았을 때와는 달리 성지곡 어린이 대공원 앞에서 버스를 내렸을 때 토요일 오후의 거리는 비교적 봄빛이 완연하였다.

우리 지역의 巨脈으로 살아 계신 樂山先生. 차라리 낙동강 하단 어디메쯤 있어야 좋았을 그의 文學碑가 아연하게도 성지곡 어린이 대공원에 建立된 데는 건립 위원회 측의 나름대로의 애로가 있었으리라.

공원 문 앞에는 세 개의 안내판이 세워져 있었지만, 문학비의 위치가 그려진 곳은 아무데도 없어 찾는 이로 하여금 당혹하게 하였다.

혹시 잘못 찾지는 않았나 싶어 관리실에 문의하는 기분이 오히려 머쓱했다.

"아, 그거 2호 광장에 있습니다."

마치 최초로 그런 질문을 받았다는 듯 어리둥절한 표정이었다.

올라가는 길에 굳이 文學碑가 공원에 자리한 이유를 알 것도 같았다. 이제 막 망울을 터뜨리는 개나리꽃. 길을 가로질러 달아나다 멀뚱하게 돌아다보는 다람쥐의 앙증스러운 모습. 무엇엔가 이끌리듯 그렇게 한참 동안 걷다가 드디어 휴게실 앞 2호 광장에 도착했다.

허리께쯤 오는 향나무들 따라간 그곳에 화강암과 까만 오석으로 된 碑가 있었고 오석에는 '樂山文學碑'라는 글자가 뚜렷이 음각으로 박혀 있었다.

樂山先生.

비의 背面에 있는 선생의 약력을 참고하면서 그의 행적을 더듬어 보자.

선생은 1908年 경남 동래에서 태어나 6세까지 향리에서 한학을 수학하였다. 동래고보를 졸업하고 잠시 보통학교 교원으로 있다가 민족적인 차별 대우에 불만, 조선인 교원 연맹의 조직을 계획 하다가 일경으로부터 被檢. 그 후 와세다大學 제일고등학원에서 수학 중 1932年 '寺下村'이란 作品이 조선일보 신춘문예에 당선되어 문단에 오른 후 잇달아 왕성한 작품 활동을 하던 중 일제 말기부터 뜻이 있어 오랫동안 붓을 꺾은 바 있으나 1966年 '모래톱이야기'로 문단에 復歸했다.

계속해서 '修羅道', '人間團地', '山居族' 등을 발표 56年 창작집 '落日紅' 출간하였다.

1947年 부산 중학교 교사로 잠시 재직하다가 49年 부산대학교에 出講. 67세로 부산대학교를 정년퇴직 할 때까지 주로 교직과 문필생활을 함께 하였다. 민족 문화의 새 길을 전개하였다는 공로로 부산시 문화상, 한국문학상, 문화예술대상 문화훈장 등을 수상했다.

〈사람답게 살아가라/ 비록 고통스러울지라도/ 불의에 타협한다든가/

굴복해서는 안된다/ 그것은 사람이 갈 길이 아니다.〉 이글은 그의 作品 '山居族'에 나오는 內容의 一部이자 바로 文學碑에 씌어 있는 앞면의 全文이다.

다른 무수한 아름다운 말을 뒤로 하고 하필이면 平凡하기 짝이 없는 '사람답게 살아가라……' 였을까. 바로 여기에 遺言을 쓰듯이 血書를 쓰듯이 文學을 하고 文學方法을 모색하는 樂山先生의 精髓가 숨어 있는 것이다.

小說 '山居族'은 1917年 月刊中央에 발표된 것으로서 마삿등이란 변두리 산동네를 배경으로 황거칠이란 노인이 刻苦 끝에 산수도를 마을로 끌어들이고, 利權을 빼앗으려는 그곳 권력자들에게 저항하는 것을 그린 작품이다.

碑文의 內容은 조동팔이란 자에게 결국 산수도에 대한 이권을 빼앗기고 한순간 실의에 빠진 황거칠이 3·1운동과 독립운동으로 돌아가신 祖父의 묘소 앞에서 스스로 다지던 결심인데 평소 樂山先生의 문학정신이기도 하다.

비의 左面에 1978年 10月 27日이 건립일로 되어 있고 건립자로는 요산 김정한 선생 고희기념사업회 회장 권오협氏로 되어 있다. 右面에 글씨에는 창남 고동주 선생이라 적혀 있으며 설계제작에는 권달술氏로 되어 있다.

"사람들이 더러 찾아오지요. 그렇지만 관심 있는 젊은 층에서나 한번씩 읽지, 대개가 碑앞에서 사진이나 찍고는 건성으로 보고 지나가는 수가 많아요."

성지곡 어린이 대공원에서 2代째 청소부를 하며 생활한다는 이주식씨(32)는 碑에 대한 손님들의 실상을 이렇게 언급했다.

이것은 또한 文學碑가 공원에 있음으로 인해 하나의 장식품으로 취급 당 할 수 있다는 일면을 시사해 주는 것이리라.

제막식이 있던 1978年 11月 4日하오 2時 시내 유력인사와 제자들 文學人들의 화려한 축복 속에 탄생하던 그날이 문득 그려졌다.

"현명한 사람은 많아도 용감한 사람은 드물고, 자기 이익에 용감한 사람은 흔해도 자신에 대해 정말로 강하고 용감한 사람은 적다. 낙동강 파수군 樂山의 소금 같은 70年 세월이 하나의 文學碑로 응어리진 것이다"(제막식 당시 국제신문 기사) 시대와 인심은 변해도 樂山의 뜨거운 목소리는 원시의 건강함을 그대로 유지하며 자칫 오염되기 쉬운 현대인들에게 경종을 울리고 있는 것이다.

그가 우리 地域에 대한 향토애로 응결되었다는 것은 그의 문학적 特性에도 잘 나타나 있는데 '人間團地', '모래톱 이야기' 등의 작품에서 발견할 수 있는 것처럼 주로 토속적 배경의 요소를 重視하고 낙동강 유역의 농경민의 순박한 언어를 자주 다루고 있다는 점이다.

70年代 末, 많은 젊은 작가들이 인기에 편승해서 대중들을 의식한 작품에 전전긍긍하고 있을 때에도 그의 카랑카랑한 음성은 오히려 중앙문단을 向해 준엄하게 꾸짖고 있었다.

확실히 樂山에게는 非文明的 야만이 아니라 참고 이겨 나가는 原初的 강인함이 있었다.

자리를 떠나려 할 때 쯤 해서 文學碑 앞에서 신혼부부인 듯한 젊은 남녀가 사진을 찍어대고 있었다, 우리 일행이 준비해 간 樂山의 책자 안에 있는 사진을 보여주며 나름대로 자세한 설명을 해주자 고맙다는 인사를 했다.

공원 밖을 나서자 하늘이 점차 어두워지면서 조금씩 비가 흩뿌렸다.

주말 오후의 공원이라는 데서 생겨나는 도회 젊은이의 약간은 奔放해지려는 마음을 떨어지는 비가 추스려 주었다. 인파 속에 휩쓸리면서도 무엇인가 비장해지는 마음을 떨칠 수가 없었다. 반드시 어눌한 날씨 탓만은 아니었다. 그것은 우리가 日常을 영위하면서 너무도 익숙하기에 쉽사리 망각 속에 묻어 놓았다가 언뜻언뜻 비수처럼 날아와 박히는 한마디, '사람답게 살아가라……' 不朽의 母音으로 영원히 世人의 가슴을 적실 것이다.

부산문화의 원류(原流), 동래(東來)를 찾아서

방학 중 이런저런 연수가 겹쳐서 바쁜 와중이었지만, 8월 20일부터 3일간 실시되는 '동래 역사와 문화재 교실 연수'는 어떠한 일이 있어도 참가해야만 했다. 동래가 어떤 곳인가, 부산의 뿌리이자 원류가 아닌가? 연수에 임하기 전에 간단하게 관련 내용을 알아보았다.

삼한시대 현재의 부산 지역에 있었다고 기록된 '독로'라는 나라의 이름이 음운 변화하여 '동래'가 되었다는 설과 동(東)쪽에 있는 내(來)산-신선이 산다는 봉래산의 줄임말-을 '동래'라고 했다는 두 가지 설이 있다. 동래는 757년(신라 경덕왕 16)에 '동래군'이라는 이름으로 처음 불리었을 정도로 역사가 깊다. 그 이후 동래현, 동래도호부, 동래구 등의 행정구역 이름으로 줄곧 사용되어 오고 있다. 이에 반하여 '부산'이라는 지명은 훨씬 후대에 생겼다. 신증동국여지승람 동래현에 의하여 '부산(釜山)'이라는 산이 있었는데, 그 모양이 가마솥(釜)과 같아서 '부산'이라 하였으며, 그 아래에 바로 부산포가 있었다고 하여 부산의 지명을 여기에서 찾기도 한다. '부산'이 행정구역 이름으로 사용된 것은 1759년에 만들어진 '동래부윤지'에 나오는 부산면(釜山面)이 처음인 것으로 알려지고 있다. 이때는 동래도호부 '부산면'이었으나 일제시대 이래 부산부, 부산시, 부산광역시 등으로 거듭 바뀌면서 하급행정구역이었던 부산이 어느새 동래의 상급행정구역이 된 것이다.

첫째 날.

동래문화회관과 나

20일 오전 9시 30분. 나는 동래문화회관 마당 복판에 놓여 있는 벤치에 앉아 있었다. 바람이 나직이 불어와 나의 뺨을 간질이다가 한 순간, 솟구쳐 올라 나무에게로 다가가 연두색 잎을 흔들어 깨웠다. 나의 머릿속은 32년 전으로 거슬러 올라가 그 때의 한 장면을 떠올리고 있었다. 바로 이곳 동래문화회관이 지어지기 전은 '못안골'로 불렸고, 실제로 자그마한 못이 있었다. 부산 전포동에서 이사를 온 까까머리 고등학생은 한여름 낮이면 동네 조무래기들을 거느리고 곤충채집을 나서기도 하고, 해가 저무는 고즈넉한 저녁이면 슬리퍼를 끌고 홀로 이곳에 와 학교에서 배운 '스와니강'을 하모니카로 연주하기도 했다.

"어르신, 옛날에 여기에 못이 있은 줄 아십니까?"

등산을 다녀와 땀을 식히는 늙수그레한 노인에게 행여 하고 물어보았다.

"어어, 댁도 아시는구먼."

"제가 옛날에 여기에 살았습니다."

"호오 그래, 상전벽해라는 말은 여기를 두고 하는 말이야."

고대 역사 속의 동래

"조선시대 동래는 일본과의 외교 등 행정의 중심지이고 잦은 왜구의 침입에 대비해야 하는 군사적 요충지였습니다. 그 중요성을 인정받아 1547년(명종2) 동래도호부로 승격되어 정3품의 당상관이 도호부사로 임명 되어 왔습니다. 이때의 동래부는 지금의 기장군, 강서구 등을 제외한 부산광역시 전체와 비슷했습니다. 이후 축소되고서도 전국에서 영등포구 다음으로 큰 구(區)로 자리하기도 했습니다."

최창기 구청장님의 말씀에 연신 고개가 끄덕거려진다. '그렇지 예전에는 동래도호부 부산면이 아니었던가? 영고성쇠(榮枯盛衰)라는 말이 한 개인사에만 해당되는 것은 아니다. 한 지역을 두고 충분히 적용될 법도 한 것이다.' 구청장님과 함께한 개강식이 끝나고 홍보식 선생(시립박물관 학예연구관)의 '동래와 복천동 고분군'에 대한 발표로 첫 강의가 시작되었다.

"삼한·삼국시대의 부산이 변한·가야인가 아니면 진한·신라인가에 대해서 연구자 사이에 논의가 분분합니다. 고고학의 자료인 유구와 유물의 특징에 근거하면, 부산은 4세기 대까지 변한과 가야문화 요소를 지니고 있으며, 5세기 대 이후에 들어오면서 신라문화가 서서히 확산되는 모습을 읽을 수 있습니다. 약 3천 년 전 신석기시대에서 청동기 시대로 접어들면서 청동기인들이 남긴 유적들이 수영강과 온천천의 하천 변에 위치하여 청동기시대부터 부산의 생활 중심이 동래지역으로 이동하였음을 알 수 있습니다."

그리고 이어 현재까지 확인된 동래 일대의 청동기 시대 유적으로는 반여동, 노포동, 온천동, 오륜동, 복천동, 수안동의 익숙한 지명들이 올랐다.

11시 10분부터 복천동 고분군과 복천박물관의 현장답사.

"복천동 고분군은 1,000 기 이상이며, 이 중 200여 기 이상의 무덤에서 1만 점 이상의 유물이 발굴 되었습니다. 지금 박물관에는 극히 소량만 전시 되어 있습니다."

그동안 개인적으로도 복천동 고분군과 박물관을 방문한 것이 서너 차례. 그렇지만 회동수원지의 암각화를 떼어 와서 무덤 조성에 사용했다거나 기원 전 2세기 초부터 만들어졌다거나 현재까지 8차에 걸쳐 조사가 이루어졌으며 갑옷이 가장 많이 나온 유적지라는 것은 새로 듣는 참신한 것들이었다. 그리고 부산에 대한 고기록이 별로 없어서 고분군의 중요성이 매우 부각된다는 점도 간과할 수 없는 점이다. 야외 고분군에서는 나무덧널무덤(복천동 38호묘)와 구덩이덧널무덤(복천동 53호묘)를 둘러보았다. 그리고 전시실 안에서는 굽다리접시, 그릇받침, 목항아리뿐만 아니라 신발모양토기, 오리모양토기, 말머리모양뿔잔 등 조형미가 뛰어난 작품들을 볼 수 있어서 좋았다.

동래는 풍류의 고장

오후에는 정상박교수(동아대 명예교수)의 '동래의 무형문화재'에 대한 강좌가 있었다. 그는 1964년 부산원예고 교사시절부터 동래야류에 대한 관심을 가지기 시작했다고 자신을 소개 했다. 그리고 부동산, 과외로 돈을 벌어 편하게 살자고 하면 얼마든지 잘 살 수 있지만, 진정한 자아성취는 아니라고 보며, 혼자만이 독학으로 공부해서 사회적으로 인정받을 수 있는 유일한 분야가 민속이라는 말도 했다.

"멋이란, 변형의 아름다움이며, 기와지붕선 끝의 치켜세움이요, 정중동(靜中動)이며, 칠십이 다 된 서양 할매의 코트 끝에 꽂혀 있는 장미이며, 멋진 죽음입니다. 억지로 멋을 부린 것을 '설멋'이라고 하는데 '설멋'은 멋이 아니라 추에 가까운 것입니다."

이어서 멋진 사람은 결코 완벽한 사람이 아니며, 인간적인 결점을 지니고 있으나, 끊임없이 반성하고 고치려는 사람이며, 약간 허술한 틈이 있어 오히려 친근감이 느껴지는 사람이라고 역설했다.

"동래는 온천장이 있어 예로부터 전국의 풍류객들이 모이는 곳입니다. 1915년경에 실제로 기생조합이 형성되었고, 그 뒤 권번이 창설되었으며, 해방 이후에도 '국악진흥회'라는 이름으로 기생조합이 유지되었습니다. 향토 춤보다 자주 놀이를 한 한량들의 춤이 세련된 것이었는데 동래의 활량들은 기생들과 어울려 놀면서 유연하면서도 아름다운 춤을 추었습니다. 이 활량 춤이 바탕이 되어 학춤이 되고 들놀음 춤이 되었던 것입니다."

이따금씩 금정산 산행을 갔다가 날이 어두워져서야 하산을 하며 온천장 거리를 지날 때가 있는데 화려하고 현란한 네온 불빛 중에 주로 유흥음식점이 많은데 이러한 유래와 무관하지 않으리라는 생각이 들었다.

둘째 날.

망미루, 독진대아문, 이섭교비, 내주축성비

오늘은 아예 집결 장소가 금강원 입구에 있는 '망미루'였다. 지하철

온천장역에서 육교를 건너면 잊지 못할 애틋한 추억이 있다. 내가 20대 중반이었을 것이다. 육교 아래에서 기타를 메고 검은 안경을 쓴 맹인가수가 있었다. 나이는 서른을 초반 정도. 하루는 어떤 사람이 말하기를 노래에 반주되어 나오는 기타연주는 본인이 직접 하는 것이 아니라, 녹음된 것을 틀어 놓은 것이라고 했다. 호기심이 발동한 나는 거금? 50원을 적선하고 남인수가 부른 '애수의 소야곡'을 신청했다. 아는 사람은 알지만, 그 전주곡이 꽤 연주하기가 까다롭다. 그는 쾌히 내 신청에 응했는데 참으로 훌륭한 연주였다. 완벽하였다. 그는 알아보지 못하였겠지만 나는 자신도 모르게 경의의 뜻으로 고개를 숙였다. 후일 뒷소문을 들어보니 진주 무슨 가요제에서 우수한 성적으로 입상한 경력을 지닌 사람이라는 말이 있는데 확인할 길은 없다. 내가 망미루에 도착했을 때 이미 많은 연수생들이 삼삼오오 짝을 이루어 서성거리고 있었다.

"망미루는 '아름다운 것' 혹은 '자기가 그리워하는 사람을 바라보는 누각'이라는 뜻을 가진 문루입니다. 1742년(영조18) 동래부사 김석일(金錫一)이 동래부 동헌 앞에 세운 것으로 지금의 동래시장 앞 오거리 동헌 쪽 입구에 있었습니다. 그러나 일제강점기 시구개정사업에 따라 금강공원 앞 현재의 자리에 옮겨졌고, 1970년 6월부터 8월 사이에 해체, 보수 되어 지금에 이르고 있습니다. 원래 건물의 앞면에는 동래도호부 관청을 뜻하는 '동래도호아문(東來都護衙門)'이라고 쓴 편액이 있었고, 뒷면에는 '망미루(望美樓)'라고 쓴 편액이 걸려 있었으나, 일제강점기 현재의 위치로 오면서 뒤바뀌었습니다. 이것은 일제가 조선의 기를 꺾기 위함이라는 말이 있습니다."

당시에는 여기에다 북을 매달아 정오를 알렸다고 한다. 망미루가 있던 곳은 3·1 운동의 집결지이기도 한데 동래 장날에 맞추어 거사를 시도하였으나 여의치 못해 선언서 낭독을 못하고 만세 삼창만 하였다고 한다.

"비록 남대문은 국보 1호면서 보호 받지 못하고 소실되었지만, 많은 국민들에게 문화재의 소중함을 일깨워 주었으니 살신성인 했다고 볼 수 있습니다."

그렇게 위안을 찾자고 동래구 문화재 전문위원인 이정형 선생은 말했다. 그리고 지금의 동래시장 수안치안센터 건너편에는 '망미루터'라는 표석이 세워져 있다고 말했다. 우리 일행은 가파른 오르막길을 걸어 금강공원 내에 있는 '독진대아문' 앞에 섰다. 금강공원 안에 있는 '금강배드민턴 클럽'에 드나든 지가 어느덧 20여년. 바로 이곳에 이처럼 특별한 의미 있는 문이 있는 줄을 몰랐다. 왜 사람들의 눈에 잘 뜨이지 않는 이곳에 놓아두었을까? 하는 의문이 들었다.

"독진대아문(獨鎭大衙門)은 동래부 동헌의 바깥 대문으로서 1636년(인조 14) 동래부사 정양필(鄭良弼) 때 세운 것입니다. 그는 병자호란 이후 북벌론과 궤를 같이 하여 1655년(효종6) 동래부에 군사적인 독립을 의미하는 독진(獨鎭)을 설치하였습니다. 이는 동래부의 군사권이 경상좌병영 휘하 경주 진영에서 독립되었음을 알리는 '동래독진대아문'이라는 현판을 동래부 동헌 외대문에 걸었던 것입니다."

문의 오른쪽 기둥에는 '변경 지역을 진압하여 다스리는 병마절제사가 머무는 군영(軍營)'이라는 뜻의 '진변병마절제영(鎭邊兵馬節制營)'이라는 종액(縱額)이, 왼쪽 기둥에는 왼쪽 기둥에는 '이웃 나라와 사귀며 잔치를 베풀어 위로하는 관청'이라는 뜻의 '교린연향선위사(交隣宴餉宣慰司)라는 종액이 각각 걸려 있어 동래부의 위상을 잘 보여 주고 있었다.

"예전에 이곳에 '금강원지'라는 못이 있었다고 합니다. 그런데 1930년 일인(日人)이 최초로 별장을 만들면서 망미루와 독진대아문을 옮긴 것으로 추정이 됩니다."

어느새 점심식사 시간이 다가오고 있었다. 시간에 자연 쫓길 수밖에 없었다. 우리는 바로 인근에 있는 이섭교비 앞에 재집결 했다. 앉는 사람은 앉고, 설 사람은 서고, 제각기 편안 자세를 유지하고 이정형 선생의 말에 귀를 기울였다.

"이섭교(利涉橋)는 조선시대 현재의 수민동에서 연산동으로 갈 때 건너야 하는 온천천에 놓인 다리입니다. 이것은 당시 동래부 동헌과 경상좌수영을 왕래할 때 건너야 했던 다리이지요. 당초에 나무다리가 있어 쉽게 썩고 자주 고쳐야 하는 번거로움 때문에 민폐가 이만저만이 아니었습니다. 그래서 1694년 겨울부터 이듬해 봄 사이에 당초의 나무다리를 돌다리로 고쳐 만든 것을 기념하여 세운 것이 이섭교비였습니다."

비석에는 다리를 고쳐 만드는 일에 참여한 사람들의 직책과 성명, 협력한 각 면의 계(契)에 대한 기록이 있어 당시 동래 지역 향토사 연구의 중요한 자료가 되고 있다고 한다. 그리고 동래구에서는 이섭교의 옛터(현 낙민치안센터 자리)에 표석을 세워 문화유적지의 원위치를 보존하고 교육적 자료로 활용하고 있다는 말도 했다. 왜 문화재로서의 가치가 높은 데도 불구하고 옛날 자리에 복원 시킨다든지, 아니면 금강공원 내에서도 사람들의 왕래가 많은 곳에 두지 않고 외진 곳에 두었는지 이해가 되질 않았다. 이섭교비에서 얼마 올라가지 않아 얼른 보기에도 예사롭지 않은 비석이 있었다. 이름 하여 내주축성비

(來州築城碑). 이 비석은 1731년(영조7) 동래부사 정언섭(鄭彦燮)이 임진왜란 때 폐허가 된 동래읍성을 훨씬 크게 고쳐 놓은 사실을 적어 1735년(영조11)에 세운 기념비이다. 이 비는 원래 동래읍성 남문 밖 농주산(지금의 동래경찰서 자리)에 세운 것을 1765년에 한번 옮겼다가 1820년(순조20) 남문 자리로 다시 이동하고 일제강점기에 현재의 금강공원에 자리하게 된 것이다.

"여기에서 '내'는 '동래(東來)'의 '래'를 뜻하고, '주(州)'는 다 알다시피 큰 고을에만 붙은 이름이죠. 예를 들면 신라의 '9주 5소경'이 그 대표라고 하겠습니다. 지금의 동래시장이 동래성의 센터(center)이고 총 길이가 3.8km입니다. 서울 도성을 옮기겠다고 큰 뜻으로 지은 수원화성이 5.7km이고 보면, 규모면에 만만찮은 읍성입니다."

임진동래의총

다시 우리 일행의 이동은 시작되었다. 숲 사이로 난 좁은 길을 걸어서 금강배드민턴 건물 앞을 지나 후문 쪽으로 가다보니 왼편에 '임진동래의총'의 건물이 나왔다. 숲 속에 조성되어 있는 야외 코트 장에서 중년의 동호인들이 배드민턴을 치고 있었다. 당장이라도 라켓을 들고 코트 장으로 뛰어들고 싶은 충동을 억누르고 장사진을 이룬 일행의 뒤를 따랐다.

"의총(義塚)은 이름 그대로 의로운(義) 사람의 무덤(塚)이라는 뜻이죠. 임진왜란 때 당시 동래읍성을 지키다가 장렬히 순절한 이름 없는 민관군(民官軍)의 유해를 거두어 만든 것이다. 1731년(영조7) 동래부사 정언섭이 당시 격전지였던 남문 싸움에서 전사한 유골을 거두어 삼성대의 서쪽 구릉지(현재의 내성중학교)에 여섯 무덤으로 만들어

모시고 '임진망유해지총(壬辰亡遺骸之塚)'이라는 묘비를 세웠다. 이후 1788(정조12) 이경일(李敬一) 부사로 있을 때 성안의 우물을 파니, 또 유해가 많이 나와 여섯 무덤 옆에 또 하나의 무덤을 만드니 일곱 무덤 '칠총(七塚)'이 되었다고 한다.

"칠총(七塚)의 이 무덤들은 일제강점기말 토지개간으로 영보단(永報壇) (현재 복천동 고분군과 복천박물관 사이) 부근으로 옮겨졌습니다. 그 후 1974년 7월에서 10월 사이에 부산시가 현재의 위치로 이장하여 오늘날에 이르고 있는 것입니다."

최근 동래교차로 지하상가를 만들려다 해자, 갑옷, 투구……. 많은 유물들이 발견되어 충렬사에 또 하나의 위패로 모셔져 있다고 한다. 의총 앞에 도착하자마자 우리 일행은 따가운 여름 햇살을 피하기 위해 머리에 쓰고 있던 모자를 벗고 경건하게 묵념을 올리었다. 그때 어디선가 날아온 모기 한 마리가 나의 종아리에 찰싹 달라붙어 피를 빨았다. 어찌할 수도 없는 상황이었다. 이후 확인된 바에 의하면 그곳은 모기의 집단 서식처였다. 뙤약볕을 피하기 위해 나무그늘로 들어가자마자 기다렸다는 듯이 이마며, 팔이며, 어깨며 할 것 없이 마구 달려들어 피를 빠는 바람에 공 튀 듯 빠져나와 차라리 고스란히 볕살을 맞으며 서 있어야 했다.

오후 시간에는 동래 학춤을 직접 배워보는 시간이었는데 미안했지만 어쩐지 몸이 따르지 않을 것 같아 스탠드에 앉아 동작을 흉내 내다가 마치었다.

셋째 날.

동래향교

오늘은 연수 마지막 날이다. 비가 부슬부슬 내리고 있었다. 우산을 쓰기에 그렇고 그렇다고 마냥 맞기에도 좋지 않을 것 같아 모자만 단단히 눌러 쓰고 가져간 신문으로 머리를 대충 가리었다. 오늘의 집결 장소는 동래향교였다. 나는 초등학교 4, 5학년을 내성초등학교에 다녔다. 집이 칠산동이었기 때문에 동래향교 앞을 지나다닐 일이 많았다. 기억에 의하면 그때 향교의 문은 늘 굳게 닫혀 있었다. 어쩌다 문이 조금 열려 있어 혼자서 살금살금 들어갔다가 인적이 없는 적막감에 음산한 기운에 휩싸이는 것을 느꼈다. 정말이지 그 곳이 예전의 학교였다는 것은 훨씬 나이가 들어서야 알았다. '학교괴담'에서 알 수 있듯이 학생이 없는 학교는 귀기 어리기가 매한가지인가 보다.

"향교는 지방의 모든 군현에 설치된 공립교육기관으로서 지방재정으로 운영되었습니다. 기능은 주로 유교성현에 대한 향사와 유생에 대한 교육이었고, 그 지방의 유림 양반들에 의한 공론의 집회 장소이기도 하였습니다."

비가 내렸으므로 명륜당 강당 안으로 들어와 모두들 벽면에 등을 기대로 빙 둘러 앉았다. 부산대 연구원으로 있는 변광석 선생의 본격적인 강의가 이루어지자 나중에는 복판에 연수생들이 앉게 되었다. 그는 꽤 유머스러운 면이 있었는데 예를 들면,

"요즘 어머님들께서는 만나면 '평등' 이야기를 많이 하시죠?"하고 운을 떼었다.

"웬, 평등?"

모두들 생뚱맞은 표정들이었다.

"그 왜 있잖습니까? 아파트 평수의 '평'과 집에 아이들 등수의 '등'

말입니다."라고 말해서 좌중에 있던 사람들이 모두 웃었다.

"구조는 공자 이하 유현(儒賢)을 모신 대성전(大成殿)과 유학을 강의하는 명륜당(明倫堂)과 교생이 기거하며 학습하는 동제·서제로 구분됩니다. 동제에는 주로 양반 자제가, 서제에는 서민 자제가 사용을 했습니다. 서민 자제에 대해 특별히 출입제한 조항이 없었지만 동제가 비어도 감히 서민의 자제가 들어갈 수는 없었습니다."

나는 어느 건물보다도 어린 초등학생의 기품 있게 내려다보던 반화루(攀化樓)의 뜻에 대해 물어보았다. 서경의 글귀 '반룡부봉(攀龍附鳳)'에서 옮겨온 말이라고 했다. '용을 짝하고 봉황과 더불어 하다.' 그런 뜻인 것 같다. 힘 찬 웅비를 뜻하는가 보다.

"향교에서는 주로 소학과 사서를 배우고 학습테스트는 봄, 가을로 두 번 고을의 수령이 주관하였습니다. 모두 2 과목이었는데 '경(經)'에서 1 과목, 사·자·집(史·子·集)에서 택일하여 1 과목이었습니다. 그리고 일정 점수 이상을 받게 되면 부역이나 군역을 면제 받고, 낙제 점수면 퇴학이 됨은 물론이고 군역을 져야 했으므로 교생들에겐 이만저만 스트레스가 아니었을 것으로 짐작이 됩니다."

한꺼번에 많은 지식이 들어차서 뇌세포들이 숨을 헐떡이며 아우성을 쳐대는 것 같았다. 때마침 긴 강의가 끝나고 장관청으로 이동하라는 명을? 받았다. 교육자에서 갑자기 바뀌어 버린 피교육자의 신분에 대한 적응이 예상보다 어렵다는 느낌이다.

장관청, 송공단, 동래부 동헌

향교에서 대성전은 적당히 일별해 버리고 행여 일행을 놓칠세라 재빨리 뒤를 따랐다. 반화루를 나와 얼마 가지 않아 골목으로 사람들이 사라져서 무척 당황하기도 하였다. 대로를 걷다가 갑자기 좁은 골목길로 접어들었는데 얼른 보기에도 오래된 ㄱ 자형의 집이 한 채 보였다. 표석에 '장관청'(부산광역시 유형문화재 제8호)이라 씌어져 있었다.

"이 곳은 동래부 소속 군장관(軍將官)의 집무소로서 속오군(束伍軍)과 아병(牙兵)을 맡고 있던 무청(武廳)입니다. 동래부사의 막하에서 경찰과 군사업무를 맡은 군교(軍校)가 있었는데 장관(將官), 군관(軍官), 포교(捕校)들이 바로 그들입니다. 이 건물은 1669년(현종10) 동래부사 정석(鄭晳)이 창건하였고, 이후 중건 되었습니다. 1706년(숙종32) 부사 황일하(黃一夏)에 의해 지금의 위치에 이건 되었습니다. 원래 이 곳은 향청의 자리였는데 서로 바꾼 것입니다."

현재 이곳은 동래기영회(東來耆英會)가 관리하고 있다고 한다. 조선후기 동래 지역 무임(無任)들이 동래기영회에 관여했던 사실과 관련있다. 동래기영회는 1846년 동래 고을에 살던 노인 명사들이 기영계(耆英契)를 조직한데서 출발하여 오늘날 160여년의 전통을 가진 기로회 단체이다. 그들의 역할은 주로 문화, 장학, 사회사업 등이며 현재 명륜 1동에 동래기영회의 문화회관(현 대동학원 건물)이 있다고 한다. 어느 단체에서 그것도 여럿이 답사를 하면 한 가지 좋은 점이 있다. 유적지를 탐방하는데 절차가 그다지 까다롭지 않다는 것이다. 송공단 앞에 섰을 때에 굳게 닫혔던 문이 어느새 활짝 열려 있었다. 1742년(영조18) 김석일 동래부사가 임진왜란 때 송상현 부사를 비롯한 관속들이 순절한 정원루(靖遠樓) 자리에 설치한 제단이다. 원래는 1608년에 부사 이안눌이 송상현공을 제사하기 위해 남문 밖 농주산(弄珠山)에 전망제단(戰亡祭壇)을 설치했는데 이를 지금의 자리로 옮겼다.

전산군수인 조영규는 무관 출신으로 스스로 참전해 순절하였고 그 곳에는 철수와 매동이라는 천한 노비의 신분이면서도 목숨을 바친 사람들의 이름이 새겨져 있었다.

좌판을 벌여 놓은 시장통을 지나 드디어 오늘의 마지막 현장답사지인 동래부 동헌에 도착했다. 부산광역시지정 유형문화재 제1호이다. 비가 추적추적 내려 문 안에 들어서자마자 마당을 가로 질러 처마 밑에서 비를 피하였다.

"동헌은 일명 아헌(衙軒)이라고도 하며, 수령이 공무를 처리하던 곳입니다. 오늘날 부산광역시청에 해당합니다."

예로부터 동헌 주위에는 이청(吏廳), 무청(武廳), 질청(作廳), 향청(鄕廳) 및 객사(客舍) 등이 위치해 있었다고 한다. 특히 동래는 국방 및 대일외교상 중요한 고을이었으므로 정3품 당상관이 부임해 왔으며, 관아시설도 다른 고을에 비해 위용을 갖추었고 규모도 컸다. 이 건물은 1636년(인조14)에 동래부사 정량필(鄭良弼)이 창건하였고 현재의 편액인 '충신당'은 1711년(숙종37)에 부사 이정신(李正臣)이 이름을 붙였다고 한다.

동래읍성과 에필로그

비가 어느 정도 그치자 나는 걸어서 '동래부 동헌'에서 '동래읍성역사관'에 도착했다. 지나는 길에 내성초등학교에 들리었다. 학교는 40여 년 전의 모습이나 지금이나 크게 변한 게 없다. 구조적으로는 거의 똑 같다. 아는 아이라고는 하나 없고 모든 게 낯선 내성초등학교의 생활이 힘들기만 했다. 그때 당시 부산시내 초등학교 합창대회가 내성초에서 열렸다. 전에 다니던 학교인 전포초등학교도 참여한다는 이야기를 들었다. 아는 아이라도 왔을까 싶어 학교수업을 파하자마자 부랴부랴 강당으로 달려갔었다. 전포초등학생들은 노래 순서를 마치고 이미 떠났다고 했다. 나는 거친 숨을 몰아쉬고 교문 쪽으로 또다시 한달음에 달려갔다. 그들은 교문 밖을 마악 나서고 있었다. 질서정연하게 두 줄로 서서 합창으로 '과꽃'을 부르며 버스에 오르려는 찰나였다. 차 안을 기웃거려보아도 아는 아이는 하나도 없었다. 나는 지금도 '과꽃'을 부르거나 들으면 왠지 눈물이 나려고 한다. 그때 그 슬픔이 애잔하게 밀려오기 때문일까?

"1731년에 축성한 동래읍성의 둘레는 약 3.8km입니다. 높이는 17척(약 5.1km)입니다. 읍성 안에는 우물 10개와 못 1개가 있었습니다. 자연 지형을 효과적으로 이용한 타원형에 가까운 평산성이며 북쪽과 동쪽은 산으로 둘러싸이고 남쪽과 서쪽은 열려 있습니다. 정면이 남문(구 대동병원 자리)이 가장 중요한 출입문입니다." 나는 '치(雉)'라든가, '여장(女墻)'이라든가, 옹성(甕城), 타구(垜口) 등 성에 대한 새로운 용어를 익혀 가느라고 정신이 없었는데 동명대교수인 김강식 선생의 성에 관한 지식은 끊임없이 쏟아져 나왔다. "북쪽에 인생문이라고 있었는데 이곳은 시신을 운반하는 곳이었습니다."라고 말할 때 귀가 번쩍 열렸다. 인생문은 내가 살던 칠산동 집에서 멀지 않은 곳이었다. 어린 나는 어른들이 '인성문'이라고 해서 그렇게 알았는데 그것은 '인생문'의 잘못된 발음이었던 것이다.

마지막으로 3시 40분에 시작된 우리 부산지역의 조선시대 대일외교에 대한 강의가 4시 40분에 끝남으로서 이번 3일 동안의 연수가 모두 종료 되었다. 이번 연수에서도 나는 또 한 번 나의 무지함을 확인하였다. 금정산성으로 산행을 할 때마다 그 곳이 임진왜란 때 치열한 격전지였고 송상현 선생을 비롯한 많은 민관군이 희생된 자리로 잘못 알고 있었던 것이다. '그래, 모르는 것은 부끄러운 것이 아니지, 알려고 하지 않는 것이 잘못이지.'라고 속으로 자위하였다. 동래문화회관 밖을 나왔을 때에 가랑비가 쉼 없이 내리고 있었다. 걸어서 지하철 타는 곳까지 가야 한다. 오른쪽으로 초입을 잡으면 21살 시절의 옛집이 나오고 그때의 추억에 젖을 수 있다. 왼쪽으로 방향을 잡으면 17살에서 20살 시절의 옛집이 나온다. 어느 쪽이든 내 생애에 놓치기 싫은 아름다운 날들이었다. 나는 오른쪽으로 걷다가 마음을 바꾸어 왼쪽으로 방향을 틀었다. 재개발로 인해 아파트 공사가 한창이었다. 기계음이 들리고 골조건물들이 삭막하기만 하다. 아무리 그래도 내 머리 속에 파릇파릇 솟아나는 분홍빛 꽃 편지의 내용들이야 지울 수 있겠는가!

잊을 수 없는, 남망산의 다도해 풍경

나에게 있어 통영은 낯선 곳이 아니다. 배드민턴에 입문한 지 꽤 오랫동안 노메달의 수모를 겪었다. 그러다가 통영시장배에서 남자 복식, 혼합 복식에서 두 개의 트로피를 획득했다. 원정 온 동료들과 함께 '달아공원'에서 가져온 도시락으로 이른 저녁을 먹었다. 나는 그때 본 다도해 풍경을 잊을 수 없다. 붉은 노을 아래 점점이 떠 있는 섬들은 황홀경, 그 자체였다.

통영으로 가는 버스 안에서 한 편의 영화를 보았다. '4월 이야기'였다. 고등학교 시절부터 짝사랑하던 야마자키 선배를 좇아 도쿄로 대학을 오고, 사는 동네 일하는 서점까지 찾아온 스토커우즈키는 드디어 그와 이야기를 나눈다. 행복한 마음을 들킬까봐 서둘러서 집에 가야 하는데, 마침 엄청나게 비가 쏟아진다. 그리고 비와 우산은 순간적으로 지나칠 수 있었던 이들의 사랑을 조금 더 긴밀하게 만들어 준다. '4월 이야기'는 줄거리보다는 아름다운 화면이 인상적이었다.

우리 일행의 총 책임자인 시인 김성배씨는 돌아올 때는 '사랑의 기적'이라는 영화를 보여준다고 했는데 그 약속은 지켜지지 않았다.

8시 20분에 교대 앞에서 출발한 버스는 10시 40분경 북통영에 진입 했다. 도중에 문산 휴게소에 15분 정도 쉬었을 뿐, 차는 쉼 없이 달렸다. 그리고 힘겹게 고개 마루에 올라서니 눈앞에 널 푸른 바다가 펼쳐진다. 바다에는 김 양식을 위해서 흰 부표가 줄을 지어 떠 있었다. 동양의 나폴리라는 통영 앞바다. 이후 책에서 본 내용이지만 여수에도 동양의 나폴리가, 또 어디에도 동양의 나폴리가 있다고 한다. 세계 3대 미항으로서 나폴리가 과연 그렇게 아름다운 것인지, 아니면 이름 그 자체에 연연하는 것인지 알 수가 없는 일이다.

해안 도로를 달리다가 버스가 좁은 산길로 접어드는가 싶더니, 우리가 최초로 도착한 곳은 박경리 묘소였다. 원주에는 토지문학관이 조성되어 있고, 하동에 평사리 토지문학관이 있다면, 이곳 통영에는 박경리 공원이 있다. 우리가 도착했을 때, 장례식 때 사용한 만장이 바람에 나부끼며 일행을 맞이해 주었다. 뿐만 아니라 시 작품이 씌어 있는 현수막이 좌우에 도열해 호위무사처럼 우리를 감싸 주었다. 동산에 박경리 선생께서 직접 쓴 글을 그대로 새겨 놓은 시비가 보였다.

문학하는 사람은 상업적 사고를 버려야 합니다.
진정한 문학은 결코 상업이 될 수 없습니다.
문학은 추상적인 것입니다.
눈에 보이고 손에 만질 수 있는 컵 같은 것이 아닙니다.

-마지막 산문집 중에서

라는 글이 씌어져 있었다. 자본주의 국가에서 상업적 사고를 버려야 한다는 것이 언뜻 이해가 되지 않았지만 다른 책을 통해서 '손에 잡히지 않는 정신적 산물을 가지고 어떻게 상업적 계산을 한단 말입니까?' 라는 말을 듣고 그 말이 옳다는 생각이 들었다.

통영의 토박이 시인 최정규님은 인솔교사와 함께 부산에서 온 각 학교 문예반, 독서반 아이들을 마치 친손자 반기듯 맞이했다. 앉을 곳이 마땅하지 않아 내려오던 길에 길섶에 주저앉아 나무 그늘 아래에서 통영에 관한 이야기를 들었다.

우선, 통영에는 뛰어난 시인, 묵객들이 많다고 했다. 널리 알려진 사람들 말고도 고두동 시인, 장하보 시조 시인이 있는데 이런 통영 사람들을 빼면 인근 대도시인 부산의 문학사가 제대로 엮어지지 않는다고 했다. 그의 말을 요약하면 지금도 3,500여 년 전에 고인돌이 있으며, 구석기, 신석기 시대의 패총이 많이 발견되어 통영은 오랜 옛날부터 사람들이 모여 살기 시작한 곳이라는 것을 알 수 있다. 1604년 9월 9일(음)에 삼도수군통제영이 설치되어 오늘날 행정구역명인 '통영'이 되었으며, 군사에 관한 계획도시로 만들어졌다. 400여 년 전, 한산대첩이 통영 앞바다에서 일어났으며, 미륵산에서 바라보면 대마도가 바라다 보이고, 서해안을 거쳐 진도, 한양으로 가는 길목이기도 했다. 처음 통제사가 부임한 이래로 3만 6천의 장졸과 540척의 군함이 있어서 도시 전체에 자급자족이 가능한 지역이었다. 그 외 통영의 유명한 것들 중에는 치고숙청, 교청과 같은 춤을 가르치는 곳이 있어서 승전무로 유명한 엄옥자씨를 배출하였으며, 통영갓, 나전칠기를 비롯한 유무형의 문화재가 8개나 있다고 했다. 오광대, 승전무, 남해안 별신굿, 통영장롱, 탈놀이 등이 있으며, 영화음악으로 유명한 정윤주씨와 평양교향악단에 있었던 최상한씨가 이 고장 출신이라고 했다. 이미 1910년에 '봉래극장'이라는 최초의 현대식 극장이 생겼으며, 화가 이중섭이 작품 활동을 가장 왕성하게 하던 시절이 이곳 통영에서였으며, 황순원의 소설 '잃어버린 사람들'은 이곳 통영에서 창작되었다. 통영은 또한 수산업의 도시이기도 하다. '괭이바다'라고 불리는 이곳은 민물과 갯물이 합쳐지는 곳이라, 남해안의 중간 기착지로서 통영 멸치, 통영 굴이 유명하며, 해양 휴양지, 관광도시로서 한려해상국립공원으로 자리하고 있다.

가장 감동적인 이야기는 역시 박경리씨의 작가정신에 관한 것이었다. 〈토지〉집필 초기에 작가는 유방암 판정을 받아 가슴에 붕대를 감은 채 밤새워 원고지를 메웠다. 작가의 한 맺힌 삶이 그처럼 독하게 글을 쓰게 만들었다. "내가 행복했더라면 문학을 하지 않았을 것"이라고 데뷔 직후 밝혔던 박경리씨는 "아이 데리고 부모 모시고 혼자 벌어먹고 살아야 했습니다. 불행에서 탈출하려는 소망 때문에 글을 썼습니다."라고 말했다. 뿐만 아니라 치아가 아파 죽을 지경이었지만, 원주시내 치과에 가지 않았다고 한다.

옛날의 그 집

비자루병에 걸린 대추나무 수십 그루가
어느 날 일시에 죽어 자빠진 그 집
십오 년을 살았다.

빈 창고같이 휑뎅그렁한 큰 집에

밤이 오면 소쩍새와 쑥쑥새가 울었고,
연못의 맹꽁이는 목이 터져라 소리 지르던
이른 봄
그 집에서 나는 혼자 살았다.

다행히 뜰은 넓어서
배추 심고, 고추 심고, 상추 심고, 파 심고,
고양이들과 함께 살았다.
정붙이고 살았다.

달빛이 스며드는 차가운 밤에는
이 세상의 끝의 끝으로 온 것 같아
무섭기도 했지만,
책상 하나, 원고지, 펜 하나가
나를 지탱해 주었고,
사마천을 생각하며 살았다.

그 세월 옛날의 그 집
그랬지, 그랬었지,
대문 밖에서는 늘
짐승들이 으르렁거렸다.

늑대도 있었고 여우도 있었고,
까치독사도 하이에나도 있었지.

모진 세월 가고
아아, 편안하다 늙어서 이리 편안한 것을

버리고 갈 것만 남아서 참 홀가분하다.

1926년 경남 통영에서 태어나 진주여고를 졸업했다. 2006년 56년 만인가 처음 통영에 왔지만 작품 속의 언어는 통영언어로 '통영의 방언'이라고 했다.(여기서 최시인은 '사투리'라는 단어는 사용하지 말아야 한다고 주장 했다. '사투리'라는 말에는 토박이말을 비하 시키는 뜻도 담겨 있기 때문이라 함. 이로 인해 서울 사람들이 소설 '토지'를 읽으면 무슨 뜻인지 잘 알 수 없는 대목이 있다고도 했다.) 지금 있는 박경리 선생의 묘소와 박경리 선생과는 특별한 연고가 없다고 했다. 단지 생전에 박경리 선생이 와 보고는 묻혔으면 좋겠다고 하고, 땅 주인이 허락하여 지금 이 장소로 사용되었다고 한다.

박경리 선생의 묘소를 뒤로하고 찾아간 곳이 초정거리였다. 예전에 이곳은 바다와 바로 접해 있어 선창이었다고 한다. 그 곳에는 가람 이병기의 추천을 받아 발표한 김상옥의 작품 '봉선화'의 시비가 세워져 있었다. 최정규 시인의 말에 의하면 초정 김상옥 시인은 학력이 겨우 초등학교 졸업이었지만, 서예, 그림……등, 능숙하지 않은 분야가 없었다고 한다. 선창 1길을 계속 걸어가다가 '목화 화장품'이라는 곳에 이르렀는데, 그 곳이 바로 김상옥 선생의 생가였다. 우리도 일행들처럼 그 가게 앞에서 기념 촬영을 했다.

다음 목적지는 윤이상 선생의 생가. 그 곳에는 지금 현재 기념관을 짓기에 여념이 없었다. 콘크리트 골조는 거의 완성 되었고, 외벽 작업이 한창이었다. 일설에 의하면 윤이상이 이곳에서 태어나지 않고 산청에서 태어났다는 말도 있다고 했다. 그것은 아마도 윤이상의 외가가 산청인 데서 유추된 것 같다고 말했다. '윤이상'의 끝자 '상'자가 뽕나무 '桑'인데 예전에는 뽕나무를 가지고 가야금을 만들어서 이미 이름에서 음악과 깊이 연인을 맺은 것을 예고한 것이 아닌가, 추측했다.

2006년을 맞이하면서 대표적인 예술가를 A에서 Z까지 머리글을 따서 정했는데, B에는 바하였고, P는 피카소인데 Y에는 윤이상이 뽑혔다고 한다. 특히 윤이상은 교가 작곡을 많이 했는데 부산대, 고려대를 비롯해서 무려 150개 학교의 교가를 작곡하였다고 했다. 그는 뮌헨 올림픽 때 오페라 '심청'을 작곡해 축하공연을 하였다.

1997년 최 시인은 직접 베를린에 있는 윤이상을 찾아간 적이 있는데, 그의 집에는 한반도 지도모양을 한 연못이 있었다고 한다. 그리고 방 벽면에는 1960년대 통영의 모습을 그린 그림과 고구려 벽화 '현무도'가 걸려 있었다고 한다. 1967년 동베를린 간첩단 사건으로 한국중앙정보부는 그를 임의동행 형식으로 귀국시켰으며, 재판 결과 무기징역을 선고 받았다가 석방 되었다. 최근 문민정부가 들어서면서 과거사건진상위원회가 재조사에 들어간 결과, 그 모든 것이 조작된 것으로 드러났다고 했다. 최시인은 그 외에 통영 출신의 예술가를 소개하기에 바빴는데 영문 단편 '꽃신'으로 유명한 재미 소설가 김용익이 통영 출신이고 '푸른 계절', '해녀'라는 그림으로 유명한 94세의 현역화가 전혁림이라는 분도 이곳 고장 출신이라고 소개했다.

청마거리에서 최정규 시인은 역시 청마와 연인 관계에 있던 시조

시인 이영도의 이야기를 빼 놓지 않았다. 이영도 여사는 '살구꽃 피는 마을', '개화'로 유명한 시조시인 이호우의 여동생이며, 이영도는 오빠에게서 시조 창작을 배웠다고 한다. 대구로 시집을 갔는데 1946년 폐병으로 남편이 죽자, 통영우체국 앞에서 언니가 약국을 하는 바람에 통영으로 오게 되었고, 그곳에서 수예점을 하다가 청마의 만나게 되었다고 했다. 이후 청마는 이문당 서점 2층에서 이영도를 보며 1946~1966년까지 20여 년 간 5천여 통의 편지를 썼는데, 이는 계산해 보면 3일에 2통 정도 보낸 것이다. 이후 3년 동안 줄기차게 편지를 보냈는데, '그리움'이란 시 중 '파도야, 어쩌란 말이냐' 구절처럼 이영도는 육지처럼 아무런 반응이 없었다고 한다. 청마는 부산남여상 교장으로 있을 때인, 1967년 2월 13일 9시 30분. 좌천동 앞에서 버스에 부딪혀 사망했다. 이 이야기는 낮에 청마의 생가(실제 생가는 도로확장으로 인해 편입되고 없고 지금의 청마문학관 자리는 청마와는 무관하다고 함.)에서 안내하는 아가씨에게 들은 내용인데 청마의 부인 또한 통이 커서 하루는 점심 밥상을 차려 놓고 청마와 이영도를 한 자리에 앉히고는 "우리 남편같이 잘 생긴 남자를 보고 마음이 설레지 않으면 여자도 아니다."라는 말했다고 한다.

김춘수 시인의 생가는 현재도 사람이 살고 있는 단층 슬라브의 평범한 집이었다. 화초가 좀 많다는 것 말고는 별다른 느낌이 없었다. 그렇지만 이곳이 김춘수의 생가라고 소개를 받자마자 무언가 예사롭지 않게 숙연해지는 느낌을 받았다.

남망산 조각공원을 향해 오르며 설레는 마음을 누를 길 없었다. 그 옛날 배드민턴 시합을 끝내고 달아공원을 오르던 때가 떠올랐기 때문이다. 사위가 시나브로 어두워져 오며 눈 아래 검푸른 바다위로 점점이 섬들이 떠올랐다. 배경이 아름다워 태일, 정현, 혁준, 진욱 4인방과 나는 단체 사진을 여러 번 찍었다.

500년 전, 송현이를 찾아서……

우리 학교 문화유산 답사회 '들길'이 우리 지역 인근의 산야를 누비며 조상들의 숨결이 묻어나는 문화재를 어루만져 온 지도 어언 9년의 세월이 흘렀다.

2003년 8월 2일, 그해 여름. 우리 일행은 경주 남산의 삼릉계곡을 누비고 있었다. 그 전날 비가 와서 계곡물이 불어나 '아차~' 하면 다리가 휩쓸려 몸이 떠내려갈 판이었다. 이후 경주를 두 번 찾았고, 뒤이어 김해, 울산, 진주, 통영, 밀양 등지를 줄기차게 방문 했다. 그리고 그 곳 해설사님으로부터 우리 문화재에 대한 산지식을 몸으로 터득하고 배웠다.

매년 여름 방학이 되면 올해에는 또 어디로 떠나볼까 하는 행복한 고민에 빠진다. 올해에는 교감선생님 추천으로 창녕을 방문하기로 하였다. 창녕하면 제일 먼저 떠오르는 게 우포늪과 화왕산이다. 그렇지만 나는 개인적으로 그 무엇보다 1,500년 만에 부활된 순장 소녀

'송현'이를 만나고 싶었다. 7월 21일 창녕 박물관을 방문 했을 때, 여느 때보다 유독 가슴이 설렜던 것도 그 이유에서였다.

창녕은 가야의 한 나라인 비화가야로 알려져 있으며, 561년 공식적으로 신라에 통합됐다. 불사국, 비지국, 비사벌 등으로 불리던 창녕 지역에는 20여 곳에 삼국시대의 고분군이 널려 있다. 이 중 큰 무덤이 많고 규모가 큰 계성, 교동, 송현동 고분군이 비사벌의 중심세력으로 추정되고 있다. 사전에 충분한 예습을 하지 못 했던 나는 순장소녀의 이름인 '송현'이 송현동에서 따 왔다는 사실을 그 곳에 가서 처음으로 알았다.

공교롭게도 우리가 방문하는 날 복원된 '송현' 소녀는 부산 복천동 박물관에 대여라는 이름으로 가 있었다. 나오다가 중앙 현관에 걸려 있는 사진 한 장에 만족할 수밖에 없었다. 송현동 15호분에서 4명의 순장 인골이 확인 됐고, 그 중 완전한 상태로 남아 있는 순장 인골 한 구에 대해 고고학, 법의학, 해부학, 조형학 등. 다양한 분야의 전문가들이 팀을 이뤄 1,500년 만에 다시 탄생 시켰다. 나이는 16세. 키 153㎝. 최초의 학제간 융합연구로 과거의 사람에 대한 관심과 그 모습을 과학적 방법으로 재구성하고 이미징한 사례이다. 동그란 얼굴. 반달 눈썹 아래 눈꼬리가 약간 처져 한없이 선량해 보인다. 앙다문 입술이 차마 다하지 못한 1,500년 묻어온 사연을 이제는 말하려는 듯하다. 순장자를 묻는 경우 두 가지 방식이 있다. 그 주인과 함께 묻되, 산 채로 묻는 경우가 그 첫 번째이다. 이때 순장자는 대체로 위치가 가장자리로 나와 있으며, 얼굴은 하늘을 향해 치켜세우고 있는 형상이라고 한다. 마지막까지 숨을 쉴 수 있기 위해서라는 것을 추정해 볼 수 있다. 또 하나는 처음부터 아예 죽여서 묻는 방식이다.

1,500년 전 16살 소녀 송현이는 독약을 마시거나 질식사를 시켜서 묻었던 것으로 추정했다. 그리고 나이에 비해 무릎 연골이 많이 닳아 있었던 것으로 보아 엎드려서 하는 일을 많이 했던 것으로 보여 진다고 해설사 권영옥님께서 말씀하셨다. 16살이라면 요즘으로 치면 중학교 3학년이다. 교복 입고 부모님의 사랑을 듬뿍 받으며, 한참 공부에 매달려 있을 때이다. 도대체 무슨 사연이 있어 그 험한 허드렛일을 하지 않으면 안 되었고, 끝내는 독배를 마시고 그 어린 나이에 꽃봉오리를 한번 피워 보지도 못하고 죽어야 했나. 의지의 한계를 시험하듯 강하게 내리쬐는 뙤약볕 아래에서 석빙고를 관람하고 만옥정 공원에서 진흥왕 척경비와 퇴천 3층 석탑, 창녕 척화비, 창녕 객사를 둘러보면서도 내내 순장 소녀 '송현'의 모습이 머리를 떠나질 않았다. 우리 일행은 강행군을 한 탓에 모두가 지쳐 있었다. 잠시 여가를 틈타 객사 앞에서 장기 자랑을 했는데, 그 중 김정태군의 선생님들에 대한 성대모사 압권이었다. 불어오는 시원한 바람만큼이나 우리 일행을 즐겁게 해 주었다. 배를 잡고 웃지 않는 이가 없었다.

술정리 동 3층 석탑(국보 34호)는 어느 모로 보나 예사롭지 않은 기품이 있어 보였다. 석탑에서 흔히 요구되는 안정감과 상승감이 완벽하게 갖추어져 있었다. 위로 올라가면서 적당한 비율로 줄어드는 안정감과 아름다움이 저 불국사의 석가탑에 비해도 조금도 손색이 없어 보였다. 단지 창녕의 술정리라는 다소 외진 곳에 있다는 이유 하나만으로 모습에 비해 턱없이 푸대접을 받고 있는 것은 아닌가 하는 생각이 들었다. 해설가 권영옥님이 계란꽃이라고 소개하는 개망초가 피어 있는 좁다란 길을 따라서 얼마 되지 않는 곳에 '하씨 초가'가 있었다. -자형 구조인데 지붕의 억새풀로 엮어져 있었다. 특히 처마가

기둥의 높이만큼 깊게 처져 있었는데 이는 일조량과 강우량을 고려한 남부지방 가옥의 특징이라고 했다. 그날 해설사 권영옥님은 내일 있을 우포늪 답사에 동행하지 못함을 무척 아쉬워했다. 이미 다른 팀과 예약이 되어 있었기 때문이다. 서산으로 넘어가는 해를 등지고 우리 일행은 숙소가 있는 부곡으로 향했다.

다음날.

우포늪으로 가기 위해 차 안에서 나는 우포늪에 관한 안내 책자를 읽었다.

우포늪은 국내 최고(最古)이며, 최대(最大) 규모의 늪으로 창녕군 대합면과 이방면, 유어면, 대지면에 걸쳐 있는 광활한 늪지에 부들, 창포, 줄, 갈대, 올방개, 붕어마름, 벗풀, 가시 연꽃 등이 무더기로 자라고 있으며, 늪에 반쯤 밑동을 잠그고 왕버들이 원시의 분위기를 자아낸다. 또한 우포늪은 2008년 10월 제 10차 람사르 총회 공식방문습지로서 세계적인 이목이 집중된 곳이다.

답사 시간은 한정 되어 있고, 우포늪은 광활하다. 어쩔 수 없이 출혈을 감수해서라도 자전거를 대여할 수밖에 없다. 실로 얼마 만에 타보는 자전거이던가. 나는 아이들과 함께 자전거를 씽씽 달리며 끝없이 펼쳐진 아스라한 늪의 저 편을 바라보았다. 납작 엎드린 식물들이 저마다 푸른 젊음을 뽐내고 있었다. 그 많다는 새의 무리들은 어디에 숨어서 우리를 훔쳐보며 숨바꼭질을 하나. 만약 우포늪의 생태관에 들리지 않았다면 그저 원시의 대자연 속에 묻혀 있다는 느낌뿐일 것이다. 주위는 고요 속에 잦아들고 있었다. 이쪽 끝에서 저쪽 끝으로 너무 많이 헤집고 다녔나 보다. 나는 지칠 대로 지친 몸을 이끌고 자전거 대여점 앞에 있는 팔각정에 앉아 쉬고 있었다. 이런 일을 두고 호사다마라고 하던가. 그때 영원이로부터 지용이가 무릎을 다쳤다는 연락을 받았다. 자전거를 타고 가다가 난데없이 새떼들이 튀어 올라 놀라서 넘어졌다고 했다. 이럴 때는 웃어야 하나 말아야 하나. 생각보다 상처가 깊지는 않았다. 모든 일정을 취소하고 일단, 창녕 시내에 있는 병원으로 지용이를 이송했다. 의사가 적은 진단서에는 '열상'이라고 쓰어져 있었다. 신경이 예민해져 있어서인지 그조차도 불만으로 다가왔다. 그냥 '찢어짐'하면 될 것을 왜 하필이면 한자어인 '열상'이야.

그날 오후.

화왕산 산행이 일정에 잡혀 있었다. 해발 757m. 당연히 정상 정복이다. 가장 빠른 코스가 자하곡 매표소에서 화왕산 정상까지 올랐다가 내려오는 코스다. 매표소 앞을 지나는데 매표소안 구석에서 매표원이 졸고 있다. 산행에서 내려오던 사람들이 그냥 지나가도 된다고 했다. 우리는 그냥 지나쳤다. 인근 매점에서 마실 생수를 사야하는데 카드는 안 된다며 현금을 내놓으라고 했다. 유감이었지만 어쩔 수 없었다. 길은 가팔랐고 그날따라 물기가 있어 미끌미끌 했다. 제 2의 정지용 사태가 생기면 안 된다. 나는 천천히 산행해도 좋으니 안전을 당부 했다. 날씨는 후텁지근했고, 얼굴에서는 땀이 비 오듯 했다. 지쳐서인지 이제 정상인가 싶으면 그 뒤에 또 작은 봉우리가 하나 더 버티고 있었다. 드디어 선봉으로 길을 헤치고 나가던 내가 '정상이닷~'라고 소리쳤다. 아이들이 기진맥진하다가 내가 외치는 소리에 또다시 힘을 내었다. 정상에 올라서자 주위의 작은 산들이 한 눈에 들어왔다. 한 아이는 정상을 10여m 앞두고 어지러워 도저히 못 걷겠다며 그 자리에 주저앉았다. 그래도 정상임을 알려주는 표지석 앞에서 인증 샷을 날릴 때는 저마다 최대한 멋진 자세를 잡으려고 애를 쓰는 모습이 가관이었다. 그날 저녁, 창녕에서의 이틀째 밤을 너무나 달고 깊게 잤다.

마지막 날.

우리 일행은 정지용의 사고 때문에 분위기가 많이 가라앉아 있었다. 나는 지도를 꺼내 놓고 우리가 있는 곳과 주남저수지와의 거리를 가늠해 보았다. 기사아저씨도 주남저수지라면 부산으로 가는 길목에 있어서 얼마든지 경유가 가능하다고 했다. 나는 더 이상 창녕에서의 일정을 취소하고 주남저수지로 향했다. 1980년에 조류학자들에 의해 낙동강하구와 더불어 낙동강 줄기에 형성된 동남내륙지역의 최대 철새도래지로써 유명한 곳. 그러나 우리가 주남저수지에 도착했을 때 분위기는 우포늪과 유사했다. 사진 속에 나오는 그 많은 철새들은 도대체 어디에 숨어버렸나? 나는 둑길 위에 서서 허망한 심정으로 저수지의 끝을 응시하였다.

은밀한 햇빛(密陽) 그 감성의 나들이

작년 통영답사를 포함하면 그동안 교지편집을 위한 답사가 모두 7회에 걸쳐 이루어졌다. 경주 3회 이후 울산, 진주, 김해 등지를 다녀왔다. 경주 남산을 올랐다가 갑자기 내린 국지성 호우로 전원이 물에 젖은 생쥐 꼴이 되었던 일, 개울물이 불어 아슬아슬하게 개울을 건너던 일, 울산 천전리 공룡 발자국 사진 찍기에 여념이 없던 일. 올해에는 또 어디로 답사를 가볼까! 정작에 밀양을 떠올리지 않은 것은 아니다, 그렇지만 사실 그동안 이런저런 일로 개인적으로 밀양을 찾았던 터라 그다지 매력적이지는 못했다. 그래서 기본 설정은 이렇게 정했다. 전체적으로 움직이는 답사일정과는 무관하게 나만의 문학기행이 되도록 하자. 이렇게 마음먹고 나니 훨씬 의욕적으로 바뀌었다.

7월 28일 아침부터 추적추적 비가 거리를 적시고 있었다. 만약 버스를 대절하지 않았다면 날짜를 연기해야 할 만큼 심각한 상황이었다. 그렇지만 버스를 대절한 경우 이동하는 동안 버스 안에 있으면 되므로 별 문제될 것은 없다. 지하철 교대역을 나오자 중앙고속 버스가 얌전하게 대기하고 있었다. 9시 출발시각에 맞추어 아이들이 하나, 둘씩 모여들기 시작했다. 9시를 조금 넘긴 시각에 전원 정시 참석, 차는 바로 밀양을 향해 출발했다.

버스가 밀양을 향하는 차 안에서 일행인 우리 선생님들의 관심사는 줄곧 영화 '밀양'에 초점이 맞춰져 있었다.

"영화의 주제는 무엇이라고 보면 됩니까?" 누군가가 물었고,

"사랑과 용서, 인간의 이중성, 종교가 아닐까요."라고 한 분이 답했다.

시나리오를 썼던 사람이, 감독인 이창동이고 그가 본래 소설을 쓰는 작가였던 것을 감안하더라도 '밀양(密陽)'을 비밀 '密'에다 볕 '陽'으로 풀어 해석한 것이 감탄을 자아낸다. 그래서 영어로는 'Secret Sunshine' 이렇게 놓고 보니 'Secret'은 어둠을 'Sunshine'은 밝음을 듯하면서 '밀(密)'과 '양(陽)'을 서로 대조적인 구조로 이루어져 있다. 이것은 영화 전체가 눈물과 웃음, 슬픔과 따뜻함이 절묘한 줄타기를 하는 것과 무관하지 않으리라. 시나리오 '밀양'은 이청준의 소설 '벌레 이야기'를 원작으로 했다는 사실은 나중에 이 글을 쓰기 위해 자료를 수집하는 과정에서 비로소 알게 되었다.

밀양에서의 내 날들은 대략 초등학교 졸업을 앞뒤로 해서 전혀 다른 빛깔과 느낌의 두 부분으로 나눠진다. 앞의 두해 - 아아, 어른 된 지금에 와서도 추억만으로 가슴 뛴다. 그때 삶을 희망으로 밝았으며

내 삶은 기쁨으로 빛났었다. 놀이와 꿈속에서 내 유년(幼年)을 꽃피었고, 바로 그 꽃그늘에서 그 뒤 내 삶을 이끌어 준 모든 아름다움의 이데아가 자랐다.(중략) 먼저 떠오른다. 그 맑고 푸르던 남천강(南川江). 사람은 같은 물에 두 번 발을 담글 수는 없다지만, 나는 아련한 꿈속에서 또는 애틋한 그리움 속에서 수없이 그때의 그 강물에 내 발을 담갔다. 봄눈 녹아 흐르던 찬 여울살에, 모랫벌을 얕고 넓게 지나느라. 뜨거워져서 강을 거슬러 올라오던 은어 떼를 이따금 혼절시키던 여름의 느린목에 가만히 들여다보고 있노라면 까닭 없이 슬퍼지던 가을의 교각(橋脚) 곁 그 맑은 웅덩이에, 이미 유리 같은 살얼음이 끼기 시작하던 그 발 저린 겨울굽이에 세월은 구름처럼 허망이 흘러 가버렸으나 내 발을 감싸는 물살은 언제나 예전의 그 물살이었다.(이문열의 '변경' 제 10장 幼年의 꽃그늘에서)

새로 난 부산-대구 간 고속도를 이용하다 보니 밀양까지 가는데 걸린 시간은 불과 40분도 채 되지 않았다. 2박 3일 동안 우리들의 안내를 맡은 진순정님의 말씀대로 영남루 아래에 버스 딱 한 대만 댈 수 있는 주차 공간이 있었다. 그곳에 차를 세워 버스에서 내리니 기다리시던 진선생님은 우리를 밝고 환한 모습으로 맞이해 주셨다. 언제나 그러하듯이 밀양답사의 시작점은 영남루 누대 위에서 시작 된다. 촉석루, 부벽루와 더불어 3대 누각 중 하나로 손꼽힌다고 한다. 부벽루는 가보지 않아서 모르지만 이듬해 답답하고 우울할 때 영남루 누대 위에서 바라보는 남천강은 한없이 사람을 달래고 어루만지며 위로해 줄줄 안다. 20대 초반에 아무 것도 정해지지 않은 불확실한 미래로 힘들어 할 때 나는 이 곳 영남루에 오른 적이 있다. 저 멀리

높고 낮은 산들이 보이고 아득한 강 상류 저 쪽에서 물이 흘러내린다. 고요하고 잔잔한 물결은 질풍노도의 20대 청년의 마음의 불길을 식히고 가라앉히며 잠재워 주었다. 여름철 뙤약볕을 걸어와서 이곳 누각에서 불어오는 강바람에 땀을 식히노라면 온갖 세상 근심사를 잊게 된다. 본루를 기점으로 좌측에 능파각(凌波閣). 가볍고 아름다운 미인의 걸음걸이를 일컬어 능파라 하던가. 하기야 저 강물 위를 곰실곰실 물결을 만들며 흘러내리는 모습을 아름다움의 극치다. 때마침 햇살이나 달빛이 비치어 산산이 부서지기라도 한다면……. 우측에 있는 누각은 침류각(枕流閣)이다. 자의적 해석인지는 모르나 '물결을 베개로 삼다.' 만약 침류각에서 밤잠을 이루게 된다면 사위는 고요하고 모든 감각기능이 정지된 체 오로지 청각만 열려 있다. 강물 흐르는 소리만이 귀에 들리고 온 신경세포들이 그곳에만 쏠려 있다. 어찌 물 위에 떠서 잠을 청하고 있다는 생각이 들지 않겠는가.

건물 내부에는 당대 명필가와 대문장가들이 쓴 시문현판들이 즐비하다. 그 중에는 1843년 이 건물을 중수할 당시 이인재 부사의 첫째아들과 둘째아들인 이종석(11세), 이현석(9세) 형제가 쓴 영남제일루(嶺南第一樓)와 영남루(嶺南樓)의 현판이 있다. 나의 경우 서예에 대해서는 거의 모른다고 보는 게 맞다. 그렇지만 누군가가 작품성만 보고 걸기로 마음먹었다면 현재의 현판 글씨보다 더 나은 작품이 없었을까. 아무리 천재적인 아이들이 쓴 글이라지만 7세, 11세의 글씨보다 나은 글씨가 없었을까. 두 아이의 글씨가 걸려 있음으로 인해 長幼와 老少, 세련됨과 소박함의 절묘한 조화가 생겨나는 것은 아닐까? 어디까지나 혼자만의 생각이다.

천진궁을 들렀다가 다음으로 찾아간 곳은 박시춘 생가이다. 1913년 10월 28일 경남 밀양에서 태어나 1996년 6월 30일 작고했다. '애수의 소야곡', '신라의 달밤' 작곡과 해방의 기쁨을 노래한 '럭키 서울', 남북의 아픔을 그린 '가거라 삼팔선', 한국전쟁당시 발표된 '전우야 잘자라'를 비롯해 당시 피난민들에게 용기를 준 '굳세어라 금순아', '이별의 부산정거장' 그가 만든 노래들은 일제강점기부터 1950~60년대 우리 현대사 격동기에 시대의 아픔을 달랬다. 가수 남인수, 백난아, 백설희, 황금심, 김정구, 현인 등이 그의 노래를 불렀다. 대중가요 평론가 박성서씨는 "박시춘이 남긴 3,000여 곡에 달하는 노래와 악상은 근대 한국 대중가요의 초석이자 근간"이라고 말했다.

몇 년 전 내가 이곳에 들렀을 때는 동상도 노래비도 없이 초가 한 채만 덩그러니 놓여 있었다. 그전에는 못 보던 것이라 반가운 마음에 집안을 들어서려고 하니 사립문이 굳게 닫혀 있었다. 그곳 안내원에게 물으니 그의 친일 행적 때문에 관람이 금지되었다고 말했다. 입구에는 그간의 사정을 말해주는 안내 표지판이 있었다.

안내문. 우리고장출신이며 한국가요계의 거물인 박시춘 선생의 업적을 널리 알리기 위하여 2001년 박시춘 옛집을 복원하여 문을 열어놨으나 2005. 9. 25. 민족문제연구소와 친일인명사진편찬위원회에서 발표한 친일인사명단에 박시춘 선생도 포함되어 2005. 10. 16.부터 관람을 중단하고 있습니다.

완벽한 신이 아닌 다음에야 한 인간의 삶의 족적을 파헤쳐보면 빛이 있고 어둠이 있다. 이따금 이런 생각을 해본다. 자연인 누구의 개인사를 두고 가장 추한 면만 모은 10장면을 모아서 이를 바탕으로 다큐멘터리를 제작한다면? 그 사람이 아무리 우리 사회에 추앙 받는 성직자라 하더라도 결코 아름다운 삶으로 기억되지 못할 것이다. 3,000 여곡 중 단, 4곡이었다. 이를 문제 삼아 어느 심포지엄에서 이동순 교수(영남대)의 말처럼 "박시춘의 활동을 마치 전심전력으로 친일을 향해 질주한 것처럼 평가하는 어설픈 방식을 택한 것을 지나치다고 밖에 할 수 없다."라고 말했다. 얼마 전 원로작사가인 반야월씨는 "그때 일제말기에 생사를 기약 할 수 없는 암울한 상황에서 강요에 의해 가사를 개작할 수밖에 없었다."라고 예술가의 고뇌를 솔직담백한 어조로 말한 적이 있다.

신문에 난 기사를 보니 경기도 H시에서 박시춘 선생 기념관을 2012년까지 건립하여 유품전시관, 공연장 등을 만들어 탄생 100주년을 기념할 예정이라고 한다. 그러나 밀양이 어떤 곳인가. 1919년 11월에 길림에서 의열단이 창단될 당시 총 13명 중 김원봉, 윤세주, 김상윤, 한봉근, 한봉인 선생 등 5인이 밀양인이다. 1932년 10월 남경에서 김원봉 선생이 교장을 맡고 윤세주 선생이 중심적 역할을 하여 무장 항일투쟁을 맡고 혁명 간부학교를 만들다. 이후 김원봉 선생의 활동은 계속되어 1942년 조선의용대 본부를 이끌고 대한민국 임시정부의 한국광복군에 참여하여 부사령관 겸 제1지대장을 맡았다가 이후 군무부장(국방부장관 격)이 된다. 밀양은 이처럼 그 어느 고장보다도 항일정신의 기백이 살아있는 곳이다. 다른 지역에서 볼 수 없는 독립운동기념관이 있는 것도 그러한 분위기를 잘 대변하고 있다. 이러한 정신을 거슬러 올라가면 1592년 임진왜란이 일어나자 살생유택을 해야 할 승려의 몸인데도 승병을 모집, 휴정의 휘하에 들어가 승군 도총섭이 되어 명나라 군사와 협력, 평양성의 수복전을 승리로 이끈 사명대사의 출생지라는 것도 무관하지 않으리라.

생사를 기약할 수 없는 암울한 상황에서 강요에 의해 어쩔 수 없이 작곡을 하고 개사를 했다고는 하지만 똑같은 그 시각에 나라를 위해 기꺼이 한 목숨을 던진 선열들도 있었던 것이다.

이 문제를 어떻게 정리하고 넘어가느냐 하는 것은 우리 후손들의 몫이다. 역사라는 것은 끝없이 반복되는 것이고 어느 순간 우리도 어떤 길을 걸어갈 것인가 하는 선택의 기로에 놓이게 될지 모른다. 한 인간의 개인사를 두고 공을 공대로 과는 과대로 냉정하게 판단을 하되 마지막에 가서는 용서와 화합의 길을 갔으면 하는 것이 나의 바람이다.

비가 조금씩 잦아들더니 나중에는 우산을 쓰지 않아도 될 만큼 가늘어졌다. 우리 일행은 보물 493호 석조여래좌상이 있는 무봉사를 둘러보고 삼국시대부터 있었던 성보(城堡)를 1479(성종 10년)에 석성으로 축조한 밀양읍성을 밟아보았다. 다시 내려와 명종 때 밀양부사의 외동딸 동옥(아랑낭자)의 정절을 기리는 아랑각을 참배하고 밀양관아를 거쳐 점심식사를 위해 내이동에 있는 신라해장국집을 향했다. 짧은 시간에 많은 곳을 둘러보았다. 한창 혈기방장한 우리의 동지들은 허기진 배를 움켜쥐다가 버스가 출발하는 순간 얼굴에 서서히 희색이 감돌기 시작했다.

점심 식사를 끝내고 우리 일행은 다음 목적지를 향해 부지런히 움직였다. 대형버스가 진입하기에는 다소 무리가 뒤따랐지만 우리는 기사아저씨에게 부탁해서 원하는 지점 코앞에서 하차했는데 그곳은 위양저수지였다. 그 시각에는 잠잠했던 비가 또 와서 굵은 빗방울로 변해서 떨어졌으므로 어쩔 수 없었다. 입구에서 문을 열고 그 안쪽에 있는 완재정까지 가는 것은 쉽지 않은 일이었다. 하루 전에 우리의 친절한 안내자이신 진짜 진짜 순정파이신 진순정 해설가님께서 미리 부탁해 놓으셨기에 가능한 일이었다.

경상남도 문화재 자료 제 167호. 신라와 고려시대 이래로 농사를 위해 만들어졌던 둑과 저수지. 아무래도 처음 목적은 저수지라는 경제성을 위해 만들어졌겠지만 주변 산과 어우러지면서 경승지로서 이름을 더 날리게 된 것은 아닌가 싶다. 나무들이 터널을 이룬 사이를 비집고 도착한 곳이 완재정(宛在亭). 숲속에 들어가 있으면 숲의 아름다움을 잘 알 수가 없다. 숲의 참 아름다움을 보려면 숲을 나와 원경으로 바라보아야 한다. 완재정에서는 오히려 바깥으로 열려 있는 문과 주변 경치가 아름다웠다. 그렇지만 완재정의 아름다운 호수 저편 끝에서 보아야 더욱 아름답다. 완(宛)이라는 글자에서 '눈에 보이는 것처럼 아주 뚜렷하다'라는 의미를 구한다면 '宛在'란 그야말로 '눈에 보이는 것처럼 아주 뚜렷한 아름다움을 가진 존재' 쯤으로 풀이가 가능하겠다. 여기서 평생을 살라고 하면 이미 도회적 분위기에 익숙해져서 곤란하겠지만 1, 2년이나 1, 2개월을 기약하고 산다면 이 이상 좋은 곳이 없었을 듯싶었다.

비가 와서 이미 땅은 물기를 잔뜩 머금고 질척거렸다. 물이 운동화 안쪽까지 스며들어 양말까지 축축해졌다. 고생을 하더라도 위양못의 자랑인 이팝나무의 하얀 쌀밥꽃을 구경할 수 있었더라면 하는 아쉬움이 있었다. 이팝나무의 유래에서 '이팝'이 '입하'에서 나왔다는 말도 있다. 절기로 입하쯤에 꽃이 피기 시작하는 것이다. 달력을 보니 올해의 입하는 5월 5일이었다. 오늘이 7월 8일이고 보면 시기가 훨씬 지난 것이다.

위양못을 한 바퀴 돌고 다시 버스에 오르는데 한 아이가 안내판을 보고는 나에게 질문을 던진다.

"선생님 위양못이 '양민을 위한다.'는 뜻이면 '位良'이 아니라 위할 위(爲)자를 써서 '爲良'이라야 하는 것 아닌가요?"하고 물었다. 속으로 하, 그놈 참 내 제자지만 똑똑하다. 어디 내어놔도 손색이 없겠다 싶다.

"글쎄다. 한자 자구 해석은 그 운용에 따라 워낙 달리 해석 될 수 있는 게 되놔서…. 예를 들면 '位良'의 뜻은 백성(良)의 입장(位)에서 모든 것을 행한다고 보면 '位良'도 틀린 것은 아니지."라고 대충 얼버무려 주었다.

다음으로 들린 퇴로마을은 전체적인 느낌이 한산하다는 거였다. 그날따라 비가 오는 궂은 날씨였는지는 모르겠으나 골목에 사람구경을 할 수가 없다. 마침 어느 집 담벼락에 얼굴 잘생긴 진도견 한 마리가 앞발을 담에 걸치고 우리 일행을 맞이해 주었다. 짖지도 않을 뿐더러 미물이지만 반가워하는 기색이 역력하다. 우리는 제각기 악수를 청하기도 하고 털미를 쓰다듬어 주기도 했다. 짧은 일별이어서 어루만지며 사진 찍기를 끝내고 돌아설 때엔 사뭇 아쉬움이 남기도 했다. 퇴로마을은 같은 한옥마을이면서 그 가옥내부가 부분적으로나마 관람객에게 공개되어 있는 양동마을, 하회마을과 대비되었다. 굳게 닫혀 있는 대문이 결코 이 마을 사람들의 인심을 대변하는 것은 아닐 것이다.

논어 '자로'편에 보면 섭공이 공자에게 다스림에 대해서 물었을 때 공자는 이렇게 답했다. 近者說 遠者來(근자열 원자래)하다. 즉, "가까운 사람들을 기쁘게 하고 먼 곳 사람들을 오게 하는 것이다." 라고 했다.

이런 측면에서 본다면 밀양시가 이 퇴로마을, 밀양연극촌, 지역관광지와 연계해서 관광객들이 고가에서 숙식을 할 수 있는 고가체험마을로 조성한다는 것은 반가운 소식이다.

사람들이 세속에서 '물러나 편히 쉬는 마을'이 되어야지 '사람을 물리치는 마을'이 되어서는 안 될 것이다.

밀양 연극촌에 들어가기 전에 우리는 주변에 연밭을 한 바퀴 돌았다. 비는 어느새 그치고 따가운 햇볕이 얼굴에 와 부딪히는 맑은 날씨였다. 연잎에 떨어진 물방울이 동글동글 말리면서 구슬방울처럼 이리저리 굴러다니는 게 참으로 신기했다.

"선생님 연잎 하나를 꺾어서 우산대용으로 써도 되겠습니까?" 하고 아이 하나가 물어왔다. '주인이 아니고 객의 입장이긴 저나 나나 마찬가지인데 누가 누구에게 무얼 물어!'하는 생각이 들었다. 하지만 나중에 어떻게 되더라도 일단은 "그래라."하고 승낙을 했다. 이곳에 27년째 토박이인 진선생님도 정자아래 쉬고 있는 연밭의 주인에게 사정해서 겨우 연잎 하나를 구했다고 나중에 자랑하는 것을 보았다.

그곳 안내자가 이끄는 대로 연극촌 일대를 쭉 돌며 구경을 끝마치고도 한참을 기다리다가 현지에서 저녁식사를 했다. 우리가 너무 일찍 도착한 것이다.

연극 제목은 이문구의 소설 '관촌수필'을 극화한 것이었다. 예약을 한 덕분에 무대 바로 앞좌석에 앉는 행운을 누렸다. 시대배경은 1945년 해방 전후와 50년 6·25 동란 때였다. '옹점'이라는 한 여인이 어린 나이에 결혼해, 전쟁 통에 남편을 잃고 시댁 식구들로부터 갖은 구박받는다. 그러다가 약장수 무리에 섞여 창가 가수가 된다는 이야기다.

시부모나 시집 푸네기들은 말했다. 숭늉 맛을 내자고 밥을 눌릴 수 있느냐, 배춧빛이 붉도록 고춧가루를 퍼 넣을 수 있느냐, 김치에 파 한 뿌리면 족하지 비싼 마늘까지 섞어 넣는 것은 어디서 배워온 못된 짓이냐. 아직 덜 검은 옷은 비싼 비누 처발라가며 자주 빨아 입는다.

강릉댁에서 허드렛일을 해주며 생활할 때에는 그저 걱실걱실하니 일 잘하고 남의 아픈 마음을 위로하고 어루만져 풀 줄 아는 손색없는 큰 애기였다. 배운 바를 되살려 제법 하느라고 한 것이 시집 쪽에서는 낭비와 사치로 보인 거였다. 살림 못할 여자, 집안 망칠 여자, 그녀는 그렇게 못된 여자로 만들어진 것이다.

이 연극에서는 향수를 자극하는 놀이나 노래 가수가 많이 나온다. 숨바꼭질, 엿치기, 쇠붙이 철로 위에 올리기, 미군들로부터 음식물 챙기기……. 노래로는 황하다방, 대지의 항구, 애수의 소야곡, 나그네 설움. 심연옥, 장세정, 박단마, 금사향, 이난영, 신카나리아…….

50년대에 태어나서 60년대에 어린 시절을 보낸 나로서는 소재 하나하나가 가슴 속에서 증폭되어 커다란 공감대가 형성되지 않을 수 없다. 실제로 등하굣길에 기차에 매달려서 한참을 달리기도 하고, 미군 지프차를 향해 헬로우 기브미 어쩌고 하다가 아무것도 받지 못했을 때 주먹으로 마구 감자를 먹였던 기억이 생생하다. 신기한 것은 연주를 보는 내내 겨우 십대 중반에 불과한 나의 아이들이 함께 웃고 손뼉 치며 즐거워하는 것이었다. 하기야 인간에게는 시공을 초월하는 보편적 정서라는 것이 내재 되어 있는 것이니까. 우리 교사들끼리는 무대장치가 너무 단순하다느니, 오히려 최소한의 소박한 무대장치를 가지고도 배우들이 훌륭한 연기력을 통해 자연스럽게 잘 표출해 주었다든지 그런 이야기를 주고받으며 연극촌을 나왔다.

사방은 이미 컴컴해져 있었다. 꽤 늦은 시각이었지만 저 앞에 어둠 속에 우리를 태워갈 버스가 주인의 지시를 기다리는 충실한 코끼리의 모습으로 웅크리고 앉아 일행을 기다리고 있었다. 그동안 밀양을 자주 왔지만 숙박을 하는 것은 이번이 처음이다. 무슨 까닭인지 며칠째 불면증이 찾아 왔다. 나는 왠지 오늘 밤만은 길고도 달콤한 꿈나라 여행을 할 것 같은 예감에 사로잡혔다.

영남 일원 답사기

영산대학에서 실시하는 '동양고전의이해'는 작년에 처음 듣고는 너무 유익하다는 판단 아래 금년에 두 번째로 참가했다. 물론 선뜻 마음이 움직인 데에는 현재 내가 살고 있는 양산 웅상인 우리지역에서 강좌가 열린다는 교통상의 편의도 크게 작용을 했다. 연수기간은 60시간짜리 약 2주간이다. 올 여름이 유난히 더울 거라는 매스컴의 예고가 있었지만 나는 그다지 개의치 않았다. 평소에 배드민턴으로 단련된 건강을 자신했기 때문이다. 그러나 정작 답사여행을 가는 8월 4일은 컨디션이 최악의 상황이었다. 금요일 산행을 다녀온 후 피로 했던 데다 어쭙잖은 학교 일로 신경이 극도로 쇠약해지자 내 몸은 마치 삼각파도를 만난 배처럼 순식간에 침몰 직전까지 갔던 것이다. 병원에서의 진단은 과로와 스트레스로 인한 편도선염. 나는 편도가 엄청난 두통과 고열을 수반한다는 것을 그때 처음으로 알았다. 답사여행을 가는 당일은 편도선염은 어느 정도 나았지만 후폭풍으로 찾아온 대상포진으로 얼굴이 마치 누군가와 싸우다 찰과상을 입은 것처럼 눈 아래와 인중에 여기저기 띠를 이루며 허물이 벗겨져 있었다.

작년의 경우 출발시간인 9시 30분보다 10여분 정도 늦게 떠났기 때문에 이번에도 의례적으로 그러려니 했다. 물론 나의 도착시간은 정각 9시 30분이었다. 그러나 정작 버스에 올라 좌중을 돌아보았을 때 내가 마지막으로 도착한 사람이라는 것을 알았다. 차안에는 오랜만에 보는 반가운 얼굴들이 있었다. 작년에 같이 '동양고전의 이해'를 듣다가 금년에 시간이 여의치 못해 불참했다가 너무 섭섭해서? 답사여행에라도 참가해야겠다는 일념으로 찾아온 작년의 연수 동기생들이었다. 이번 답사일정은 문경새재 이남에서 제일루라는 영남루를 거쳐 고려말 정몽주, 길재의 학풍을 이은 아버지 김숙자로부터 수학하여 후일 사림의 조종이 된 점필재 김종직을 모신 '예림서원'을 거친다. 그리고 우리나라에서는 특이하게 공자의 문묘를 모신 '배산서원'을 거쳐 이익의 말대로 우리 지성사의 극치를 이룬 두 물줄기 중 한 분을 배향한 남명 조식 선생의 뇌룡사를 둘러본 다음 '덕천서원'에서 하룻밤을 잔다. 그리고 다음날 아침 일찍 산천재를 답사하여 흔히 말하는 남명의 경의(敬義)정신을 마음에 새기고 쌍계사 쪽으로 가서 불일폭포에서 옛 선인의 유토피아를 확인한다는 것이었다.

차는 언양 읍내를 지나 석남사 앞을 거쳐 소위 말하는 영남 알프스를 지나고 있었다. 돌이켜보면 나의 20대 초반은 남들이 흔히 말하는 '아름다운 청춘'이 아니었다. 경제적인 이유로 적성과는 상관없이 실업계인 공고에 들어가 졸업하고도 기계분야의 회사 일을 하며 어찌보면 하루하루를 기워가듯 일상을 영위해 나갔다고 볼 수 있다. 그 시절을 즈음해서 나는 더러 영남루를 찾은 적이 있었다. 불확실한 미래와 참담한 현실 때문에 혼자만의 참으로 쓸쓸하고 외로운 방문이었다. 그런 면에서 본다면 이번 영남루의 답사는 많은 동료교사들과 함께 답사라는 명분 아래에 가는 것이라 기분이 한층 고조되는 것을 느꼈다. 영남루가 빤히 보이는 강 맞은편 주차장에 차를 세우고 일행은 도보로 다리를 건너 영남루로 향했다. 여느 누각과 비교가 안 될 만큼 넓고 탁 트인 누대 위에 섰을 때 마침 연락을 받고 대기 중이던 문화유산해설가이신 이성공님이 종종걸음으로 다가와 맞이해주셨다.

"우리 이웃에 함벽루, 촉석루, 광한루도 있지만, 규모면에서 이 영남루를 따를 만한 누각이 없지요. 고려말인 1365년 지었다는 설이 있지만, 742년에 이미 여기에 영남사라는 절이 있었고, 죽루라는 누각이 있었다는 기록이 있습니다. 지금도 탑신, 이수, 좌대가 남아 있습니다. 몇 번의 중수를 거쳐 현재의 건물은 1844년에 지어졌습니다. 조선 후기의 목조건물을 대표한다고 볼 수 있습니다. 왼쪽에 있는 것이 능파각이고, 오른쪽에 있는 것이 침유각인데 그 곳에 쉬어본 사람이면 누구나 할 것 없이 파도 위에 앉아 있는 느낌을 가지거나 물 위에 베개를 베고 누운 느낌을 갖게 된답니다. 영남루는 멋 진 양 날개를 달고 있는 셈이죠."

그 이외에도 이성공님은 만덕문, 천진궁, 무봉사, 아랑각에 대한 설명을 해주셨다. 잠시 우리는 난간에 제각기 편한 자세로 기대거나 서서 어린 듯 취한 듯 도도한 강물의 흐름을 만끽하다가 그곳에 걸린 무수한 현판에 눈길이 갔다. 그리고 오늘의 우리 답사를 책임지고 있는 정교수의 선창에 이어 한시 한 수를 읽어 내렸다.

嶺南樓下大川橫(영남루 아래로 큰 내가 비껴)

秋月春風屬太平(가을 달 봄바람이 태평이로다)
忽得銀魚森在眼(문득 눈앞에 삼삼한 은어)
斯文笑語可聞聲(사문의 웃음소리 귀에 들리는 듯)

위 시는 목은 이색의 작품이다. '밀주승람'이라는 책에 보면 '당시 밀양 유생이 무슨 일로 선생에게 글을 청하면서 은어 포를 예물로 가져왔으므로 선생이 이 시를 지었다.(時密陽儒生 以事謁文于先生 而以銀魚脯爲 贄故先生作此詩)'라고 되어 있다.

일정이 촉박하였으므로 우리는 다른 곳에 눈길을 둘 수가 없어 바로 예림서원을 향하였다. 소재지는 밀양군 부북면 후사포리. 나는 무엇보다도 본관이 선산인 김종직 선생이 밀양에 살게 된 내력이 궁금했다. 앞서 이야기 한 대로 김종직 선생의 부친은 조선초 길재의 학풍을 이어받은 유명한 강호산인(江湖散人) 김숙자 선생. 선생은 장남으로 태어났으면서도 밀양 박씨인 박홍신의 무남독녀에 장가를 드는 바람에 처가를 따라 밀양으로 이주하여 살게 되었다. 물론 선산에는 친부모가 다 살고 계셨다. 그러면서도 이 지역에 살면서 문풍을 일어나게 했다. 그때만 하더라도 아들이 없는 경우 딸이 가통을 계승하는 것이 일반적이었다고 한다. 조상의 제사를 윤번으로 시행하였고, 가산상속도 자녀 균분상속제가 철저하게 지켜졌던 것이다.

예림서원의 출발은 1567년(명종 22) 지방 유림의 공의로 김종직의 학문과 덕행을 추모하여 중동면 자시산(慈是山) 아래에 덕성서원(德城書院)을 세운 것이 시초. 임진란으로 소실, 이전하여 1634년(인조12) 현재의 위치로 옮김과 동시에 서원의 이름도 예림서원으로 바꾸고 그후 제자인 박한주(朴漢柱)와 신계성(申季誠)을 추가 배향했다. 서원은 약간의 경사지에 있었다. 전통적인 전학후묘(前學後廟)의 배치였다. 한낮의 볕살을 받으며 묵묵히 백일홍은 스스로를 견뎌내고 있었다. 마루에 앉자 뒤쪽으로 난 문으로 선선한 바람이 불어와 문턱을 베개로 삼아 달콤한 오수를 즐기고 싶은 충동이 일었다. 그렇지만 그건 한 가닥 바람으로 끝나야만 했다. 빡빡한 일정을 소화해내기 위해서는 또다시 버스에 오를 수밖에 없었다. 다음 목적지는 바로 예림서원의 주인인 점필제 김종직 선생의 종택이었다.

"점필제 할아버지께서 화를 당하신 뒤 일가가 적몰을 당했는데 정부인 문씨 할머니는 운봉현에 유배되고 아들 숭년(崇年)은 열세 살 어린 나이 때문에 다행히 화를 면하고 합천면에 안치되었습니다. 그 할아버지의 아드님이 고령으로 장가들면서 이 자리에 터를 잡아 살게 된 것이 350년이 넘었습니다."

훤칠한 키에 인자함이 절로 묻어나는 17대 종손 김병식님이 밀양에서 여기에 살게 된 내력을 말씀해 주셨다. 한때 130여 호가 살았지만 현재는 20촌 이내가 68호 정도 살고 있다고 했다. 우리가 마침 방문했을 때 문화재청에서 나와 마루에서 많은 유품을 모아놓고 정밀 분석을 하고 있었다. 그 중에서 몇 가지를 골라 종손께서 직접 보여 주셨는데 낡아 볼품이 없어보였지만 고졸한 느낌의 유리주병과 매화옥벼루, 상아홀, 그리고 당후일기(堂后日記)였다. 그런데 유리주병과 벼루는 성종임금이 친히 하사한 것이며, 당후일기는 점필제 선생의 친필이라고 했다. 김종직은 죽어서도 제자인 김일손이 사초에 넣은 '조의제문'이 화근이 되어 부관참시를 당하는 수모를 당하게 된다. 그리고 그의 화려한 경력에 견주어 후학들 모두로부터 호감을 주는 처지는 못 되었던 것 같다.

"천하에 사사로이 이록(利祿)을 차지하고도 명망을 훔친 자가 있는데 세상에서 군자라고 한다면 사람들이 믿겠는가? …… 비록 도덕과 인의에서 나왔다 하더라도 거짓됨을 면할 겨를이 없을 텐데 하물며 이록과 명망 두 가지를 차지했음에랴. 이미 그 이록을 차지하고 명망을 도둑질해서 한 세상을 속이고서 스스로 그 영화와 녹봉을 누린다면 진실로 슬기와 생각을 다 하여 맡은 일에 충실해야 그 잘못을 조금이라도 메울 수 있을 것이다. 그런데도 도리어 '영화와 녹봉은 나의 뜻이 아니다.'하면서 능청스럽게 한갓 좋은 벼슬을 누려 그 몸을 바친다면 그 죄는 죽음을 당해도 용납되지 않을 것이다."

"김종직은 근래 큰 선비라도 이른다. 젊었을 적에는 벼슬살이를 즐겨하지 않다가 세조께서 과거에 나오라고 다그치니 어쩔 수 없이 급제에 올랐다고 한다. 또 임금의 곁에 있다가 벼슬이 높아져서는 어미가 늙어서 벼슬한다고 핑계를 대었다. 그런데 그 어미가 죽고서도 벼슬살이를 그치지 않았다. 문인 김굉필이 그가 조정에 정책을 건의하지 않음을 말하니 '벼슬살이는 내 뜻이 아니기 때문에 건의하고 싶지 않다.'고 말하였다. 김종직이 같은 자가 참으로 이른바 이록을 차지하고 그 명망을 도둑질하면서 한갓 높은 벼슬자리에 있는 자라 하겠다."

이 글은 홍길동전으로 유명한 허균의 글이다. 그러나 이 생각은 애써 지우고 오로지 김병식옹의 말에 귀를 기울일 뿐이다.

"……당신께서는 제자를 잘 기른 분으로 칭송이 자자했죠. 한훤당 김굉필과 정암 조광조가 그 대표적인 인물이죠. ……여기 있는 유품 중 지방문화재로 지정된 것만 해도 114점이 있습니다. 그리고 이것은 성종 임금이 하사하시고 옥벼루입니다."

말씀을 마친 종손은 뭔가 부족하다고 생각되었는지 옥벼루 뿐만 아니라 임금으로부터 직접 하사 받은 것 중 매화연과 유리 술병을 이어서 내 놓았다. 오랜 세월이 흘렀음인지 생각보다 최고 권력자인 임금이 내린 것이라고 보기에는 치졸한 느낌이었지만 나름대로 고아함을 갖추고 있었다. 우리 일행은 그곳에서 귀하신 분을 만났다. 바로 경주 양동마을의 이언적 후손인 이지락씨였다. 나는 그동안 양동마을을 여러 번 갔지만, 그 예스런 분위기에 흠뻑 취하면서도 돌이야기, 나무 하나에 스며 있을 옛이야기를 들을 수 없어 늘 안타까워 해 오고 있는 중이었다. 그 분은 고맙게도 방문해 주시면 흔쾌히 안내자로서의 역할을 다해 주시겠다고 약속해 주셨다.

5공 시절 전두환 대통령이 군인들을 시켜 닦아 놓았다는 지릿재를 지나 다음으로 도착한 곳은 단성면 배양마을에 있는 배산서당(培山書堂)이었다. 문 앞까지 길이 좁아 천상 버스에서 내려 3~4분여를 걸었는데 어느 선생님 한 분이 배추꽃에 피어 있는 흰나비를 잡으려다 놓친 적이 있었다. 그때 내가 말했다.

"잘 하셨어요. 우리 어릴 때에 흰나비를 쥐었다가 그 손으로 눈을 비비면 장님이 된다는 말이 있잖아요."

하였더니 내 옆에 있는 선생님이 그 방면으로는 훤하다는 듯,

"어디 그 뿐인가요. 오징어를 먹으면 피가 마르고, 일본 담배를 피우면 뼈가 녹고, 노루 고기를 먹으면 재수가 없고, 목화다래를 먹으면 너네 엄마 죽고……"

하며 신체 상해에 관한 금기사항을 끝도 없이 이야기하여 주위를 깜짝 놀라게 했다.

배산서당의 특이한 점은 바로 이곳에는 중국 곡부에 직접 가서 그

곳에서 공자의 진상을 가져와 문묘에 모셨다는 점이다. 1919년 합천 이씨 대표 진암 이병헌씨의 발의로 유교 복원을 위하여 문묘와 도동사와 강당을 짓고 배산서당이라고 하였던 것이다. 구한말 혼란기에 정신적 방황을 겪으며 유학을 통해서 극복하고자 했던 당시 시대 사람들의 일단을 엿볼 수 있게 하는 대목이다. 우리 일행은 비록 장소가 협소하였지만 비좁은 대로 문묘 앞에서 일제히 절을 올리고 2,500년 전의 성현을 흠모하였다. 이곳의 현판은 중국의 유명한 변법자강운동가인 공양학자(公羊學者) 강유위(康有爲)의 자필이며 백범 김구, 성재 이시영, 우천 조완구, 백암 박은식 선생의 낙성축문(落城祝文) 현판이 걸려 있다. 지방문화재 제 51호

남명의 일생은 수학기, 모색기, 정립기로 나누는데 바로 이 덕천서원에서 보낸 날들을 환갑년을 전후한 정립기에 해당한다. 우리가 도착했을 때, 뜰에 커다란 배롱나무가 몇 그루씩 서 있어 그 자태를 뽐내었다. 분홍색이 아닌 흰색 배롱나무가 눈에 띄어 다들 신기해하였다. 우리 일행은 종손의 환대를 받으며 그곳 강당에 빙 둘러 앉았다. 열어 놓은 문으로 선들바람이 시원하게 불어 주었다. 모처럼의 편안한 휴식이었다.

"……논어는 성에 관한 학문이고, 대학은 경에 관한 학문입니다. 경은 어쩌면 선불교와 닮아 있어요. 남명선생께서 달고 다니셨다는 '성성자(惺惺子)'의 경우도 어쩌면 사찰에서의 풍경과도 같은 기능입니다. '성惺'자가 '마음 心'에 '별 星'인데 '마음을 별처럼 초롱초롱하게 한다.'는 의미가 있어요. '경敬'의 4대 종목도 결국 '윤집궐중(允執厥中)'의 '집중執中'과 같은 의미를 지니죠. '의義'는 바르다고 생각

하는 것을 실천으로 옮긴다는 것입니다.

이미 날은 어두워 사위에 땅거미가 서서히 밀려 왔지만, 우리들의 안내자이자 스승이신 정우락 교수의 특강은 끝날 줄을 몰랐다. 그분인들 어찌 고단하지 않으랴. 그러나 하나라도 더 보태고 무언가 건네주려고 하는 그 마음이 역력하게 보여 다시 한 번 자세를 고쳐 앉았다. 그날 인근에 있는 식당에서 저녁 식사를 마치고 모두들 덕산서원에서 하룻밤을 보내기 위해 떠나고 나 혼자만 여관에 남았다. 그 문제의 편도염과 대상포진이 나을 기미를 보이지 않았다. 후유증인지 피로감이 엄습해 일찌감치 잠자리에 들 수밖에 없었던 것이다.

원두(源頭), 활수(活水), 그 죽장자(竹杖子)의 울림을 찾아서

그동안 어디 단체에서 가는 답사라는 게 횡- 하니, 주마간산격(走馬看山格)으로 유적지를 둘러보고 오히려 음주가무(飮酒歌舞)에 연연하기가 일쑤여서 그게 스스로에게도 늘 불만이었다. 그런 만큼 이번 직무연수 기간 동안 영산대학교 동양문화연구원에서 가는 답사여행에 거는 기대는 어느 때보다도 크다. 더군다나 오는 8월 18일에는 내가 재직하고 있는 동의중학교 학생 15명을 인솔해서 경주 남산을 답사해야 하는 나로서는 답사에 대한 예비지식을 확보할 수 있는 좋은 기회인 것이다.

8월 5일에서 6일(1박 2일)까지가 답사 일정으로 잡혀 있다. 그런데 일기예보에서도 그날에 비가 온다고 하고 정말 답사 전날까지 오후에까지 게릴라성 호우가 쏟아져 참가자들의 마음을 불안하게 했다. 그렇지만 정작 떠나는 당일은 비교적 맑은 날씨였다. 한 사람의 불참자도 없이 24명 전원 예정된 출발 시간인 9시 30분에 다들 승차해 있었다. 그 중에 우리가 늘 대하는 영산대학의 직원도 아닌, 웬 낯선, 나이 많은 어르신이 계셔서 다들 궁금해 했는데 나중에 소개를 통해서 그 분은 시인이며 영산대학교의 초빙교수인 정대구씨라는 것을 알았다. 그 분을 자신을 소개하는 과정에서 중고교 재직시절 수학여행을 가면 학생들로부터 "오늘 저녁은 대구탕을 먹지요."한다든지, "오늘 저녁은 대구여관을 가지요."하고 우스개 회고담을 우리에게 들려주어 좌중을 웃게 했다.

답사의 실질적인 총책임을 맡은 영산대학교의 동양문화연구원장 정우락 교수의 말에 의하면 조선시대의 유학은 크게 서울에서 봐서 낙동강의 왼쪽에 있는 안동 태백산을 중심으로 형성된 퇴계를 비롯한 강좌학파, 강의 오른쪽에 있는 한강 정구를 비롯한 강안학파와 낙동강 연안에 형성된 남명 조식을 비롯한 강우학파로 나뉜다고 했다. 우리가 주로 찾고자 하는 곳은 남명을 비롯한 강우학파가 머물던 곳과 한강 정구의 유적지를 둘러보는 것이었다. 첫날은 남명 조식이 기거했던 김해의 산해정과 수로왕릉을 둘러보고, 고령으로 넘어가 합천의 함벽루를 거쳐 농산정을 보고 해인사 앞에 있는 여관에서 하룻밤을 자기로 예정되어 있었다.

此君孤不孤　대는 외로운 듯하지만 외롭지 않아
髥叟則爲隣　소나무가 이웃해 주기 때문이라네
莫待風霜看　바람 불고 서리치는 때 기다리지 않아도
猗猗這見眞　싱싱한 모습에서 참다움을 본다네

번화한 김해 시가지를 거쳐 변두리에 당도해 몹시 좁은 길을 따라 용케도 큰 버스가 진입했다. 다보선원이라는 간판을 보며 차밭을 지나 한 2~3분을 걸었을까 얕은 개울이 나타나고 그 개울을 건너고 쳐다보는 자리에 바로 위의 싯구가 씌어 있는 시비(詩碑)가 우리를 반겼다. 그 곳에 오래된 고가가 보였는데 그곳이 산해정(山海亭)이었다.

경제적인 이유로 남명은 자신의 처가인 남평 조씨의 집성촌인 이곳으로 와서 살게 되고, 그 기간은 30세부터 그의 어머니가 돌아가시던 45세까지이다. '해를 볼 기약도 없고 땅을 보기도 어려워라(見日無期見地難)'라는 구절을 통해 과거 실패의 괴로움을 토로하고 해에 해당하는 군주에 대한 불만을 토로하던 남명은 그나마 밀양의 신계성, 단성의 청향당 이원 등 여러 선비들을 소나무에 비유하여 자신은 비록 외로운 대이긴 하지만 이런 친구들인 소나무가 있어 외롭지 않다고 바로 위의 시 '종죽산해정(種竹山海亭)'에서 읊조리고 있는 것이다. 남명은 특히 이곳에서 많은 후학들을 가르치게 되는데 '敬義'와 같은 실천을 강조하는 학문을 하여 그 제자들 중에 임진왜란 때 많은 의병장들이 나왔다고 한다. 본채를 등에 지고 왼쪽 뜰에 몹시 아름다운 붉은색 꽃이 피어 있었는데 한 여선생님이 "어마, 백일홍"이라 하여 그 꽃이 백일홍인줄 알았다. 싸라기 같은 작은 꽃이 모여 하나의 꽃송이를 이루고 있었는데, 이것은 내가 그동안 상상해 오던 꽃과는 달라 퍽 신기하였다. 그리고 오른쪽 뜰에는 석류라고 보기에는 너무 작은 주황색 열매 같은 것이 매달린 나무가 있었는데 아무도 그 이름을 몰랐다. 나를 비롯한 많은 선생님들이 궁금해 하던 차에 한 분이 '해당화'라고 일러 주었다. 그때서야 '아, 말로만 듣던 그 꽃'이라며 고개를 끄덕였다. 일행은 남명이 자신의 총명한 어린 아들 차산이를 묻었다고 해서 붙여진 조차산을 오른쪽으로 하고 수로왕릉으로 가기 위해 버스에 올랐다. 정교수의 말에 의하면 남명은 자신의 처가인 여기에 사는 내내 못마땅해 했다고 한다. 그래서 비록 처의 집이긴 하지만 바로 자신의 집이라고 볼 수 있는 이곳 집이 있는데도 '상자(喪子)'라는 시에서 '집도 없고, 아들도 없는 것이 중과 비슷하고(靡室靡兒僧似我)'라고 표현하고 있다는 것이다. 태어나고 죽는 것이 한조각의 구름이 모였다가 흩어지는 것이라지만 주위의 기대를 한 몸에 받던 아들을 가슴에 묻은 남명의 슬픔이 한순간 애잔하게 내 가슴에도 밀물지는 듯하다.

김해왕릉에서는 문화유산해설사인 이도재님이 나오셔서 안내를 해 주셨다. 왕릉이 있는 이곳은 풍수학적으로 '금구몰니(金龜沒泥)'형이라고 한다. 과연 물기가 많아 물가에서나 있을 법한 갯버들이 여기저기 자라나고 있다. 들어가는 입구에 문의 이름이 '납릉심문(納陵心門)'. 문의 상단에 물고기 문양을 한 것이 많았는데 해설자에 의하면 김해지역은 다른 지역에 비해 특히 물고기 문양이 많은데 그것은 허황옥(許黃玉)이 인도에서 배를 타고 온 것과 무관하지 않다고 한다. 그리고 그곳 최근에 지어진 비석의 문양에는 더러 벚꽃을 연상하는 문양이 많이 있는데 이는 대부분 일제 때 만들어진 것이다. 그 중에 '숭선전참봉김성학영세기념비(崇善殿參奉金性學永世記念碑)가 있었는데 사연이 있는 비(碑)였다. 일제 말기에 한창 전쟁에 광분해 있을 시기, 구리로 된 것은 다 긁어모으는 과정에서 이 비석도 함께 일본으로 실려 갔다고 했다. 그런데 일본 현지에서 이 비석을 잘 아는, 뜻이 있는 누군가에게 발견되어 다시 이곳으로 반환되어 오게 된 것이라고 한다. 이런 이름 모를 몇몇 뜻있는 사람이 있어서 그나마 이 정도의 문화유산이라도 간직할 수 있다고 생각하니 절로 고개가 숙여졌다. 왕릉은 경주에서 본 신라왕들을 '릉'을 연상하게 하는 커다란 무덤이었다. 후원에 커다란 바윗돌이 있는데 청동기 시절에 무덤으로 쓰였던 고인돌이다. 바위 모서리에 조그만 구멍이 나 있었다. 그걸 두고 해설자는 '하늘문', '별님문'이라고 부른다고 했다. 하늘에 있는 별의 정기가 그 구멍을 통해 들어간다는 것인지……. 바쁜 일정 때문에 더 이상 여쭈어보지도 못하고 간단한 점심식사를 해결하기 위해 집결지로 향했다.

버스를 타고 10여 분 정도 시내 거리를 달려서 드디어 도착한 곳이 바로 허황옥의 왕릉이었다. 이 왕릉이 처음 조성된 시기는 수로왕릉과 같이 1446년경이다. 정문을 지나면 오른쪽에 작은 돌을 쌓아 탑처럼 조성한 것이 있는데, 이름 하여 파사석탑(婆娑石塔). 김해시의 중심에 있는 호계사에서 가져온 것인데 우리나라에는 없는 돌이라 허황옥이 가져온 것으로 추정한다고 안내 표지판에 씌어 있다. 희한하게도 닭벼슬의 피를 떨구면 굳지 않는다는 설이 있고, 배에 실으면 파도를 진정시키는 신이한 물건이라 하여 한때는 많은 뱃사람들이 몰래 빼내 가기도 했다고 전해진다. 풍수상으로 보면 구지봉과 허황옥의 왕릉은 머리와 몸체로 이루어진 거북 모양인데 얼마 전까지만 하더라도 분리되어 있다가 혈기를 끊어놓았다는 민원이 발생하여 최근에서야 다시 연결해 놓았다고 한다. 그래서인지 대통령까지 배출했다고……. 그 사실을 믿어야 하나, 말아야 하나. 구지봉을 오랜 옛날에는 머리 '首'자를 써서 '구수봉(龜首峰)'이라고 불렀다 하니 근거 없는 말은 아니다 싶다. 구지봉은 그야말로 야트막한 동산이다. 김해 시가지가 평야로 이루어져 있어서 이런 얕은 봉우리도 인근에서는 제일 높은 봉우리이고, 그러다보니 이곳에 와서 육간들이 새로운 주인을 보내달라고 기원 했는지 모를 일이다. 우리가 알고 있는 중국의 태산도 사실은 그다지 높지 않다고 한다. 불과 해발 1,545m 정도. 그렇지만 주변이 모두 평야지대이고 그곳에 올라서면 사방이 탁 트여 한눈에 다 보이니 그래서 유명해진 것이라 전한다. 그곳에서도 수로왕릉에서와 같이 고인돌이 하나 눈에 띄었는데 가로 2.5m, 세로 2.4m의 크기였다. 전형적인 '남방식 지석묘'라고 소개되어 있다. 바위 위에는 평범한 사람이 보기에도 예사롭지 않는 '구지봉석(龜旨峯石)'이라는 넉자가 뚜렷이 새겨져 있는데 우리나라의 명필가 한석봉 선생이 쓴 글이라고 소개되어 있다.

버스 속에서 두세 시간 잠이 들었나? 차 안에서 마이크로 "여러분 지금 차창 밖을 보십시오."하는 정교수의 말이 들렸다. 그리 크지는 않았지만 무겁게 내려앉은 하늘 때문인지 한층 고즈넉하게 흘러가는 내(川)가 보인다. "우리가 방금 넘은 재가 금산재이고 방금 여러분께서 보신 그 내가 바로 금천(錦川)입니다. 우리말로는 '비단내'인데 이름이 아름답지 않습니까?" 고령 읍내를 지난 차는 한창 공사 중인 '대가야 왕릉 전시관' 앞에 섰다. 전시관 관람을 하려나 싶었는데 그게 아니었다. 좁은 자갈길을 20여 걸음으로 되돌아가서 길 위에 나지막하게 서 있는 비석 앞에 섰는데, 비명(碑名)이 '월담선생 정공배 정열부인 창녕조씨 정려비'였다. 답사는 무릇 아는 만큼 보인다고 했던가. 모르면 그냥 평범하게 지나칠 비석이었지만 사연을 듣고 나니 사뭇 숙연해지는 분위기였다. 이야기인즉, 이 비석의 주인공은 남명선생의 누이동생이라고 했다. 평소 월담 정사현(月潭 鄭思賢)의 인간을 떠나 평생을 벼슬하지 않고 초야에 은둔하는 반속적인 삶을 기리던 남명 선생은, 자신의 누이동생을 월담에게 시집보내게 된다. 그러나 월담은 48세의 짧은 삶을 마감하게 되고, 그의 아내 창녕 조씨는 철마다 죽은 남편의 옷을 마련하여 무덤 앞에 태우기를 3년이나 하였다고 한다. 3년 상을 마치고, 여러 아이들(3남 1녀)을 불러 놓고 말했다. "내가 진작 너의 아버지를 따라 가고자 하였으나, 너희들이 다 자라지 않았으므로 지금껏 이어왔다. 이제 집안을 너희에게 맡기게 되었으니 여한이 없다."고 말한 후 스스로 숨을 멈추어(止息)하여 남편의 뒤를 따랐다. 요즘 젊은 부인네들 중에는 생계를 비관하여 울컥하는 심정에 자식들과 함께 고층에서 투신하는 일이 빈번하게 일어나는데, 자식의 양육에 대해 책임을 다하고자하는 옛 여인네들의 결연한 의지를 읽을 수 있는 대목이었다. 그 절제가 실로 아름답다. 그리고 아무리 시대가 그렇다 하더라도 애끓는 부부지정이 없다면 그 또한 불가능한 일이 아닌가. 남명은 누구보다도 월담의 죽음을 애통해하고 그러다보니 묏자리까지 잡아주는 애정의 끈을 놓지 않았다.

世事琴三尺　세상의 일은 거문고 석 자에 있고
生涯屋數椽　생애는 집 몇 간에 있다네
誰知眞境樂　뉘라서 참된 경계의 즐거움을 알리오.
秋月照寒淵　가을달의 찬 연못에 비친다네

다 같은 한시라 하더라도 딱딱한 강의실에서 읽을 때보다는 언덕

위에 있는 작자 부인의 정려각 앞에서 성독(聲讀)을 하니 한결 운치가 있어 보이고 분위기가 사뭇 다름을 느낀다. 다시 버스에 오르기 위해 길을 걸으며 잠시 월담정에서 가을 달이 비추는 찬 연못을 바라보는 월담을 떠올리며 옛 선비들의 고고한 삶에 대해 추념의 시간을 가지다.

달리는 버스 안에 앉아 있는 내 옆으로 가로수와 함께 가야대학교가 지나가고, 얼마 안 있어 영남 사림의 영수인 점필제 김종직의 종택이 있는 계실이라는 마을이 지나가고, 전두환 전대통령의 부친 묘소가 있는 지릿재가 지나가고, 숨가쁘게 달려온 버스는 어느새 함벽루(涵碧樓)에 당도했다. 어느 마을의 좁은 골목길에 들어서니 버스가 도로에 낀 듯, 꽉 찬 느낌을 주는 세로(細路)였다. 마을 아낙네들도 무슨 일이 있어 이렇게 큰 버스가 우리 마을에 왔나 싶어 몹시 놀라는 눈치였다. 버스에서 내려 기슭의 비탈진 길을 내려가니 도도한 장강이 우리의 눈앞에 펼쳐졌다. 말로만 듣던 황강(黃江)이었다. 내가 '황강'이라는 이름을 처음 접한 것은 역시 전두환 전대통령의 전기집에서였다. 그러나 곧 잊어버릴 수 있었으나, 유독 머리에 깊게 각인이 된 것은 바로 그 작가인 천금성씨를 25년 전에 우연한 기회에 실제로 본 적이 있기 때문이었다. 늘 그리워하던 사람을 직접 대하면 반가움이 배가(倍加) 되듯이 그동안 말로만 듣던 황강을 직접 대하고 보니 남다른 감흥이 일어나는 것을 느꼈다.

喪非南郭子　잃은 것은 남곽자 같이 하지는 못해도
江水渺無知　강물은 아득하여 앎이 없다네
慾學浮雲事　뜬 구름 같은 일을 배우고자 하여도

高風猶破之　　높은 풍취가 오히려 깨어버리네

이 역시 남명이 지은 것이다. 정교수의 설명에 의하면 '남곽자南郭子'는 도가의 사상으로 대표되고, '부운사浮雲事'는 유가적 현실세계를 의미한다. 그리고 남명의 경우, 그 두 지향점은 모순 속에서 발전적 상호작용을 일으키는 역할을 하고 있다는 것이다. 두 갈래의 길에서 갈등하는 사람이 어찌 남명뿐이겠는가. 프로스트가 '가지 않은 길'이란 시에서 늘 '가지 않은 길'이 되돌아 보인다고 하듯 우리 인생 자체가 길과 길 사이에서 갈등하고 고민하는 삶의 연속이 아니겠는가? 나는 이 대목에서 박인환의 시 '목마와 숙녀'에서 '…… 두 개의 바위 틈을 지나 청춘을 찾는 뱀과도 같이……'를 읊조리며 심각한 현실 부적응으로 '이상과 현실' 사이에서 방황하던 스무 살을 전후한 시절을 떠올리었다. 그러자 다닥다닥 붙어 있는 게판(揭板)들이 눈을 어지럽혔다. 고개를 떨구어 아래를 바라보니 마치 우리가 함벽루라는 배를 타고 강을 따라 거슬러 올라가는 착각이 일어났다. 나는 갑자기 생겨난 어지럼증 때문에 얼른 누각을 내려섰다.

"이름은 자연훼손하며 저처럼 바위에다 새기는 것이 아니라 사람의 입에다 새겨야 하는데……. 그러면 새들이 지나가며 똥을 쌀 일도 없고……." 정교수의 개탄하는 소리가 들렸다. 과연 바위 여기저기에 사람들의 명욕(名慾)으로 글자를 새겨서 너저분한 주위 환경이 눈살을 찌푸리게 했다. 어느새 도가적 심경이 되었기 때문일까? '어쩌면 입에다 글을 새기는 일조차 한조각 구름이 모였다가 흩어지는 것처럼 무의미한 일이거늘…….'하는 생각이 들었다. 숙소인 해인사 관광호텔에 도착했을 때의 시각이 오후 7시를 넘어서고 엷은 수묵이 번져나듯 주위에는 짙은 어둠이 서서히 깔려오고 있었다.

다음날,

면도와 세수를 하고 조반을 급하게 마쳤다. 여유 있게 양치질까지 끝낸 다음, 산으로 둘러싸인 호텔 경내에서 커피 한 잔을 마시며 모처럼 느긋한 기분으로 주위 경관을 감상하다. 짙은 녹음 속에서 끊임없이 갖가지 새들이 노래하며 지저귀다 떠나가기를 반복하였다. 일행이 해인사 일대를 둘러보기 시작한 것은 아침 9시가 막 지나서였다. 여기서 우리는 또 한 분의 친절한 문화유산해설자를 만나게 되는데 바로 내암(來庵) 정인홍(鄭仁弘) 선생의 13대손 정기철님이다. 그 분이 우리에게 6.25 때 인민군들로부터 팔만대장경을 수호한 김영환 장군의 공적비에 대한 설명을 해 주셨다. 그리고 강원에 계신 학인 스님 한 분이 절에 대한 상식에 해당하는 대강을 말씀해 주셨다. 절의 삼문(일주, 천왕, 해탈)에 대한 이야기, 탑은 홀수로 그 층이 이루어진다는 것, 5대 총림과 그리고 법당 주련의 글씨가 흥선대원군의 글씨라는 것. 탱화에 대한 설명. 그렇지만 역시 우리 모두의 최대의 관심은 '팔만대장경'이었다. 장경각에 올라가서 건물구조가 현대의 과학적인 관점에서 보더라도 아주 잘 만들어져 통풍이 아주 잘 된다는 것과 바닥에 진흙, 숯, 소금을 갈아 놓아 습기 제거 등에 아주 효율적이 기능이 될 수 있도록 한다는 것, 장경각은 수다라장과 법보전 두 건물로 이루어져 있으며, 지금 건물은 조선초기의 형태이며, 경판은 주로 자작나무나 후박나무로 이루어진다는 세세한 설명까지 빠뜨리지 않고 설명해 주는 등, 그 성의가 여간 대단하지 않아 나중에 일행들로부터 우레와 같은 박수를 받았다. 이번 답사 일정에 해인사가 끼어 있는 것을 보고 내심 나는 반가운 마음이다. 왜냐하면 학교에서 아이들에게 '홍길동전'을 가르치는 과정에서 허균이 지은 글이 이곳 해인사 홍제암에서 있다는 것을 미리 알았기 때문이었다.

"너희 나라에 가장 큰 보물이 무엇이냐?" 왜장 중에 하나인 가등청정이 물었다.

"우리나라의 가장 큰 보물은 바로 너의 머리이다." 이 한마디로 사명대사는 가등청정의 간담을 서늘하게 하였다.

"자통홍제존자사명대사석장비(慈通弘齊尊者四溟大師石藏碑)"

'자통홍제존자'는 광해군이 사명당에게 내린 시호라고 한다. 이곳 홍제암은 바로 사명당이 입적하신 곳으로 널리 알려져 있다. 그러다 보니 사명당이 직접 태어나 수도하며 기거하신 표충사와 영정 하나를 두고 한때는 험한 모습이 연출되기도 했다는 것이다. 비가 정확하게 네 조각으로 난 것을 다시 하나로 붙여 놓은 것이 보였다. 아무래도 사명대사에게 앙심을 품은 일인들의 소행이 아닌가, 의심이 되었다. 허균은 삼척부사를 지내다가 불교도가 되었다고 해서 자리에서 쫓겨나는 신세가 될 정도로 불교에 한때는 심취하기도 하였다. 서산대사는 유언으로 그의 문집에 서문을 허균에게 부탁하기도 하고, 사명대사가 죽어 그 비를 세우게 되자 비명을 허균에게 부탁하기도 하였다. 허균은 점필제 김종직을 거짓 학자의 표본으로 삼은 것으로도 유명하다. 김종직이 '영화와 이록은 나의 뜻이 아니다.'라고 공공연하게 이야기하였지만 그의 삶의 궤적을 보면 평생을 두고 '사사로이 이록(利祿)과 명망을 훔쳤다.'는 것이다. 글씨는 한석봉 선생의 필체로 알려져 있다. 글씨에 문외한인 나는, 보아도 볼 수가 없는 필맹(筆盲)자의 처지.

해인사에서 차를 타고 내려와 계곡에 당도해서 다시 내를 따라 거슬러 걸어 올라가니 조그만 다리가 하나 나타난다. 다리를 건너자 정자 하나가 함초롬히 서 있는데, 그 곳이 농산정(籠山亭). 말년의 최치원이 은둔하여 수도하던 곳이다. 6두품 출신의 제약 때문에 신라에서는 더 이상 관로에 한계를 느끼고, 일찌감치 당나라로 건너가 문재를 떨치고 당당하게 과거에도 합격하였다. 그러나 거기에서도 그는 어차피 이방인일 수밖에 없었던 것이다. '秋風惟苦吟(가을바람에 오직 괴롭게 읊조리나니) 世路少知音(세상에 나를 알아주는 이가 적네)……'라고 하며 고국을 그리워하다가 다시 신라로 돌아왔을 때, 신라는 이미 저물어가는 석양일 뿐이었다. 유교와 불교, 신라와 당나라 사이를 오가며 끝없이 방황하던 고운 최치원이 마지막으로 신선이 되었다고 하는 곳이 여기 '농산정'이라 하니 한 개인의 일생사가 덧없기도 하고 신선이 되었다는 그 신이함에 놀라움이 겹쳐지기도 한다.

"…… 하나도 남지 않았습니다. 그 난리통에 집안에 있던 모든 것이 쓸려갔습니다. 저어기 보이는 돌 하나가 공사 중에 나와 지금껏 자리를 지킬 뿐이죠."

그동안 비교적 말없는 가운데 우리 일행과 함께 하던 정기철님이 정작 선조가 머물렀던 부음정(孚飮亭)에 도착하자 갑자기 상기된 얼굴이 되었다. "믿음(孚)을 가지고 술을 마시면(飮) 허물이 없다."는 글은 바로 내암 정인홍이 직접 쓴 부음정의 유래이다. 그는 탁행지사(卓行之士)로 출사하였다가 여의치 못해 벼슬을 버리고 만 44세에 귀향하여 후학을 양성하게 되는데 이곳이 바로 '남명사상'의 본거지가 된다. 임진란에는 의병활동을 전개하기도 하고, 정유재란 때에는 유일하게 창의기병을 하기도 한다. 그 후 벼슬이 날로 올라 대사헌, 좌의정, 영의정에까지 올랐으나 인목대비 폐모론 사건에 연루되어 서울로 압송되어 만 87세의 나이에 세상을 떴다. 명색이 영의정을 지낸 집이라 하더라도 한번 멸문지화를 입으면 풍비박산이 되고 마는 법. 당대 정권을 장악한 북인(北人)의 영수의 집이라기에 너무나 규모면에서 초라하다.

한강(寒岡) 정구(鄭逑)의 학문과 덕행을 추모하기 위해 세운 '회연서원'에서 시원한 여름 수박을 깨어 먹으며 그의 15대 후손이자 우리의 친절하고 치밀한 안내자인 정교수의 답사에 따른 보충 설명을 들었다.

"… 회연서원(檜淵書院)의 '회'자는 이 근처에 실제로 '물이 돌아 나오는 곳'이 있어 붙여졌다는 설과 공자가 직접 심었다는 나무 중에 '회나무'가 있어 거기에서 따 온 것이라는 말도 있습니다."

그의 말에 의하면 조선 선비들이 가장 중요하게 생각했던 것이 바로 '원두(源頭)와 활수(活水)'인데 '활수'란 우리 몸에 선한 마음이 계속 일어나는 것이고, 이 '활수'를 펼치면 바로 '九曲'이 된다고 했다. 작은 연못에서 시작한 물이 '2곡, 3곡……'을 거쳐 드디어 구곡에 이르게 되면 그 물이 곧 '활수'가 되고, '활수'가 다른 물을 만나 또 다른 '활수'를 만들 때, 이것이 유교의 기본 이념이 '修己治人'에 부합하는 것이라고 했다. 이 모든 이야기는 주자의 '무이구곡(武夷九曲)'에서 나오는데 이 '무이구곡'을 염두에 두고 쓴 글이 한강 선생의 '무흘구곡(武屹九曲)'인 것이다. 당시 15, 16세기에는 선비 사이에 이 '九曲'이 없으면 선비가 아닌 것으로 취급될 정도로 이 '九曲'이 성행했다고 한다. 우리가 봉비암에서 대가천의 물줄기를 거슬러 오르며 금릉군 수도산 용추에 이르는 구곡은 실로 순탄하지 만은 않았다. 특히 버스를 타고 계곡 옆으로 난 길을 올라가다가 마지막 구곡인 관폭정(觀瀑亭)을 앞에 두고 천상 내려서 걸어 오르는 힘든 과정을 감수해야 했다. 이번에 내린 장맛비로 군데군데 도로가 유실되어 보수공사가 한창이었기 때문이다. 20분은 족히 넘게 걸었을 것이다. 홀연히 어디선가 장대한 폭포가 직하하는 소리를 들었다. 그러고 바로 앞에 안내표지판이 우리가 서 있는 이곳이 '용소폭포(龍沼瀑布)' 바로 구곡에 도착하였음을 알려주었다. 용이 살아 하늘을 올라갔다는 전설과 함께 소(沼)가 울면 반드시 비가 온다는 이야기가 전해져 내려오는 곳이었다. 폭포의 진면목을 보기 위해서는 일부가 이미 물에 잠겨 있는 징검다리를 건너 또다시 계곡 옆으로 난 길을 약간 내려서야 했다. 일행 중 더러는 한쪽 발이 개울에 빠지기도 하고 여선생님 중에는 아예 신발을 벗고 맨발로 나서는 분도 계셨다. 올봄에 큰 병고를 치러 몸이 불편하신 이선생은 기어이 개울을 건너지 못하였다. 조그만 분지처럼 생긴 오목한 곳에 훌쩍 뛰어내리니 '아-, 과연!'이라는 감탄이 절로 나온다. 그다지 높아 보이지 않는 계곡에 이렇게 강한 물줄기가……. 물소리 때문에 옆 사람의 말소리가 쫑긋하게 귀를 세우지 않으면 잘 안 들릴 정도이다. 해설하는 정교수의 '또 다른 천지……, 활연관통의 세계'라는 말을 들은 듯하다. 나는 400여 년 전에 이곳에 있었을 법한 '관폭정'을 나의 머릿속에 또 다시 지어 보기로 하였다. 본성 회복을 위해 박달나무를 잡고 오르는 정구 선생의 모습이 보이고, 그 뒤를 이어 40여 성상을 한결같이 선조가 걸어간 길을 묵묵히 뒤따르고자 하는 정교수의 모습이 어리었다. 그리고 뒤이어 바람결에 실린 정교수의 외침이 들린다. "여러분 부디 교단에 돌아가시면 '활수'가 되십시오. 그리고 여러분들의 많은 제자들을 또 다른 '활수'가 되도록 이끌어 주십시오." 엄청난 굉음이 용소로 직하하며 왁살스럽게 나의 어깨를 흔들고 나를 문득 혼곤한 꿈속에서 깨어나게 하고 있었다.

신라인과의 대화, 경주를 찾아서(1) - 남산편 -

경주 답사 이틀째, 불국사에서 삼릉주차장까지 가야 하는데 천상 대중교통인 버스를 이용하는 수밖에 없었다. 그런데 삼릉까지 바로 가는 버스는 없고, 시내에까지 일단 들어갔다가 다시 거기서 삼릉까지 가야한다고 했다. 우리 일행이 버스를 한번 타는데 약 2만 원 정도(중고생 1인당 1150원). 두 번이면 4만원. 택시를 알아보니 한 대당 2만원을 이야기했다. 뭔가 좋은 방법이 없나 하고 머리를 짜 내고 있는데 어떤 아저씨 한 분이 오셔서 9인승 승합차를 이야기했다. 일행은 나를 포함해서 17명인데 9인승이 가능한 이야기인가. 어쨌든 한 번 시도해 보자고 했다. 앉은 데다 그 위에 포개어 앉고, 맞은편에 발 뻗는 자리에 걸터앉고, 마치 짐짝을 포개 듯, 차곡차곡 실었다는 표현이 어울릴 것이다. 만약, 사고가 난다면 위험천만이다. 이런 위험스런 일은 이번 한번으로 끝내자고 마음속으로 몇 번이나 결심을 했다. 차가 한번 요동을 칠 때마다 여기저기서 비명이 쏟아져 나왔다.

아직은 철없는 중고생이라 그런지, 누구 하나 찡그리는 사람 없이 모두들 즐거운 표정이다. 한 30여 분 족히 달렸을까? 우리는 모두 무사히 삼릉에 도착할 수 있었다. 늦을까봐 오늘 우리를 안내해 주기로 되어 있는 이재숙님께 10시 30분에 만나자고 했는데 다시 휴대폰으로 전화를 걸어 가능한 한 빨리 나와 주십사고 연락을 취했다. 15분쯤 지났을까. 우리는 상하의 청바지에 등산용 조끼를 입은 40대 전후의 작지만 당차 보이는 한 여자 분을 만날 수 있었다. 바로 오늘 우리들의 안내를 맡은 문화유산해설자 이재숙님이었다.

첫 번째 맞닥뜨린 것이 삼릉.

"바로 이곳의 지명이기도 한 삼릉은 바로 세 개의 무덤을 뜻하지요. 8대 아달라왕, 53대 신덕왕, 54대 경명왕의 무덤입니다. 원래 봉분 둘레는 큰 호석을 둘러놓은 29대 태종무열왕릉과 같은 양식이었는데 지금은 다 파괴되어 원형토분처럼 보입니다. 봉분의 경우도 그렇고 당국에서는 대부분의 유적지를 원형 그대로 보존하고자 합니다. 그러나 일단 도굴이 되면 조사를 하게 됩니다. 53대 신덕왕릉의 경우 63년도에 도굴이 되어 봉분조사를 하게 된 일이 있는데 구조를 보면 할석으로 쌓은 석실분입니다. 평면이 정방형에 가깝고 남벽 중앙에 긴 이중의 연도가 달렸는데 천정이 재래식 굴뚝처럼 높이 올라간 형식입니다. 시기는 통일기 전후. 따라서 10세기의 신덕왕릉이 될 수 없다는 설도 있습니다."

이야기는 계속 이어졌다.

"조선시대 경주부 망성리에 살았던 선비인 화계 유의진이 남긴 화계집(花溪集)이라는 문집이 있습니다. 이 문집에는 신라왕릉진안설(新羅王陵眞贋說)이라는 내용이 있는데 이에 따르면 조선 영조 6년

(1730) 경주부윤으로 있던 김시형이 박씨문중과 타협하여 전승(傳承)을 잃어버린 왕릉을 찾는 일을 행하였다고 합니다. 당시 양 문중은 남산을 기준으로 하여 동남산에 위치한 능은 김씨의 능으로 하고, 서남산 일대에 있는 능들은 박씨의 능으로 하자고 하였습니다. 이 작업으로 경술년 이후에 등장한 왕릉은 17세기로 그 이전의 11기를 포함한 28기의 능이 소전하게 된 것입니다. 오늘날 정부에서 사적으로 지정한 것들이 영조 당시에 나타난 왕릉을 그대로 받아들여 지정한 것으로 학계의 고고학적인 검토 없이 이루어진 것으로 17세기의 왕릉 앞에는 작은 능표석이 서 있는데 이것들은 대개 영조 때의 것입니다. 그리고 저기 경애왕릉의 것으로 알려진 것도 삼국사기에 보면 '해목령'에서 장사를 지냈다고 하는데 지금이 윤을곡과 포석계의 경계에 해당하는 곳입니다. 그래서 사실 경애왕릉이 아닐 확률이 높은 거죠."

삼릉에서 개울을 따라 300미터 쯤 올라가니 길 옆 바위 위에 머리 없는 석불좌상이 앉아 있다. 처음 불두(佛頭)가 없는 불상을 보았을 때의 느낌이란……. 마치 무협영화에서 목이 뎅겅 잘린 시체를 보는 만큼이나 끔찍하고 참혹한 것이었다. 그리고 '누가 저런 짓을…….'하고 그들의 무지막지한 횡포에 넌더리를 쳤다. 우리들의 해설자인 이 선생님은 그 야만적인 행동의 주범으로 도굴꾼이나 조선시대 유학자들로 추정했다.

"처음에는 등을 보이고 계곡에 처박혀 있는 것을 서울에서 온 대학팀에 의해서 발견 되었죠. 다행스러운 것은 등을 보이고 있는 바람에 앞부분이 고스란히 보존될 수 있었고, 왼쪽 겨드랑이와 가슴에 있는 수실이 사실적으로 섬세한 그대로 유지될 수 있었다는 점입니다. 만약, 이 불상의 머리 부분이 원형 그대로 발견된다면 통일신라시대 최대의 걸작인 불상으로 인정받게 될 것입니다."

아침까지 비가 계속 내렸기 때문에 길이 미끄러웠다. 그리고 땅이 대부분 가는 모래흙이라 자칫하면 미끄러져 넘어지기 십상이었다. 그렇지만 바로 왼쪽으로 얼마가지 않으면 있는 마애관음보살상을 보고 가지 않을 수가 없었다.

"여러분, 저 보살님께서 왼쪽에 무언가를 들고 계시죠. 무엇으로 보입니까?"

"약병~." 누군가가 소리쳤다.

"물병이요!" 그 옆의 누군가가 더 크게 말한다.

그러자 더 짓궂은 한 녀석은 "술병이요!"하고 소리친다.

다분히 중학생의 치기와 장난기가 발동한 얼굴들이다. 그러자 갑자기 왁자지껄하게 웃는 분위기가 된다.

"이 불상이 관세음보살상이라는 것을 알 수 있게 하는 것은 바로 이 정병(淨甁)과 바로 이 머리에 쓰고 있는 보관이 화불이라는 점이죠. 이 보살의 아름다움의 진가는 태양이 서쪽하늘을 물들이고 사라지려 할 때쯤입니다. 단풍이 드는 가을철 석양이 질 무렵이라면 더울 좋습니다. 자세히 보면 입술이 붉게 보이는 것을 알 수 있는데 이것은 이 돌이 철광석이라서 그렇다고도 하고 입술에 붉은 채색을 했기 때문이라고 이야기하기도 합니다."

내가 들은 이야기가 있어 저명한 누군가가 틀림없는 채색이라고 이야기 하더라고 하니까, 우리들의 해설자님은 "이 산에는 철광석이 많습니다."라고만 말하고 더 이상 무어라 이야기 하지 않으셨다.

이런 답사를 하다보면 늘 예기치 못한 일이 일어나는 법. 문제가 생겼다. 바로 위의 선각여래입상보살을 보기 위해서는 개울을 건너야 하는데, 넘쳐나는 개울물로 길이 없어져 버린 것이었다. 앞 서 가던 다른 답사객들도 다 발걸음을 돌리고 있었다. 안내를 담당하신 이선생님도 당혹해지기는 마찬가지였다. 나는 지세를 골몰히 살피다가 바로 아래쪽을 가장 무난한 곳으로 가리켰다. 그러나 이선생님은 그 아래쪽으로 더 내려가시더니 도저히 위험해서 안 되겠다는 표정을 다시 올라 오셨다. 우리 모두는 우두커니 서서 급하게 흘러가는 물살만 원망스러운 듯 바라보았다. 무언가 용단이 필요했다. 나는 최초로 지목한 자리로 가서 몸을 낮추어 가볍게 계곡을 건너가 보였다. 그러자 용기를 얻어서인지 그제야 한 사람, 두 사람……. 그 쪽으로 물을 건너기 시작했다. 생각보다 물이 깊지 않고 물살이 빠르지 않았기 때문에 크게 걱정은 안했지만 이선생님을 끝으로 물을 다 건널 때까지는 한 순간도 안심을 할 수가 없었다. 드디어 각고 끝에 도착한 곳이 이름하여, 삼릉곡선각여래육존불.

"비가 와서 바위가 물을 흠뻑 머금고 있기 때문에 오히려 감상하기가 훨씬 좋습니다. 조각상이라고 보기 보다는 하나의 그림으로 보는 것이 훨씬 옳을 듯합니다. 여기에는 기둥을 세우고 지붕을 쳐서 실내처럼 만든 다음 예불을 올렸던 장소로 추정이 가능합니다. 그러한 사실에 의문을 제기하는 사람은 햇빛 아래에서도 음각선이 잘 드러나 보이지 않는데 실내에서 어떻게 알아볼 수 있었겠느냐고 이야기 합니다. 맞습니다. 그렇기 때문에 여기 이 불상은 신라시대 당시에는 여러 가지 물감으로 채색을 했었다는 것을 알 수 있습니다."

과연, 다들 바위 위쪽에 오르니 흥미로운 흔적이 남아 있었다. 네모난 움푹 파인 구멍과 기다랗게 바위를 가로질러 홈이 나 있는데 구멍은 기둥을 심었던 자리. 기다랗게 난 홈은 위쪽에서 흘러내리는 물길을 돌리기 위한 것이었다. 바로 능선을 타고 150미터 쯤 올라가니 삼릉의 송림과 바둑판처럼 잘 그어진 푸른 들판과 망산이 한 눈에 들어왔다.

"옛날, 저 벌판으로 흘러가는 시냇가에 한 처녀가 빨래를 하고 있었습니다. 옛날 이 경주는 '서라벌', '새벌'로 불렸는데 하루는 두 신이 찾아왔습니다. 한 신은 검붉은 얼굴에 강한 근육이 울퉁불퉁한 남신이었고, 또 한 신은 둥근 얼굴에 샛별같이 눈동자가 반짝이는 아주 부드러운 여신이었습니다. 두 신은 평화롭고 기름진 새벌의 경치를 보고 감탄하면서 '우리의 살 곳은 여기로구나!'하고 감탄의 소리를 질렀습니다. 빨래하던 처녀가 그 소리에 놀라 소리 나는 곳을 바라보자 그 곳에 산과 같이 우람한 남자가 자기 쪽을 향해 걸어오고 있는 것이었습니다. 기겁한 나머지 '산 봐라!'하고 외치고는 정신을 잃고 쓰러지고, 두 신도 발을 멈추었는데 다시 발을 옮길 수가 없었습니다. 처녀의 외침 때문에 두 신은 산으로 변했는데 여신은 저기 보이는 부드럽고 포근한 망산이 되었고, 남신은 검은 바위와 붉은 흙빛으로 울퉁불퉁하게 산맥을 모아 장엄하게 자리한 남산이 된 것입니다. 그래서 우리가 남산이라고 할 때에는 남녘 '南'을 사용하기도 하지만 사내 '男'자를 쓰기도 하는 것입니다. 자, 그리고 여길 보아주세요."

물 한 모금으로 재빠르게 목을 축인 이 선생님은 우리들을 바로 뒤편의 마애석불로 또다시 안내했다. 입술이 지나치게 두터워 격의 없이 친근하였지만 참으로 못생긴 불상이었다. 설법인을 하고 있고, 선으로 새겨진 연꽃 위에 앉아, 한 줄 음각으로 새겨진 두광과 신광을 아울러 지니고 있었다. 왜 저런 곳에다 불상을 새겼을까 하는 의문이 났는데, 그것은 연화좌와 무릎 사이에 가로 지른 바위 홈이 깊게 나 있었기 때문이었다. 나중에 관련 서적을 보고서야 의문이 풀렸다. 당시에는 움푹 들어간 부분은 석회로 메우고, 그 위를 채색을 하였기 때문이었다. 그렇게 되면 모든 결함을 보완할 수 있었기 때문에 아무런 문제가 되지 않았던 것이다. 그 책에 의하면 이 못난이 부처님도 약간의 성형을 하고 얼굴에 화장을 했을 당시에는 그다지 못생긴 얼굴이 아니었다고 단정했다. 예전의 잘 생긴 그 얼굴을 한번 보았으면 하는 마음이 갑자기 일어났다. 준비해 온 김밥으로 점심을 때웠다. 음료수가 부족해 저 아래 계곡에서 몇몇을 시켜 물을 떠 오도록 했다. 힘들게 떠 왔지만 께름칙한 듯 아무도 마시려 들지 않아 내가 제일 먼저 시범을 보이는 측면에서 마셨다. 이 선생님도 '원효대사는 해골바가지에 담긴 물도 모르고 먹을 적에는 꿀맛이었다.' 이야기를 하며 지나친 위생관념을 나무라자, 그제야 너도 나도 마시기 시작해서 그 물도 나중에는 없어서 못 마실 정도였다. 식사 후 남은 쓰레기를 모아 한군데 두자, 이 선생님께서 너무도 여성스럽게 그것을 차곡차곡 쌓아 부피를 3분의 1정도로 줄였다. 그걸 들고 오른쪽으로 100미터 쯤 내려가자 또 한 개의 입체불이 나타났다. 그런데 이게 웬 일인가. 얼굴 아래쪽이 깨어져 시멘트로 덕지덕지 발라 참으로 추한 몰골이 되어 있었다. 광배도 뒤쪽으로 넘어져 여러 조각으로 나뉘어져 있었다.

"두광 안쪽 이런 무늬를 보상화문(寶相華紋), 신광 안쪽은 나뭇잎 모양, 바깥에 박력 있게 타오르는 것은 화염문, 단정하게 솟아 오른 육계, 둥글둥글하게 생긴 나발(螺髮), 그리고 그때 당시 무언가 소중한 것이 박혀 있다가 지금은 떨어져 나간 자리로 보이는 백호. 번뇌로 번잡한 세상에서 고요한 안정을 찾는 여래의 마음을 여실히 나타낸 것이라 하겠습니다. 특히 이렇게 화려하고 생기 넘치는 석불광배는 경주 남산뿐만 아니라 전 신라시대의 불상에서도 드문 걸작이라고 이야기합니다.”

그리고 이 불상도 노천불의 하나라고……. 그런데 아무리 생각해도 시멘트는 너무 심했다. 물론 시멘트를 바른 사람도 정도나 깊이에 있어 어느 정도인지는 모르겠으나, 이 불상의 떨어져 나간 아래쪽이 안타까워 그랬을 것이다. 그러나 사랑에도 방법이 뒤따라야 한다는 것을 몰랐던 것이다. 연예인을 따라 다니는 스토커, 아들을 과잉보호해서 마마보이로 키운 엄마, 자식이 고생하는 꼴을 못 본다며 고층아파트에서 같이 뛰어내리기를 강요하는 어머니……. 사랑에도 방법이 있다는 것을 모르고 있었던 것이다. 무지가 화를 자초한 것이다. 그렇기 때문에 사람들은 예로부터 그토록 배움을 강조한 것인가? 우리 일행은 다시 가파른 경사 길을 오르기 시작했다. 아침까지 주룩주룩 내리던 비가 우리 답사를 위해서인지 거짓말 같이 멈추어주고, 모두의 이마에는 송골송골 땀방울이 맺히기 시작했다.

“조금만 더 힘을 내세요. 조금만 더 가면, 이제는 계곡에 흐르는 물이 아닌 땅에서 솟아나는 샘물을 마실 수 있습니다.”

상선암(上仙岩). 그곳이 상선암이었다. 그러나 우리는 지체할 수가 없었다. 어제가 월요일이라 관람하지 못했던 경주국립박물관을 오늘 오후 늦게라도 볼 수 있어야 했기에 시간에 쫓기는 심정이었다.

상선암마애여래좌상. 자연과 인공의 절묘한 조화. 광배로 보이는 바위가 자연석인데다가 마애여래좌상이 앉은 채로 바위벽을 뚫고 서서히 떠밀려 나오는 느낌을 받을 정도로 머리 부분은 완전한 입체에다 아래로 내려올수록 선각으로 새겨져 있다.

"높이 5.2미터, 무릎 너비가 3.5미터. 얼굴과 어깨가 돋을새김인데 비해 옷 주름이나 손과 발은 부피 없는 선각으로 나타내 보였습니다. 그렇지만 이 불상은 여러분들이 보시다시피 절대로 약하게 보이지 않습니다. 바위 자체가 가지고 있는 둥근 머리와 충분히 균형을 이루고 있기 때문에 그런 겁니다. 참으로 신비스러울 정도입니다."

"서쪽으로는 큰 바윗돌이 갖가지 모양을 바꾸면서 뻗어 내리고, 저 멀리 배리 평야는 아득한 아래 세계로 아물아물 멀어지죠. 동으로는 천태만상을 이룬 상사바위가 하늘에 떠 있는 듯 장엄하게 솟아있고, 주산이 되는 북쪽은 냉골 암봉이 준엄하게 얼굴을 내밀고 있습니다. 남쪽 천리 절벽으로 바닥을 볼 수가 없고, 눈앞에는 다만 금오산 정상이 삼각형으로 우뚝 솟아 보일 뿐이다."라고 읽어주는 이 선생님의 글귀가 참으로 실감나는 순간이었다. 우리는 상사바위의 전설, 김시습과 금오신화에 대한 이야기를 듣고, 좀 더 걸어 나가 바둑바위에 퍼질러 앉아서는 포석정에 관한 이야기, 안압지에 대한 이야기로 신라인과의 대화에 흠뻑 취할 수 있었다. 포석정으로 내려가려다 안내를 맡은 이선생님조차 아무래도 길을 찾아갈 자신이 없다며, 일행은 다시 한참을 갔던 길을 거슬러 올라 바둑바위 아래에서 배리 삼존불로 내려가는 길로 들어섰다. 지난밤 늦게까지 베개싸움, TV시청, 카드놀이……, 등으로 잠을 설친 아이들은 지쳐 탈진한 상태에서 마지막 최후의 에너지를 소모하고 있는 듯 입을 악물고 배리 골짜기를 향해 내리닫고 있었다. 한참을 그렇게 아래를 향해 내려오다가 드디어 어디선가 물 흐르는 소리가 들리고, 기와지붕의 고풍스런 집 한 채가 나타나고, 담장을 끼고 돌아드니 그 곳이 바로 배리 삼존불이 모셔져 있는 곳.

“육계의 앞에는 머리카락이 없는 부분이 있는데 이 부분을 사족(蛇足)이라고 합니다. 경문에 보면 ‘부처님의 머리카락 밑의 피부는 붉은 빛이다.’라는 구절이 있는데 이 구절의 모습을 그리기 위해서는 일부는 머리카락을 그리지 않고, 피부를 노출시켜 나타내는데 이를 말하는 것입니다. 특히 가운데 있는 본존 여래불은 시골 할아버지가 손자를 대하듯 아무 꾸밈이 없는 정감이 넘치는 표정을 보여주고 있습니다. 일체의 재주를 감추고 대담하게 생략한 이 구수한 아름다움을 우리 민족 예술이 갖고 있는 큰 아름다움이라 하지 않을 수 없습니다.”

바둑바위에서 이 곳 배리 삼존불까지 우리 일행을 안내하느라 숨이 가쁘실 텐데도 우리들의 해설자이신 이선생님은 우리에게 무언가 하나라도 더 심어주려는 열성을 잃지 않으셨다.

“가운데 계신 분이 본존불상. 즉 석가모니 부처님이시고, 왼쪽에 계신 분이 관음보살상. 아까 저 병을 무엇이라고 했죠?”

이제는 일제히 ‘정병’이라고 소리친다.

“예, 정병입니다. 목마른 사람에게 물을 주듯이 괴로운 사람을 구하겠다는 약속을 하신 보살님이십니다. 이렇게 물건으로서 약속하는 것을 계인(契印)이라고 합니다.”

우협시보살은 장신구가 화려하다. 앙련과 복련이 위, 아래로 붙어 있는 대좌 위에 서 있다. 두광에는 화불도 4구나 새겨져 있다.

“제 생각입니다만, 보살님들은 아무래도 석가모니 부처님보다 품격이 아래여서인지, 장신구를 아주 좋아하는 일면을 볼 수가 있습니다. 예전에 여기에 누각을 세우기 전에는 해질 무렵 석양빛을 받아 은은하게 웃고 있는 이 불상의 모습을 참으로 보기가 좋았습니다. 지금은 아쉽게도 이 기둥 때문에 볼 수가 없습니다.”

역시 사랑에는 방법이 중요함을 또 한 번 실감한다. 등에 맨 가방처럼 우리 일행의 몸은 너나 할 것 없이 모두 다 축 늘어져 있다. 그렇지만 머리와 정신은 이번 기회에 얻은 새로운 지식으로 한 없이 가뿐하다. 도로가로 나오니 상선암마애여래좌상의 자리에서 보았던 배리 벌판이 한 눈에 들어온다. '들은 온통 초록 전에 덮여 한 조각 흙빛도 찾아볼 수 없다. 초록의 바다.'라고 언젠가 읽었던 글귀가 떠올랐다. 앞을 보아도 옆을 보아도 뒤를 보아도 온통 초록이다. 대지는 어느 적에 이런 초록의 물감을 머금었다가 이렇게 한순간에 내뿜을 수 있단 말인가. 무슨 차를 타고 가는지, 가기는 과연 가는 것인지, 우리는 누구하나 서로에게 확인하려는 사람 없이 그 여름이 마지막으로 뿜어 올린 초록의 대자연에 흠뻑 젖어 있었다.

신라인과의 대화, 경주를 찾아서(2) - 불국사편 -

일주일 전부터 인터넷 '날씨란'을 통해 출발하는 당일인 8월 18일의 날씨를 확인하였다. 볼 때마다 '비가 옴'으로 되어 있어 사람의 애간장을 태웠다. 그렇지만 다행스럽게도 다음날인 19일은 '맑음'이어서 강행군을 결심했다. 기상대 예보도 틀릴 때가 있으니, 출발하는 아침에 '혹시나'하고 기대를 해보았지만 무심한 비는 어김없이 내렸다. 행선지(行先地)가 경주였으므로 노포동 시외버스 터미널에서 만나기로 했다. 일행은 나를 포함해서 총 17명(본교 재학생 10명, 졸업생 6명)이었다. 집합 시간이 아침 9시였는데 그때까지 오지 않은 사람이 두 사람. 연락하니 그때서야 집에서 출발한다는 것이었다. 이래저래 1시간 이상이 지연되었다. 여행이라면 학교에서 가는 수학여행 정도가 전부인 아이들에게 아무리 살아있는 교육이라지만 또다시 지식 습득을 위주로 하는 답사를 실시한다는 것이 영 마음에 걸렸다. 아이들은 대부분 여행하는 시간을 통해 자유와 해방감에 흠뻑 젖어들기를 원한다.

심지어 여행이라면 모처럼의 공부로부터 벗어나 학업을 잊고 친구와 장난치며 보내는 시간으로 인식하는 아이들도 있다. 이런 아이들을 붙잡고 제대로 된 답사여행을 떠난다는 것이 애당초부터 무리가 아닐까. 고속도로를 쌩쌩 거리며 달리는 버스 안에서 나는 생각이 여기에 미치자 갑자기 어깨에 기운이 쑤욱 빠져 달아나는 것을 느꼈다.

터미널에 도착하기까지 부산서 경주까지는 한 시간 남짓 걸렸다. 비가 점차 드세어져 답사일정에 대한 안내를 받기 위해 신라문화원까지 걸어가는데 비옷을 입은 아이들의 얇은 일회용 비옷이 찢기어 나갈 정도로 굵고 강한 비가 내렸다. 문화원에 도착하자 원장님은 따뜻한 차를 대접하시며 우리들의 일정을 물으셨다. 첫날 일정은 '박물관-서출지-불국사'라고 답하자 서출지를 다음 기회로 미루는 것이 어떻겠느냐고 물어오셨다. 서출지에서 불국사를 가기위해서는 또다시 경주 시내를 들어와야 하므로 여간 불편하지 않다는 것이었다. 이튿날도 변경이 되었다. '포석정-윤을곡-상선암-삼릉'으로 되어 있는 것을 삼릉에 많은 불상들이 밀집되어 있고, 이 삼릉의 불상들을 제대로 감상하기 위해서는 산 아래에서 위로 쳐 올라가는 형태의 답사가 되어야 한다고 말씀하셨다. 그리고 남산의 길이 복잡할 뿐만 아니라, 모처럼의 답사가 보다 알차게 진행되기 위해서는 문화유산해설가의 도움이 필연적으로 필요하다고 강조하셨다. 때문에 우리는 경비의 부담을 감수하더라도 원장님의 말씀에 따라 안내자를 한 분 모시기로 하였다. 문화원 1층과 2층에 유적지와 관련된 사진이 수십 점이 걸려있었다. 친절하게 문화원에 관계하시는 직원들이 자세한 설명을 해 주어 이, 시간은 우리가 본격적인 경주 답사를 하기 전에 갖는 일종의 오리엔테이션을 갖는 시간이 되었다.

문화원 앞에서 박물관을 가는 버스를 기다렸지만 한참을 있어도 버스는 오지 않았다.

"버스를 타고 가는 것보다 택시를 타고 가는 것이 좋습니다. 우선 시간을 절약할 수 있고, 요금도 비슷할 겁니다."

비를 맞으며 발을 동동 구르고 있는 우리가 안쓰러워 보였던지, 한 여학생이 우리에게 일러 주었다. 일행이 다 타려면 택시가 무려 다섯 대가 있어야 했지만, 우리는 기꺼이 경제적 부담을 감수하기로 했다. 폭우 속에서 택시가 안 와서 가슴을 졸이게 하더니, 올 때는 한꺼번에 왔다.

"대릉원은 누구의 무덤입니까?"

뜻밖에도 운전을 하시는 분은 30대 후반으로 보이는 여자 분이었다. 그동안 경주를 몇 번 오기는 하였으나 올 당시 그때 뿐, 또다시 기억이 아물 해지는 것이었다.

"미추왕릉의 무덤이죠. 그리고 저 안에는 그 유명한 천마총도 함께 있습니다. 73년에 발굴하는 과정에서 하늘로 날아오르는 말의 그림이 나와서 천마총이 되었지요. 경주에서는 이런 시가지의 경우 일정 높이 이상은 못 짓도록 하고, 지붕도 반드시 기와를 얹도록 하고 있습니다. 죽은 자의 유택인 고분과 산사람의 일반주택이 어울려 있는데도 극히 자연스럽게 받아들이는 경주는 아주 특이한 도시라 볼 수 있습니다."

경주는 그야말로 거의 모든 시민이 문화유산해설가라고 하더니 여기서 이 분을 보니 그 말이 한갓 허랑한 말이 아님을 알 수 있었다.

아뿔싸! 박물관 앞에 도착했을 때, 문이 굳게 닫혀 있었다. 월요일은 휴관이라는 사실을 몰랐던 것이다. 모든 답사일정을 계획했던 나의 결정적인 실수였다. 아쉬운 데로 걸어서 안압지를 일별하고는 바로 불국사 행 버스를 탔다. 숙소를 정하고 빗줄기가 한결 가늘어진 틈을 이용하여 불국사를 향하는 기슭을 올랐다. 길가에는 여느 여행지에서 볼 수 있는 난전이 펼쳐져 있어 눈살을 찌푸리게 했다. 일주문 앞에 도착했을 때 외국인을 비롯한 많은 관광객들이 관람을 하고 있었다.

"일주(一柱)란, 기둥이 한 줄로 되어 있는데서 유래를 했지. 사찰에 들어가는 첫 번째 문이고, 지금부터 여러분은 세속의 번뇌를 깨끗이 씻고, 청량한 마음으로 절 안에 들어가야 한다."

여행 경비를 아껴야 했으므로 첫날만큼은 내가 얼치기 해설자가 될 수밖에 없었다. 다음은 사천왕.

"광목천왕은 고대 인도에 있던 시바신의 화신이지. 여러 부하들을 거느리고 있지만 그 중에 용을 부리는 것으로 유명하지. 너희들도 알다시피 용은 하늘에서 구름, 비, 천둥을 마음대로 하잖아. 여기 이쪽은 다문천왕. 많을 '多', 들을 '聞' 두루 많이 들을 줄 안다는 뜻이야. 부리는 것 중에는 너희들도 들어본 적이 있을 거야. 야차, 나찰 등이 있지."

아이들의 눈빛이 빨리 경내로 들어가기를 재촉하는 듯해서 계속 말을 이을 수가 없었다. 무언의 강압에 눌려서 "아무튼 사천왕은 절을 지키는 수호신의 역할을 담당하고 있어……."하고는 이내 그 자리를 떠나고 말았다. 이름도 없는 아치형의 굽은 돌다리 복판에 사람들이 모여 있다. 난간에 서서 아래쪽을 바라보니 연못이 조성되어 있고, 붉고 노란 잉어들이 떼를 지어 몰려다니고 있었다. 마침 하늘에서 비가 내려서인지 물고기들이 더욱 힘차게 유영하는 것 같았다. 푸른색

등짝을 얹은 자라 한 마리가 마치 평형을 하듯 그러나 앞으로 나아가지 않고 제자리에서 앞발 두 개로 헤엄치고 있었다.

"야, 우리 저기 청운교, 백운교의 계단이 몇 개나 되는지, 빨리 세기 내기를 하자."

청운교, 백운교 앞에서 아이들이 일제히 손가락을 가리키며, 하나, 둘……, 세기를 시작한다. 그러자 채 3초가 안되어 한 아이가

"청운교 16계단, 백운교 18계단"

이라고 정답을 말해 버렸다. 모두들 놀라는 눈치로 시선이 집중되자, 머쓱해진 얼굴로

"왜, 거기 나와 있잖아 선생님이 내어준 프린트물……."

이라고 하자, 모두들 '에게게'하는 눈치다.

"저 아치형의 아래쪽 문이 홍예문. 그 아래로는 본래 연못이 있었다고 하지. 현진건의 무영탑에 나오는 아사녀의 그림자 못(影池)이 바로 여기라는 말도 있어. 저기 옆에 수구가 보이지. 저기서 떨어지는 물이 연못으로 바로 직하(直下)했다는 이야기야."

"아니, 물이 졸졸 흐르잖아."

"문화원에 전시된 사진에는 물이 콸콸 흘러 내렸지 아마."

"문화원에 걸린 사진은 합성된 거야. 그나마 요즘 들어 비가 자주 오다보니 저 정도의 물이 흐르는 거지, 평소에는 물이 하나도 안 흘러."

내가 해명해 주었다.

"저 뒤의 현판의 글씨를 읽을 수 있는 사람?"

하고 물으니 약간의 흘림체로 씌어져 있어서인지 얼른 대답이 나오지 않는다. 그러자 아까 계단의 수를 맞춘 학생이 다시 또 "자하문"

하고 또렷하게 답한다.

"그래, 잘 했어. 부처님의 몸을 자금광신(紫金光身)이라고 하지. 부처님의 몸에서 나오는 자줏빛 금색이 놀처럼 서리어 있다는 뜻이야. 바로 여러분은 저 청운교, 백운교를 거쳐서 자하문을 들어서는 순간, 세속의 무지와 속박에서 벗어나 부처님의 세계. 즉 불국토에 발을 딛게 되는 거야. 지금은 출입금지니까, 길을 우회할 수밖에 없어."

일행은 흙을 주무르듯 정교하게 빚어놓은 연화, 칠보교와 극락과 같은 의미로 통하는 안양문(安養門)을 구경하고 신라 석조(石槽) 가운데 가장 걸작에 속한다는 동쪽 석조에서 수관을 타고 흐르는 물을 달게 마셨다. 이 석조가 지방유형문화재라고 이야기 하자, '무어, 이것까지…….' 하다가 네 귀를 모두 굴곡 시켜 꽃모양으로 만들고 구획을 지은 뒤, 아래 띠 속에 안상을 새겨 놓은 것을 이야기 하자, 그때서야 고개를 끄덕이었다.

정면에서 바라보아 우측 옆문을 통해 들어가서 제일 먼저 본 것이 다보탑과 석가탑이었다. 그러니까, 불국사는 통일신라 사찰의 전형적인 일금당 쌍탑의 형태를 취하고 있는 것이다.

"다보탑의 본래 이름은 다보여래상주증명탑(多寶如來常住證明塔)이지, 그리고 석가탑의 본래 이름이 석가여래상주설법탑(釋迦如來常住說法塔). 말하자면 석가탑은 석가여래의 상징으로 늘 설법을 게을리 하지 않지. 그러면 맞은편에 있는 다보여래로 상징되는 다보탑이 '맞습니다, 맞고요.' 맞장구를 쳐주는 모양이야. 다보탑은 일제 때 해체되었지만 당시 기록이 전해지지 않고, 석가탑은 도굴이 계기가 되어 한 번 해체가 된 적이 있는데 66년에 석탑 안에서 사리장엄구와 세계에서 가장 오래된 목판인쇄물인 무구정광대다라니(無垢淨光大陀羅尼經)

이 나왔지. 다보탑이 다른 탑에서 전혀 볼 수 없는 통일신라 최전성기의 화려한 탑으로 완전히 일반적인 규범에서 벗어나 참신하고 기발한 착상으로 이루어진 아주 훌륭한 탑이라면, 석가탑은 1층 몸돌과 2,3층의 몸돌의 비율이 4:2:2로 이루어져 치밀한 계산으로 완벽한 균형미를 이루고 있지. 탑의 아름다움에서 요구되는 상승감과 안정감. 이 두 가지가 완벽하게 갖추어져 있는 셈이다."

비는 이미 멎었지만 우리는 회랑을 따라 걷다가 어느새 무설전 앞에 섰다.

"무설전이 무얼 하는 곳인지 아는 사람?"

이제는 요령이 생겨서인지 미리 배포해준 유인물을 보기에 급급하다. 그리고는 거의 이구동성으로 "강당"이라고 외친다.

"그런데 무설(無說)이란 말이 없다는 뜻이니, 말이 없는 가운데 무엇을 가르치겠다는 뜻이지?"

그러자, 우리 일행 중 나를 제외하고 가장 고학년에 속하는 올해 고 2년인 성은이가 "역설"이라고 말했다.

"맞아, 우리가 국어시간에 배운 역설이지. 즉 설해지는 진리는 존재할 수 없다는 역설적인 절대인식을 나타내고 있지. 곧 진리의 전달과 진리에로의 도달 방법은 말과 글이란 매개를 통해서 가능하지만 말과 글과 진리의 그림자일 뿐 진리, 그 자체일 수는 없다는 거지."

"……?"

처음에는 그냥 몰랐는데 나의 말을 듣고 나니 더욱 혼란스러워졌다는 표정이다. 경내에 관람객이 많아봐야 4,5명 정도였지, 우리처럼 17명이나 우르르 몰려다니는 경우가 거의 없었다. 그 자체가 다른 사람들에게 무슨 호기심을 불러일으키기에 충분했다.

“비로전은 비로자나불을 모신 법당인데 ‘비로자나’란 ‘빛을 발하여 어둠을 쫓는다.’는 뜻으로 여러 부처님 중에 가장 화엄불국의 주인이 된다는 부처님이지. 저기 부처님이 하고 계신 손 모양을 자세히 봐. 오른손의 둘째손가락을 세워서 왼손으로 잡은 모양이지. 저걸 두고 ‘지권인’이라고 하는 거야. 오른손은 불계, 왼손은 중생계. 이 지권인은 중생과 부처님이 둘이 아니며, 어리석음과 깨달음이 둘이 아니라는 뜻이지. 살진 듯한 얼굴은 중후감. 눈은 몹시 자비롭다고 이야기하는데 네가 보기에는 어때?”

나는 아이들 중에 그림에 소질이 있어 교내에서 이름을 드날렸던 성은이에게 물어봤다. 그는 다만 머리를 긁적이며 “잘 모르겠는데요?” 하고만 말했다.

“사실은 나도 잘 모르겠다. 우리 동네 뒷산에 있는 불상과 어떻게 다른 것인지. 그런데 이것 한 가지는 확실하다. 우리 인간이 기껏해야 백년을 못 사는데 저 불상은 적어도 천 년 이상을 저 자리에 묵묵히 지금과 같은 자세로 한결같이 버티고 있다는 거야. 어때, 그 한 가지 만으로도 저 불상 앞에 서면 무언가 숙연해지는 느낌을 받는다는 것.”

녀석은 입술을 벌리며, 빙긋이 웃고 있다. 알겠다는 것 같기도 하고 모르겠다는 것 같기도 한 애매한 웃음이었다. 이제 겨우 고2인 녀석에게 너무 많은 것을 기대하는 것은 아닌가 하고 자신을 돌이켜보게 된다. 어느새 아이들 표정에는 피로한 기색이 역력하였다. 하기야 이미 안압지에서 30여분 이상, 걸은 데다, 불국사 안에서만 한 번도 앉지 않고 30분 이상을 서서 버티었다. 평소 지하철역과 학교까지의 15분 거리가 힘들다고 순환버스를 고집하는 녀석들이니 오늘 강행군이

가혹하다는 느낌이 들지 않는 것도 아니다. 범영루, 극락전, 관음전을 그야말로 '번갯불에 콩 볶아 먹듯' 간단하게 일별하고 서둘러 불이문을 통해 불국사를 내려오다. 참, 내려오다 당간지주(幢竿支柱) 앞에서는 저들도 '이게 뭐지?'하며 한결같이 궁금해 하는 눈치였다. 커다란 현수막 같은 것을 달았다고 하자, '여기에 어떻게?'하며 오히려 이 순간은 오히려 저들이 내려가려는 나를 붙잡는다. 바닥에 그림을 그리고 지주 사이에 다시 높다란 철봉을 세웠다고 하자, 그때서야 '아~'하고 고개를 끄떡인다. 그래 모르는 것은 흉이 아니지. 모르면서도 아는 체하거나, 묻지 않는 것이야 말로 큰 허물이 될 수 있지만……. 혼자서 왔더라면 좀 더 꼼꼼하게 챙겨 보았을 터인데 하는 불만이 뒤엉켜 한결 청량해진 공기를 마시며 터덕터덕 언덕길을 그렇게 내려왔다.

「지도에 없는 한국사 여행」을 다녀와서

2012년 1월 8일 11시(0일째)

이날, 나는 서울행 KTX 안에 있었다. 바로 숙명여자대학교에서 실시하는 '지도에 없는 한국사 여행'에 참여하기 위해서다. 차창 밖을 내다보며 어떤 깊은 느낌이 사무치게 밀려 왔다. 그동안 서울에 하룻밤을 묵으며 잠시 다녀오는 일은 더러 있었다. 이번 연수기간은 모두 5일이다. 내일 아침 일찍 있을 연수에 참석하기 위해서 미리 서울에 머물러야 하므로 나에게는 6일이다. 숙소는 숭례문 바로 옆에 있는 '라마다 호텔'. 앞서 나는 서울행 열차 안에서 '깊은 느낌이 사무치게 밀려 왔다.'라고 술회했다. 나는 지금껏 살아오면서 서울 주민등록을 하고 총 2회에 걸쳐 살았다. 첫 번째는 영등포구 신정동에 쪽방을 얻고 문래동에 있는 양식기 회사에 다녔다. 내 나이 17세 때의 일이다. 6개월 남짓 생활을 했다. 두 번째는 대학을 마치고 서른 살이 되어서 잠원동에 있는 스포츠 의류업체에 일 년 남짓 다녔다. 이번 연수의 숙박 장소가 남대문 부근이라는 말을 듣고 얼씨구나 속으로 노래를 불렀다. 그곳이라면 인근에 도보로 구경할 수 있는 곳들이 산재해 있기 때문이다.

열차는 순식간에 서울에 도착했다. 손목시계가 오후 1시 7분을 가리키고 있었다. 아무리 겨울해가 짧다지만 아직까지는 여유가 있다. 나는 이 좋은 기회를 조금이라도 허비할 수 없다 싶어 지하철을 타고 종로 3가에 내렸다. 그리고 탑골공원으로 걸음을 옮겼다. 그곳에는 국보 제2호인 '원각사지십층석탑'과 보물 제3호인 '원각사비'가 있었다. 그 이외에도 3·1운동 당시 독립선언서가 낭독된 '팔각정'과 '만해 한용운 선사비' 등이 있었다. 그렇지만 국보 혹은 보물이라는 무게감 때문인지. '석탑'과 '비'에 눈길이 먼저 갔다. 아쉽게도 내가 갔을 때에는 탑의 보호를 위해 커다란 유리벽에 둘러싸여 있었다. 이 탑은 조선 세조 13년(1467) 조성 되었다. 탑의 높이는 무려 12m. 3층 기단 위에 10층 탑신을 건립하고 각층에 불회도상, 인왕상, 불좌상과 화초·동물 등 모양을 양각했다. 탑 안에는 부처님의 사리와 원각경을 봉안하고 있다. 원각사는 세조 11년(1465)에 흥복사 터에 중건한 사찰이다. 원각사비는 원각사를 중건한 내력을 기록한 것이다. 조선은 승유억불을 표방한 나라이다. 그러나 왕실에서는 불교를 가까이 했다. 더군다나 조카인 단종을 죽이고 왕권을 찬탈한 수양대군 즉, 세조이고 보면 밀려오는 회한을 어찌 감당할 수 있었겠는가. 감회에 젖어 있는 동안 이윽고 땅거미가 몰려 왔다. 이 곳 지리에 익숙하지도 않은 처지이고 보면 일찌감치 숙소로 돌아가야 할 것 같았다. 나는 또 다시 지하철을 타기 위해 왔던 장소로 되돌아갔다.

내가 묵을 호텔은 지리상으로 서울 중구의 중심지여서인지 외국관광객이 많았다. 그곳 직원의 말로는 80%가 외국인이고 그 중 절반 이상이 일본인이라고 했다. 그래서인지 엘리베이터를 타면 여기저기 일본말을 들을 수 있었다.

1월 9일 월요일(1일째)

연수 첫 날이었다. 호텔에서 첫날 연수 장소인 숙명여대 백주년 기념관까지는 차로 10분 정도 소요 되었다. 첫 강의는 이곳 대학 글로벌인적자원 센터장인 최동호 교수였다. 시쳇말로 꽃미남과는 거리가 먼 중년의 교수였지만, 두상이 크고 목소리가 우렁우렁해서 시원하다는 인상을 풍기었다. 주제는 '대한민국의 근현대사의 의미'였지만 이야기가 어느 한 곳에 머물지 않고 다양한 분야를 건드려 주었다. 그야말로 알짜배기만 골라서 들려주는 이야기여서인지 귀에 속속 들어왔다.

"스위스의 평화는 그냥 지켜지는 것이 아닙니다. 3개 국어를 가지고 있고, 시계와 같은 기계공업이 발달한 것 이외에 요새가 많아 전국적으로 12,000여개가 구축되어 있습니다. 그리고 이곳에는 6개월치의 비상식량이 비축되어 있습니다. 물론 전 국민의 예비군화(豫備軍化가) 되어 있습니다. 예전에 우리는 부국강병이라는 말을 자주 썼습니다만 스위스는 오히려 그 반대로 강병부국을 내세우는 나라라고 봐야 합니다."

제 2강의 주제는 박물관은 살아있다는 주제로 그 분야에 종사하는 신현길이라는 분이 직접 오셨다. 박물관 관람이라는 것은 분명 역사와 관련이 있지만 여기에 연극적 요소가 가미되어야만 재미있고 유익한 관람이 가능해진다. 그런 내용이었다.

제 3강은 이 곳 대학의 강혜경 교수 여자 교수이면서도 검은색 코트를 입고 있어 중후한 멋을 풍기고 있었다.

"1930년대 서울 인구는 약 40만 명입니다. 이중 일본인이 12만 4천명으로 약 30%로 정도로 차지했습니다. 이들은 해방 후 아이러니하게도 그곳 본토 사람으로부터 배척을 당하고 조선을 그리워하였습니다."

그 때 당시 일본도 자본주의가 판을 치는 세상이고 보면, 그들의 모든 돈과 재산의 근거지가 한국에 있었고 한 밑천 거머쥐고 돌아가는 금의환향은 아니었고 보면 배척을 당한 것은 자연스러울 수 있다는 생각이 들었다.

"1950년 6·25전쟁이 발발하자 이승만 대통령은 '서울시민은 서울을 사수하라' 해놓고 자신은 대구를 거처 부산으로 도망을 갔습니다. 그리고 그곳에서 천 일 동안 머물렀습니다."

임진왜란이 일어났을 때 선조도 그랬다. 종묘와 사직을 두고 어디를 가겠느냐고 말해놓고는 의주로 몽진을 갔던 것이다. 경복궁에 불을 지른 것은 분노한 민초들이었다는 생각이 스쳐 지나갔다. 외국의 사례에서 흔히 볼 수 있는 노블리스 오블레주를 우리나라는 선비정신으로 대신한다지만 그것으로는 부족하다는 것이 내 생각이다.

"1·4 후퇴 때는 대부분 피난을 갔습니다. 부역자 취급을 받지 않기 위해서였습니다. 도강증이 있어야 한강을 건널 수 있었기에 휘발유 드럼통 폐타이어를 타고 가다가 익사한 사람이 부지기수였습니다." 이로 인해 당시 최인규 내무부 장관이 사형을 당했다. 당연한 조처다.

첫 날 강의를 마치고 나는 숙소로 돌아와 저녁식사를 한 후 걸어서 명동성당까지 갔다. 명동성당은 서울 대교구 주교구이자 우리나라 최초의 본당이며 한국 천주교회의 상징이다. 1970년대와 80년대 근현대사의 격동기에 한국사회의 인권신장 및 민주화의 성지로서의 역할을 했으며 현재에도 기도하고 선교하는 공동체로 세상을 향하고 있다. 돌아오는 길에 롯데백화점에 있는 롯데시네마에서 '원더풀 라디오'라는 영화를 보았다. 로맨틱 코미디로 방송국 PD와 DJ와의 잔잔한 사랑 이야기였다. 아메리카노 한잔이 1,900원이어서 그걸 사서 마셨는데, 그날 밤 불면을 가져왔다. 낯선 환경에서도 비교적 잠을 잘 자는 나였지만, 자정을 넘기면서까지 눈이 말똥말똥하였다. 반야심경을 외우고, 노랫말을 암송하고, 숫자를 세어 보는 등 온갖 특단의 처방을 다 내렸지만, 효과가 별로 없었다. 너무 방값이 비싸서 그런가? 여러 생각이 다 들었다.

1월 10일 화요일(2일째)

이날 연수는 성남 쪽에 있는 한국학중앙연수원(예전의 정신문화연구원)이었다. 예상보다 일찍 도착해서 시간적인 여유가 있었다. 나는 건물 밖으로 나와 숲길을 걸었다. 연못에는 얼음이 꽁꽁 얼어있었다. 당장이라도 나무와 철사를 구해다가 뚝딱뚝딱 스케이트를 만들어 어린 시절로 돌아가고픈 충동이 일었다. 팔각정에 오르니 주위에 아무도 없고 휑하니 찬바람만 옷깃을 스미어 파고들었다. 나는 어느새 따뜻한 실내가 그리워졌다.

제 4강은 프레지(prezi)를 배우는 시간. 팀장이 왔는데 서른 안팎의 젊은 분이었다. 목소리가 마치 기름을 칠한 것처럼 매끄럽게 쭉 뽑혀 나오는 클린 톤이었다. 수강생들이 고리타분한 교사라는 특성을 잘 알고 있는 듯 간간이 농담도 섞어가며 재미있게 진행했다. 두툼한

돕바를 입고 있어 답답해 보였다. 저걸 입고 거북해서 어찌하려나 싶었는데 아니나 다를까, 강의를 할 때에는 예의바르게 돕바를 벗고 깨끗하게 잘 다려진 흰 와이셔츠 차림으로 해서 참 기특하다는 생각이 들었다.

제 5강은 카이스트 인문사회과학 전봉관교수의 '역사스토리텔링의 원리와 실제'라는 제목으로 강의가 시작되었다. 스토리에도 나름대로 스토리 벨류(value)가 있고 스토리의 흥미와 몰입가능성이 평가를 하는 척도가 된다고 했다. 스토리 벨류에는 불변적 기준과 가변적 기준이 있는데 시대와 문화를 초월한 인간의 보편적 경험과 관련이 되면(예: 아버지가 아들을 죽였다.)가 전자이고 특정한 시대와 문화의 트랜드(trend)가 되면 후자 쪽이라고 했다. 주인공, 주인공의 욕망, 장애물이 이야기의 3요소인데 주인공의 욕망은 일반적인 공감대가 형성되는 것이라야 한다고 강조했다.

제 6강은 앞서 3강을 맡았던 강혜경 교수의 '근현대사와 문화콘텐츠'라는 강의였다.

"일본은 영어로 AV를 보는 회사원, 한국은 게임을 하고 있는 좀비가 대세라면 중국은 역사문화콘텐츠 열풍이 한창입니다."

많은 학자들이 앞으로 미래는 미·중 양강구도를 넘어 중국의 독주체제가 될 것이라고 예언하고 있다. 그 이야기를 여기서 또 듣게 되니 뭔가 오싹해지는 느낌이었다.

강혜경 교수는 '부수고'라는 표준어가 있는데, 서울말로 '뿌씨고'라고 자주 사용했다. 그리고 예를 들면 "여러분들은 무엇이라고 생각하세요?"라고 묻고는 "그렇죠. 그게 아니겠죠?"라는 식의 설의적 표현을 자주 써서 집중을 유도하는 게 재미있었다.

돌아오는 길에 셔틀버스 안에서 나는 Y선생과 나란히 앉게 되었다. Y선생이 부산의 역사와 문화에 대해서 물어왔고 나는 내가 알고 있는 범위 내에서 말씀을 해드렸다. 내가 역사소설을 한편 멋지게 써보는 것이 꿈이라고 말하자, 그 꿈이 꼭 이루어지길 바란다고 말씀해주셨다. 그러는 동안 나는 스스로 내 꿈을 향해서 한 걸음 다가선 것 같아 기분이 좋았다.

그날 밤도 나는 저녁식사가 끝나는 대로 명멸하는 서울의 네온과 숲을 불나방처럼 어슬렁거렸다. 새하얀 입김조차 더없이 따스하고 귀에 달라붙는 냉기가 시원하게 다가서는 그런 밤이었다. 지향 없이 걷는다고 하였지만 종착점은 그날도 명동성당이었다. 성당 안에 있는 자판기에서 생강차를 한 잔 뽑아들고는 거리를 오가는 사람을 바라보았다. 수없이 많은 사람이 대부분 짝을 이루어 다녔다. 이런 걸 두고 객창감(客窓感)이라고 하나 나는 알 수 없는 외로움이 밀려드는 것을 온몸으로 느껴야 했다.

1월 11일 수요일(3일째)

안내는 경기대 교수로 계시는 안창모 교수가 맡았다. 오늘은 전적으로 서울 외곽을 답사하는 날이었다. 오전의 코스는 낙산공원→낙산성곽→이화동 국민주택과 골목→동대문 문루→오간수문→이간수문과 동대문 역사공원→김중업의 서산부인과→광희문까지였다. 버스에서 내리자 차가운 겨울의 칼바람이 우리들의 살갗을 찌르고도 모자라 비틀었다. 변변한 내의를 준비하진 못한 나로서는 극한의 상황에서 견뎌낼 수 있는 최대한의 인내를 발휘할 수밖에 없었다. 드디어 비탈길을 올라 낙산전시관에 도착했을 때 그곳은 한마디로 나에게는 한파의 긴급재난을 피할 수 있는 대피소였다. 그곳에서는 여러 게시물을 통해 조선시대부터 현재까지 낙산의 변천을 소개해 놓았다. 그 중에서 홍제동 산동네에 빼곡히 들어찬 집을 찍어놓은 사진이 한 눈에 들어왔다. 단순한 집이라기보다 한편의 설치미술을 보는 듯한 느낌이어서 신기했다.

"서울 종로구와 성북구의 경계를 이루고 있는 낙산은 조선시대 한양을 둘러싸던 내사산(內四山)의 하나로 풍수지리상 좌청룡에 해당합니다. 내사산은 경복궁을 중심으로 북쪽의 북악산, 서쪽의 인왕산, 남쪽의 남산 그리고 동쪽의 낙산을 말합니다. 낙산은 산전체가 노출 된 화강암으로 이루어졌으며, 산모양이 낙타의 등과 같다고 하여 낙타산 또는 낙산이라 불리게 되었습니다." 안 교수는 한 가지라도 더 우리에게 무엇인가를 심어주려고 애쓰는 모습이 역력하였다.

"지금 낙산은 한양 보호를 위해 낙산, 남산, 북악산, 인왕산을 연결하여 쌓은 서울 성곽 총 18km 중에서 〈동대문〉-〈혜화문〉구간 2.1km가 조성되어 역사 문화 탐방 교육의 장으로 활용되고 있습니다."

우리 부산의 경우 일제강점기에 바다를 매립하여 그 위에 사람들이 살았다. 그리고 본격적으로 산으로 올라가 산동네가 대량으로 형성된 시기는 6·25 동란 직후 피난민들이 대거 몰려오면서부터였다. 그런데 이곳 이화동도 산비탈에 지어진 집이 대부분이었다. 아스라하게 개이빨 모양의 돌(犬齒石)로 축대를 쌓고 그 위에다 집을 지었다. 그 곳 골목이 하나도 낯설게 느껴지지 않는 것은 내가 살던 부산 전포동 산동네와 너무도 흡사하게 닮아 있었기 때문이다. 앞서 나는 홍제동의 주택이 모여 있는 모습이 마치 한편의 설치미술을 보는듯한 느낌이

들었다고 말하였거니와 이곳 이화동 주택골목도 예외가 아니었다. 동대문 문루, 오간수문과 이간수문을 보고 나서 광희문에 도착했을 때 해가 이미 중천에 떠있었다.

"성저십리라 하여 성 아래 십리 내에는 묘지를 못 쓰게 했습니다. 그래서 신당동, 장충동에 공동묘지가 있는데 신당동이라 '신의 당집' 즉 무당집이란 뜻이고 조선인 공동묘지가 있었습니다. 장충동에는 일본인 공동묘지가 있었죠. 나중에는 공동묘지는 더욱 바깥으로 밀려나고 그곳에다 초등학교를 지었는데, 초등학교 공동묘지전설은 그렇게 해서 생겨나게 된 것입니다." 점심식사를 하면서도 안 교수는 쉼 없이 우리에게 들을 거리를 제공하였다.

오후일정은 대한문 앞 광장(서울광장)→덕수궁(대한문, 함녕정, 덕홍전, 정관헌, 석어당, 중화전, 중화문, 광명전, 석조전)→중명전→러시아 공사관을 둘러봐야하는 빡빡한 일정이었다.

"고종은 아관에 있으면서 독립문, 독립신문뿐만 아니라 대한제국의 구상을 했습니다. 한마디로 고종은 아관에서 놀지 않았습니다. 이후 덕수궁으로 돌아와 대한제국을 출범하고 명성왕후 국장을 치르며 발빠르게 움직일 수 있었던 것은 아관에서 그만큼 사전준비가 되어 있었기 때문입니다."

대한문 앞에서 안교수의 해설은 또다시 시작 되었다. 안교수의 이야기를 듣고 새롭게 깨달은 것이 있었다. 사실 나는 그동안 아관파천을 두고 고종에 대해 부정적으로만 생각했다. 한 나라의 국왕이 제 몸 하나 간수하지 못해 위협을 느끼고 약해 빠져서 다른 나라의 공사관에 의탁을 하다니……. 정말 수치스러운 일이 아닌가. 그런 생각이 들다가도 막상 고종의 입장이 되면 '그럴 수밖에 없었겠다'라고 이해가 되었다. 그리고 안 교수는 개인적으로 '시청 앞 광장'이라는 명칭이 마음에 들지 않는다고 하였다. 정확한 표현은 '광화문 앞 육조거리'라고 불러야 맞다, 고 했다. 그리고 대한문 앞에 군인이 칼을 차고 교대식을 하고 있는 것은 고증에 실패한 것이라고 했다. 임란이후 우리나라도 수문장들은 이미 총을 무장하였다고 한다.

정관헌은 서양풍 건물의 팔작지붕으로 고종이 커피를 즐겨 마시던 곳이다. 기둥에 박쥐모양의 문양이 있는데 이는 박쥐를 한자로 편복(蝙蝠)이라 부르고 '복(蝠)'자가 '복(福)'자와 음이 같아 다산, 장수, 부귀를 상징한다고 하였다. 인조가 즉위하고 선조가 머물던 적조당을 지나 함녕전을 거쳐 중명전에 도착했다.

"처음 고종께서는 함녕전에 계셨습니다만, 불이 나자 중명전으로 옮기셨습니다. 1905년 11월 8일 이곳에서 을사늑약이 이루어졌습니다. 약 세 시간 동안 줄다리기를 하고 한규설은 끝까지 반대했습니다. 새벽 1시에 강제로 체결이 이루어지고 늑약문은 11월 17일자로 외무대신 박제순의 이름으로 발표했습니다."

일제의 집요한 만행에 절로 분노가 일었다. 해설사는 이곳 중명전에서 일어난 또 하나의 중요한 일, 헤이그 특사에 대해 이야기했다.

"이위종은 러시아 공사 이범진의 아들이었습니다. 영어, 불어, 러시아어에 능통했고 당시는 서기관의 신분이었습니다. 만국평화회의가 끝나고 십 일이나 지나서 도착했기 때문에 힘을 쓰기에는 역부족이었습니다."

해설사는 이준열사의 경우도 자결이라기보다 종기, 단독증, 패혈증 등이 의심된다고 조심스럽게 이야기했다. '뭐, 어떻게 돌아가시던 간에 뜻을 이루지 못한 그 한탄이 병의 원인이 되지 않았겠는가?' 하는 생각이 들었다. 그 전까지만 해도 일본의 계획에는 고종이 대리청정하는 것으로 되어있지만, 특사 파견이 탄로 나면서 양위로 바뀌었다고 한다. 고종에 이어 순종 또한 일제에 의한 독살로 의심이 되는데 기록에 의하면 순종 스스로도 커피 안에 아편이 들어가 있는 것을 목격했다고 한다. 그것은 순종이 미국의 윌슨의 민족자결주의가 주창되는 파리강화회의에 특사 참가를 적극적으로 검토하고 있었고 일제는 이것을 저지하여야만 했기 때문이라고 해석 했다.

구 러시아 공사관을 마지막으로 들렀다. 이곳은 을미사변 이후 고종이 세자와 함께 1년간 피신해 머물던 현장이다. 1949년까지 공사관으로서 역할을 하다가 한국전쟁 중 건물이 크게 파손되었으며, 이후 몇 차례 보수공사를 거쳐 지금은 덩그러니 망루만 남아 있는 상태였다. 일제의 만행이 끝나자 이제는 동족간의 상쟁. 아아, 이 나라의 수난은 언제까지 이어질 것인가! 참으로 안타까운 마음이 되어 숙소로 돌아오다.

1월 12일 목요일(4일째)

파주 출판단지와 헤이리 예술인 마을을 다녀오다!

무슨 출판단지가 광활하여 끝이 안 보일 정도였다. 이곳은 1989년 출판인들이 조합을 구성하여 15년 동안 추진한 결과 현재의 모습을 갖추게 되었다고 한다. 출판기획, 편집에서부터 인쇄, 물류, 유통 등에 이르기까지 전 과정을 하나로 묶어내 대한민국의 출판문화사업의 발전을 이루어내는 것이 목적이었다. 그렇지만 베스트셀러 몇 권을 내어야 입주자격이 생긴다는 말은 여기 또한 개방적이기 보다는 폐쇄적인 공간은 아닌가, 의심이 되었다. 단지 내에 '웅진싱크'에 전시된 조각품 하나가 7억이라는 말을 듣고 우리 모두는 벌린 입을 다물지 못했다. 눈이 송이송이 내려서 포근하고 아늑한 느낌이었다. 그렇지만 볼거리가 별로여서인지 적잖이 실망되었다. 사람 좋아 보이는 안창모 교수는 그곳에서 줄곧 전공인 건축이야기만 했다. 그가 진실로 그날 내 마음에 드는 행동을 한 것은 우리 일행을 '북 카페'로 안내한 일이다. 그 너른 공간이 모두 책으로 장식되어있는 화려한 곳으로 우리를 안내해서 따뜻한 커피 한 잔을 대접하지 않았더라면 내내 서운했을지 모른다. 인근에 있는 정한숙 문학 기념관을 가보지 못한 것이 마음에 걸리었다.

1월 13일 금요일(5일째)

연수 마지막 날이다. 이날은 그동안 연수내용을 총정리 하여 발표하는 날이었다. 그동안 우리는 각자 모둠별로 조를 짜고, 조별로 여러 가지 자료 사진과 프레지 기법을 이용한 발표를 하였다. 내가 속한 팀은 고종의 덕수궁에서의 삶을 4단계로 나누고 이를 봄, 여름, 가을, 겨울이라는 타이틀을 정했다. 그리고 배경음악으로 비발디의 사계를 깔고 사전에 원고를 작성하여 고종황제가 독백하는 형식으로 발표를 했다. 원고를 작성하는 일과 고종의 독백을 낭송하는 일은 내가 맡았다.

봄.

아아, 참으로 답답하도다. 백성들이 나를 향해 비겁자라고 놀리는구나. '오죽 못났으면 제 한목숨을 부지하지 못해 남의 공사관에 의탁할까. 나를 비웃으며 욕하는구나. 정녕 나의 가슴을 열어서 꺼내

보일 수도 없는 일. 일찍이 나의 할아버지 선조임금께서 임란 때 왜병을 무찌르고 국태민안을 꿈꾸던 그 곳에서 근대국가에 대한 원대한 포부가 있음을, 대한제국이라는 새 나라에 대한 지극한 열망이 있음을, 나의 백성들은 정녕 알아주지 못한단 말인가. 아무래도 상관이 없다. 근대화가 가장 빨랐고 외교적 성과를 가장 크게 기대할 수 있는 이곳 덕수궁에서 나의 꿈을 차근차근 펼쳐 보이리라.

여름.

군권을 우선적으로 확보할 수 있는 원수부를 설치하라. 행정업무가 원활하게 이루어질 수 있도록 궁내부를 설치하라. 내 지금부터라도 황제권을 강화해야겠다. 근대문물을 도입하는 것도 급선무로구나. 한성전기회사를 설립하여 한시바삐 전차를 운행할 수 있도록 하여라. 한성은행을 설립하여 우리 자본을 축적할 수 있도록 하여라. 아아, 바야흐로 백화가 만발하고 녹음이 무성한 계절이 되었도다. 나의 나라는 나의 백성들과 더불어 새 세상을 곧 맞이하게 될 것이로다. 아, 참 그리고 중전…… 황후…… 명성황후. 그녀가 있었기에 위기에 점철된 나의 반생을 이끌 수가 있었다. 언제나 당차고 우아하고 슬기로웠던 그녀. 그녀의 장례를 성대히 치르도록 하라.

가을.

아! 저 개, 돼지보다 못한 이른바 우리 정부의 대신이라는 자들이 영달과 이득을 바라고 거짓된 위협에 겁을 먹고서 이제 나라를 파는 도적이 되었구나. 이토오가 하세가와를 시켜 나의 목에 섬광이 번뜩이는 칼끝을 들이대는구나. 아아, 어떻게 이어온 사천년의 강토이며,

어떻게 지켜온 오백년의 종묘와 사직이던가. 저 쳐 죽일 외무대신 박제순을 강제하여 일인들은 늑약이 체결되었다고 떠벌리고 다니는구나. 헤이그로 떠난 이준, 이위종, 이상설로부터 기별이 없다. 일인들은 나에게 양위를 하라고 하는구나. 기어이 해는 서산으로 지고 뜰 앞의 나뭇잎은 땅바닥에 떨어지고 마는가.

겨울.

짐이 곧 국가다. 내 한 목숨이 풀잎에 맺힌 이슬처럼 사라지는 것은 털끝만큼도 아쉬울 바 없건만 이 나라가 망하는 것은 차마 볼 수가 없다. 밥과 국을 마음 놓고 먹을 수가 없구나. 곧 있을 파리강화회의에 사람을 보내어 또 한 번 대한의 독립을 만 천하에 외쳐 보이리라. 그런데 오늘 저녁에 마신 식혜가 어쩐지 이상하다. 눈동자가 흐려지고 가만가만 떨려오는 것은 무슨 연유일까. 아, 이 가슴 속에 소용돌이치는 불안과 공포는…….

우리가 발표를 끝내자 우레와 같은 박수가 쏟아져 나왔다. 마지막 질의, 응답에는 전남외고의 이순일 선생과 산본고등학교의 염주희 선생이 맡아서 사방에서 날아오는 날카로운 질의의 화살을 잘 막아 주었다. 이곳에서 처음부터 끝까지 우리의 작업을 도와주던 숙명여대의 김예슬 연구원을 비롯한 여러 연구원들이 잘 했다며 나를 향해 엄지손가락을 치켜세워 주었다. 어쨌든 발표는 성공적이었다. 발표가 끝나고 우리는 백 주년 기념관 앞에서 기념촬영을 하였다. 이 자리에서 많은 사람들이 나를 향해 고종황제라고 불러 주었는데 기분이 마냥 좋지만은 않았다. 황제라는 호칭이 무어 기분이 나쁘겠느냐만, 어쨌든 고종은 비운의 황제임에 틀림이 없기 때문이다.

이제는 아쉬움을 뒤로 하고 각자 집으로 가는 일만 남았다. 많은 선생들이 택시나 버스를 이용해 숙명여대에서 서울역까지 이동하였지만, 나는 가져온 짐도 단출하여 몇몇 선생들과 함께 서울역까지 걸어갔다. 닷새 동안의 서울에서의 연수는 결코 만만한 것이 아니었다. 나는 자료들을 보고 원고를 작성하기 위해 호텔에서 잠을 설쳤던 기억이 떠올랐다. 그렇지만 나름대로 보람도 있었기에 뿌듯한 마음으로 귀향을 할 수 있었다.

거기에도 사람이 살고 있었네

금강산 연수가 확정되었을 때 나는 두 가지 이유로 설레는 마음을 진정하기가 어려웠다. 여느 사람과 마찬가지로 그 첫째는 천하명산 금강산을 탐승하는 일이고 두 번째는 꿈에나 그리던 북녘 동포를 만날 수 있다는 것이었다. 이 둘 중에 어디에다 무게 비중을 두나? 그러다가 망설임 없이 북녘 동포를 선택했다. 내 경험에 의하면 그림이나 사진을 보고 실물을 보면 실망하는 수가 있다. 사진작가들은 예술작품 하나를 위해 수십 번을 같은 장소에 오르락내리락 하기도 한다. 또 화가는 더 실감나고 감동 있게 표현하기 위해 과장과 상징을 거침없이 시도한다. 이것이 사진이나 그림을 보고 실물을 보았을 때 자주 실망하는 이유가 되는 것이다.

金剛萬物相(금강산 만물상 구경거리는)
取爲名過實(이름이 실제보다 낫다.)

추사 김정희 선생께서는 아마도 만물상 유람에서 별 재미를 보지 못 했던 모양이다. 실제로 금강산 답사기를 쓴 유홍준씨도 만물상에 모두 다섯 번을 올랐지만 구름 없이 본 것은 딱 한번 뿐이고 다른 때는 그저 운해만 바라보았다고 했다.

우리가 초등학교를 다닐 때에는 예외 없이 반공 포스터 그리기를 참 많이 했다. 미술 시간은 의례히 반공 포스터 그리는 시간이었다. 그때 나의 부모님뿐만 아니라 선생님께서도 북녘 사람을 두고 '빨갱이'라고 했다. 도대체 어디가 빨갛다는 이야기인가, 머리가 아니면 얼굴이, 몸뚱어리 전체가……. 그리고 북한 인민군들을 두고 괴뢰군이라고 했다. 괴뢰(傀儡)의 뜻은 꼭두각시를 뜻하지만 우리는 '괴'자에서 '괴물(怪物)'을 연상 했다. 괴물들이 사는 데라 백두산 천지에도 그렇게 괴물이 나타나나? 그래서 너나 할 것 없이 인민군을 그릴 때면 머리에 뿔을 그려 넣었다. 물론 커 오면서 이 모든 생각이 잘못 되었다는 것은 알았지만 어렸을 때 한번 각인 된 것은 쉽게 지워지지 않는 법이다. 영화 '태백산맥', '쉬리' 등을 보면 인민군들은 한결같이 깡마른 체구, 까무잡잡한 피부에 치켜 올라간 눈꼬리 안에 하얀 눈만 매섭게 번뜩였다. 북녘 사람들에 대한 이미지 전환을 가져온 것은 2002년 부산 아시안게임 때 금정체육관 농구 경기장에서였다. 비록 먼발치이지만 북녘 선수와 응원하는 여성을 보았다. 특히 응원단 여성들은 선발 되었다고는 하지만 무리지어 앉아 있는 모습이 따스한 봄날 화사한 왕벚꽃을 바라보는 느낌이었다.

금강산 콘도에서 관광증을 수령하고 민통선을 지나 남측CIQ를 통과할 때에도 별다른 감정이 일어나지 않았다. 그렇지만 남방한계선을 지나 DMZ(비무장지대)를 거쳐 북방한계선에 들어섰을 때 두려움과 설렘이 묘하게 교차하는 것을 느꼈다. 안내조장이 차창 밖으로 손가락질과 사진 촬영을 하지 말 것을 주의시켰다. 영화에서나 봄 직한 인민군 복장의 군인들이 빨간 깃대를 들고 부동자세로 우리가 내리는 것을 지켜보고 있었다. 모든 일이 순조롭게 진행 되는 듯 했다. 그때였다. 어디선가 외마디 지르듯 소리가 들렸다. 인민군은 한 번 더 "똑바로 서시오!"하고 정 선생님을 향해 소리쳤다. 북한에서는 관광청과 인민군들이 이원화가 되어 인민군들이 무어라 하면 어쩔 수 없이 당해야 한다는 이야기를 들은 것이 상기 되었다.

"정 선생님, 어찌 된 일입니까?"

내가 물어도 정 선생님은 경직된 채 그 자리에 서 계실 뿐, 아무런 대답이 없었다. 나는 재빨리 이 사실을 안내조장에게 알렸다. 현장으로 달려간 안내조장도 한참동안 소식이 없어 다시 찾아나서 보니 인민군 중에 계급이 상급자인 듯한 사람이 초병과 이야기를 나누고는 다시 정 선생님에게 몇 가지를 묻고 있었다.

"어떻게 될 것 같습니까?"

"사죄서를 쓰고 벌금을 적게는 10불 많게는 100불을 물어야 풀려날 것 같은데요."

"무슨 일로 그런답니까?"

"……."

나중에 안 사실이지만 정 선생님께서 버스에서 내리자마자 반갑다고 인민군 초병의 손을 감싸 쥐었다고 했다. 자식 같은 사람이 추운데 떨고 서 있는 것이 안쓰럽기도 하고 동포애의 심정으로 반갑기도 하고 해서 얼떨결에 한 행동이었다. 그런데 근무 중인 군인을 성가시게 했다는 것이었다. '이럴 바에야 금강산 관광은 뭣 하러 허락 했나?" 하는 불평이 절로 나왔다. 일이 잘 해결되어 다행이었지만 정 선생님을 비롯한 우리 일행은 이 사건으로 인하여 2박3일 일정의 금강산 연수과정이 순탄하지 않을 것 같아 몹시 우울하였다.

저녁 식사를 마치고 기분 전환도 할 겸 금강산 호텔에서 있었던 '금강산 예술단'의 가무공연을 보았다. 만약 보지 않았더라면 후회할 뻔하였다. 남측에서는 이미 한물간 악기로 취급되던 손풍금이 쏟아내던 현란한 음률. 정통 성악을 전공한 테너 가수인지는 몰라도 거의 모든 노래를 매끄러우면서 손쉽게 뽑아내던 잘 생긴 미남 청년. 그도 북한 청년이고 낮에 만났던 초병도 북한 청년이건만 느낌은 전혀 달랐다. 북측에서 유행하는 노래와 해방 이전 남측에서 유행했던 '찔레꽃', '번지 없는 주막', '선창' 등이 섞이어 불려졌다. 가요무대를 통해서 자주 접하는 노래이지만 북측 특유의 가성 섞인 창법으로 부르니 음색이 달랐다. 남측에서는 출연자들이 퇴장을 하고 막이 내리면 관객들이 일어나는 것이 상례이다. 그런데 그곳에서는 출연자들이 무대 위에 서서 관객들이 자리를 뜰 때까지 꼼짝 않고 서서 손을 흔들어 주는 것이 이채로웠다. 공연을 보며 생긴 여흥을 계속 살려나기로 합의한 우리 일행은 2층에 있는 포장마차에 갔다. 거기에서 여성 접대원 서명희에게 '심장에 남는 사람'을 청해 들었다. 그녀는 남측 사람들이 여기에 오면 이 곡을 가장 많이 신청하는데 그 이유를 모르겠다고 했다.

인생의 길에 상봉과 이별
그 얼마나 많으랴.
잠깐 만나도 잠깐 만나도
심장 속에 남는 이 있네.
아아! 그런 사람
나는 못 잊어.

북한 사람들이 농담을 아주 잘하는 이유로 본래 이북 사람들이 능청스럽게 말을 잘 걸고 또 능숙하게 받을 줄 알기 때문이라는 이야기도 있고, 질서가 꽉 짜여 있는 사회일수록 카타르시스를 위한 유머와 농담이 발달한다는 말이 있다. 우리가 탐승하는 동안 금강산 여성 안내원들은 반드시 우스갯소리를 하나씩은 했다. 이튿날 구룡폭포를 보기 위해 옥류동 계곡에 들어섰을 때도 예외가 아니었다.

"비룡폭포와 무봉폭포 사이에 우뚝 솟은 기둥바위가 보이지요. 저것이 봉황바위입니다. 그 옆의 바위는 책을 읽는 모습과 흡사하다고 해서 독서바위, 그 옆에 토끼바위입니다. 달나라에 다녀온 사람이 달나라는 토끼가 없더라고 말합니다. 당연히 그렇지 않겠습니까? 그 토끼가 이리로 내려와 있는데……."

거대한 얼음기둥으로 이루어진 구룡폭에서 남측 전문 산악인들이 빙벽타기를 하고 있는 것을 아찔한 심정으로 바라보며 관폭정에서 상팔담으로 향했다. 속칭 턱걸이 바위라고 불리는 비룡대에도 어김없이 북측안내원이 있었다. 나는 가보지 못한 내금강이 궁금해서 그에게 내금강과 외금강 중에 어느 쪽이 더 아름다운지 물어 보았다. 그는 구룡폭포와 상팔담이 있어 외금강이 더 아름답다고 했다.

"내금강이 언제쯤 개방이 됩니까?"

하고 물으니,

"노무현 정권이 계속 집권하면 머지않아 되겠지만 한나라당이 집권하면 힘들지 않겠습니까?"하였다.

하산 길, 가파른 철 계단을 몇 계단씩이나 내려밟아 다시 옥류폭포 부근에 왔을 때였다. 일행 중 여선생님 한 분이 아이젠을 차고 가다 걸리적거린다며 벗어 들고 그냥 걸었다. 그러다가 얼마 못가 미끄러져서 엉덩방아를 찧었다. 그때 무리를 지어 가던 중에 한사람이 소리쳤다.

"그러니까 아이젠이 뭡네까? 아, 빙판길에서 미끄러지다가도 아이젠을 차고 있으면 아! 이젠 살았구나! 그렇게 해서 아이젠이란 말입니다."

하여 옆에 있는 사람들이 모두 웃었다. 말하던 사람은 상팔담, 비룡대에서 보았던 사람들과는 또 다른 북측 남자 안내원이었다. 그와 함께 주차장까지 걸어내려 오며 이런저런 이야기를 나누었다. 그는 이곳 온정리 사람이고 소속은 관광청이라고 했다. 나이는 서른두 살, 위로는 누나 둘이 있고 아직은 미혼이라고 자신을 소개 했다. 북측 주민과 이야기하면 미화 80달러 벌금으로 내야 한다는 이야기를 어디선가 들은 듯하다. 재수 옴 붙으면 누구처럼 억류되어 사랑하는 가족의 품으로 영영 못 돌아갈 지도 모른다. 그래도 이 질문은 은근슬쩍 던져 봤다.

"맹자라는 사람의 말에 의하면 '유항산, 유항심'이라는 말이 있지. 무슨 말인고 하니 자고로 나라가 평탄하려면 먹고 사는 것이 풍부해야 된다는 이야기야."

안내조장이 '김일성 김정일' 부자만 건드리는 말만은 하지 말라고 했는데……. 북한의 어려운 경제실정을 꼬집은 것이다.

"그동안 지도자 동지께서 미제를 대항해서 군사력 증강에 힘써 왔단 말입니다. 이제 군사적으로 우리도 그들에게 지지 않을 만큼 힘을 길러 왔기 때문에 앞으로는 금방 따라 잡을 수가 있습니다."

어깨를 나란히 해서 걷는데 그는 아이젠이 없어도 나는 듯이 잘도 걷는다. 남녘에 있으면서 참으로 궁금했던 한 가지가 있어 질문 했다

"북측에서는 전구를 불알이라고 한다던데……."

"부랄이 뭡네까? 그냥 전등이지 뭐."

"형광등을 긴불알이라고 하지 않나요?"

"아니, 형광등은 그저 형광등이지 뭡네까?"

"그러면 산데리아로 부르는 떼불알은?"

"도대체 산데리아라는 게 뭡네까?"

"왜, 그……저……어 여러 개의 작은 전등들이 모여 하나의 큰 전등을 이루고 있는 거."

"아……, 그거 무리등이지요."

그날 밤, 우리 일행은 고성항에 있는 횟집에 갔다. 관광지니까 당연히 물가가 다소 비싸다는 것을 감안하면 네 사람이 가서 자연산 회에다 밥을 곁들인 매운탕에 령통소주까지 마시고 120달러 같으면 크게 비싸다는 생각이 들지 않았다. 그곳에서 이틀 동안 지내면서 북한말 흉내 내기에 슬슬 재미를 붙여가던 나는 그곳 처녀 접대원에게 말끝마다 "…… 아임니다.", "그렇지 안슴니다."하고 장난스레 말하다가

"남측말도 아니고 북측말도 아니고 그게 뭡니까?"하는 퉁바리를 맞았다. 그래서 행여 그렇게 표현해서 기분이 나빴다면 죄송하다고 사과했다.

호텔로 돌아온 우리는 2층에 있는 포장마차에 또다시 찾아 갔다. 굳이 핑계를 되자면 낮에 만났던 서명희 여성 접대원과의 약속을 지키기 위해서였다. 늦은 오후에 복도를 걸어가다 우연히 만났는데 "안녕하십니까?"하고 아는 체를 하니 "아, 노래 잘 하시는 그분"하였다.

"오늘은 놀러 안옵니까?"

"갈까 어쩔까 생각 중입니다."

"오셔야죠, 오셔서 매상을 많이 좀 올려 주셔야죠."

"우리가 아무리 매상을 올려도 그 이익금이 접대원 고운 처녀에게 돌아가지는 아닌 것 아니요?"

"……."

"하여튼 우리가 가면 고운 처녀가 노래는 많이 불러 주셔야 합니다."

하고는 헤어졌던 것이다.

가요에 실려 있는 가사도 엄연히 문학의 한 장르이며 그때 당시의 현실을 반영하는 거울이다. '김치 깍두기 노래', '토장의 노래'는 신토불이 음식을 권장하지만 은근히 주체성을 강조하는 것 같았고, '도시처녀 시집와요'라는 노래는 도시처녀가 과감하게 시골로 시집와서 행복하게 산다는 내용인데 북한 여성도 우리처럼 시골에 시집오는 것을 기피하고 있음을 알 수 있었다. '락엽'이라는 노래를 부를 때는 여자의 부모가 반대하는 남자를 여자가 만나 데이트를 하는 그림이 화면에 나왔다. '고향의 봄'을 접대원 리금희 처녀가 불렀는데 내가 그 노래 가사에 나오는 '고향'의 배경이 경남 양산이고, 양산은 나의 고향이며 지금 내가 살고 있는 곳도 양산이라고 이야기 하자, 호기심 어린 눈으로 고개를 끄덕이었다. 우리도 그들이 계몽기로 분류한 해방 이전의 노래를 몇 곡 불렀다. '홍도야 울지 마라', '울며 헤진 부산항', '진주라 천릿길'……등이었다. 우리가 노는 장면이 좋아 보였는지 다른 좌석에 젊은 손님이 오셔서 북한에서 가장 많이 불려진다는 '사랑의 미로'를 신청했지만 그 노래는 저장되어 있지 않았다. 우리들의 요청으로 리금희 접대원이 '락화유수'를 불렀는데 맑고 부드러운 목소리와 아름다운 자태에 흠뻑 취해 우리 모두는 덩실덩실 춤을 추었다.

마지막 날 만물상을 가기 위해 한하계 골짜기를 향하는데 안내조장이 지금 오른쪽 차창 밖을 내다보라고 했다. 블록으로 지은 집인데 허름한 움막을 연상케 했다. 무엇을 하는 곳인지 몰라 다들 궁금해 하는데 북한 주민들이 사용하는 온천장이라고 했다. 아, 그때 나는 흑백으로 된 무성영화 한 편이 설핏 지나가는 것을 느꼈다. 방한모를 쓴 남편인 듯한 사람과 보자기를 둘러 쓴 아낙이 나란히 걷고 그 앞을 고만고만한 아이 서넛이 앞장서서 걸어 나오고 있었다. 땟국에 절은 스펀지로 된 얇은 잠바가 불을 쏘다가 튀어나온 불똥 때문에 듬성듬성 구멍이 나고, 새까매진 손등으로 흘러내리는 콧물을 주체하지 못해 연신 훔쳐내던 아이, 40여 년 전의 바로 내 모습이었다. 불현듯 아릿한 아픔이 가슴을 스치고 지나갔다.

"지금 여러분들이 서 계신 이 자리가 구선녀가 내려와 놀다가 팔선녀는 다시 천상으로 올라가고 지금 한 선녀만이 외롭게 이 자리를 지키고 있다는 천선대입니다.”

“그 한 선녀는 지금 어디에 있습니까?”

일행 중의 한 분이 장단이라도 맞추듯 물었다.

“지금 여러분 앞에 여기 이 자리에 서서 이렇게 안내를 하고 있지 않습니까?”

저기 철조망이 둘러쳐져 있고 보초가 지키고 있는 것은 과연 남한의 관광객이 북한 지역으로 넘어가는 것을 금지하기 위함인가? 아니면 반대로 북한 주민이 이 안으로 들어오지 못하게 막은 것인가? 앞으로 당분간 북한 주민들은 금강산을 관광할 수 없게 된 것이 아닌가? 그렇다면 북한 사람들에게 금강산은 무엇인가?

유홍준씨는 ‘금강산 답사기’에서 위와 같은 의문을 제기 했다.

내가 어릴 적 가난한 빈촌인 우리 동네에 으리으리한 저택이 들어섰다. 높은 담장이 둘러쳐져서 감히 안을 들여다 볼 생각을 하지 못했다. 한 번씩 검은 세단이 철 대문을 향해 들어갈 때 괜히 심술이 나서 그 집을 향해 돌을 던지거나 담벼락에 방뇨를 하곤 했다. 고요하고 평화롭던 온정리 마을에 상상할 수 없이 호화찬란한 호텔이 들어서고 자기네들보다 훨씬 입음새나 생김새에 윤택이 흐르는 남측 사람들이 관광을 한다며 버스가 줄을 이어 오르락내리락 한다. 그로 인해 이곳 사람들은 뒷마당처럼 마음껏 드나들며 나물도 캐고, 약초도 캐던 금강산에도 가지 못하게 되었다. 내가 어릴 때 갑자기 들어선 동네 복판의 건물 때문에 이루 말할 수 없는 위화감을 가졌듯이 지금 온정리 사람들은 똑 같은 불만을 갖고 있는 것은 아닌가? 금강산 관광으로 비정했던 분단의 장벽 한 쪽이 무너져 내린 것은 틀림

없는 일이지만 그 과정에 이런 예상 못한 아픔이 자리하고 있는 것이다. 이런 일련의 생각들은 이날 오후 현대아산 직원들의 이별을 아쉬워하며 흔드는 따뜻한 손길을 뒤로 한 채, 온정리를 떠나면서도 계속 되었다.

백두에서 한라로
우린 하나의 겨레
헤어져서 얼마나
눈물 또한 얼마였던가.
잘 있으라 다시 만나요
잘 가시라 다시 만나요
목매여 소리 칩니다
안녕히 다시 만나요

북한CIQ 스피커에서 쉬임 없이 북한 노래 '다시 만나요'가 흘러나오고 있었다. 우리가 사흘 전에 이곳에 처음 들어섰을 때 '반갑습니다.'라는 노래였는데……. '다시 만나요'는 이곳 북측에 와서 참으로 많이 들었다. 첫날 '금강산 예술단' 가무공연 마지막 노래가 이 노래였고, 평양교예단의 아슬아슬한 마지막 공연 공중 그네타기를 마치고 또 한 번. 이 노래만 들으면 왠지 눈물이 날 것만 같다며 포장마차에서 접대원 김청 처녀에게 부탁하여 두 번씩이나 들었다. 통일 비용에 따른 부담 때문에 통일이 되고 난 이후도 문제라며 다들 걱정한다. 그렇지만 강의 시간 때 통일부 선임연구원 서00 박사의 말에 의하면 통일 비용 못지않게 분단 비용도 막대한 액수라고 한다. 그리고 통일

이전에는 통일비용이지만 통일이 되고 나면 그 돈은 사회간접자본의 성격으로 바뀐다고 했다.

눈을 치우지 않아 울퉁불퉁한 북측 도로를 지나 매끈하게 다듬어진 남측 도로가 펼쳐진다. 비록 2박3일의 짧은 일정이지만 따뜻한 온천물이 샘솟아 나듯 온정(溫情)의 손길을 내밀던 온정리 북한의 고운 처녀들이 모습이 금강산의 비경과 겹쳐진다. 나는 자신도 모르게 '……안녕히 다시 만나요.'를 불러 본다. 그리고는 곁에 사람에게 속삭이듯이 말한다. '그래 다시 만나요. 그노무 돈이 무어 대수관대 혈육의 정까지 끊을 수 있나.'

무제

제로섬(zero-sum)이라는 말이 있습니다.

고무풍선의 한 쪽을 누르면 다른 한 쪽은 튀어나오기 마련이라는 뜻이지요. 내가 행복에 겨워 파안을 하며 만면에 미소를 머금을 때, 어느 그늘진 구석에서 누군가가 쭈그리고 앉아 울고 있다는 사실을 잊지 말라는 뜻이기도 합니다.

'맹자(孟子)'를 배우다가 나이 어린 스승은 여민(與民)은 용납하되, 위민(爲民)은 안 된다고 이야기합니다. 위민에는 베푸는 자의 오만함이 감추어져 있다고 합니다. 'for the people'이 아니라, 'with in the people'을 강조합니다.

블루오션(푸른 바다)이란 새로운 시장 공간으로 현재 존재하지 않은 모든 산업을 일컫는 말로 아직 우리가 모르고 있는 모든 시장

공간을 일컫는다는 것을 말입니다. 또, 이와 상반되는 개념으로 레드오션이 있는데, 레드오션이란 오늘날 존재하는 모든 산업으로 이미 세상에 알려진 시장공간이라고 합니다. 끊임없는 경쟁이 필요하고 경쟁자를 능가하여야하는 이유 때문에 유혈의 붉은 바다라고도 불립니다. 자 그러면 우리는 어느 길을 가야 할까요?

우리 교단에도 블루오션에 해당 하는 말이 있습니다. 바로 '교학상장(敎學相長)'이라는 말이지요. 다 알다시피, 스승은 가르치고 제자는 배우면서 서로가 성장한다는 뜻이지요. 이것은 가르치고 배우는 일의 양방향성을 이야기합니다. 굳이 말을 만들자면 '敎則學, 學則敎'가 되겠습니다. 이 말은 스승이 곧 제자요, 제자가 곧 스승이기도 하다는 뜻입니다. 사실 돌이켜 보면 교단에 서 있는 동안 제자라는 스승에게 배운 게 어디 한두 가지이던가요?

오늘도 변함없이 겨울의 칼바람을 헤치며 힘차게 황령산 기슭에 오릅니다. 제자라는 스승에게 오늘은 또 무엇을 배울까 기대에 가득 차서 말입니다.

우리 가족의 대마도 여행기

머잖아 우리 부부의 사랑스런 딸 '동희'가 유치원을 졸업하고 초등학교를 입학하게 된다. 비로소 내 나이 사십을 훌쩍 넘어 오십을 바라보는 즈음에서야 비로소 늦깎이 학부모가 되는 것이다. 우리 가족은 어떻게 해서든지 이 순간을 기념하고 싶었다. 그래서 생각해낸 것이 '대마도 여행'이었다. 우리 가족은 그동안 한 번도 해외여행이라는 것을 해 보지 못했다. 그렇다고 여유가 있어서 남들처럼 어디 멀리 해외여행을 갈 수도 있는 처지도 아니었다. 정말 저렴한 비용으로 1박 2일 동안 대마도 여행을 갈 수 있는 기회가 있어서 우리 가족은 여권을 비롯한 모든 준비를 끝내고 2005년 2월 24일과 25일 양일간에 걸쳐 대마도를 다녀왔다.

24일 목요일, 그동안 TV에 나오는 해외여행자들이 공항에서 캐리어를 끌고 다니는 모습을 보면 우리는 언제 저렇게 해 보나 싶었다.

이날 우리는 일찌감치 집을 나설 수밖에 없었다. 우리가 살고 있는 양산에서 부산여객터미널까지는 만만찮은 거리였다. 우리 가족을 태워갈 씨플라워호는 8시 20분 출발이었다. 그 전에 우리 가족은 가이드를 만나 수속절차를 마쳐야 했다. 버스에서 지하철로 환승을 하고 부산역에서 내려 터미널까지 걸어서 갔다. 아직 먼동이 터 오기 전이었다. 내가 끌고 가는 캐리어 바퀴는 돌돌거리며 경쾌한 소리로 아침의 정적을 깨뜨렸다.

대마도까지의 거리는 48km라고 했다. 대마도는 우리나라의 제주도보다는 작고, 거제도보다는 큰 섬이다. 소요시간은 약 2시간 정도. 나는 무엇보다 멀미가 걱정이 되었다. 그렇지만 멀미약을 먹지 않았다. 내 마음 속의 그 분을 떠올리었기 때문이다. 사실 여행지로 대마도를 선택한 것은 나의 시조 할아버지인 충숙공 이예 선생의 유적지라는 특별한 의미가 있었다. 조선 초기의 통신사로서 일본을 갈 때에 항상 대마도를 경유하셨다. 뿐만 아니라, 대마도에서 포로 생활도 하셨다. 그 횟수가 무려 40여 차례였다. 그때는 오로지 조류와 바람에 의해 움직이는 배였다. 그에 비하면 나는 얼마나 호사를 누리고 있는 것인가. 2시간 남짓을 참지 못해, 약을 먹는다면 어쩐지 그 분에게 죄송스러울 것 같은 생각이 들었다. '배가 파도를 올라타면 숨을 한껏 들이마셨다가 아래로 곤두박질을 치면 내뿜으면 됩니다.' 가이드가 사전에 멀미를 하지 않는 방법을 우리에게 교육 시켰다. 나는 그대로 따라했다. 그랬더니 다행히도 배가 이즈하라항에 도착할 때까지 한 번도 멀미를 느끼지 못했다. 내 스스로도 신통했다. 그것은 생각보다 파도가 그다지 높지 않은 데에도 그 원인이 있을 것이다.

드디어 이즈하라항에 도착했다. 시계가 11시 20분을 가리키고 있었다. 배에서 내리자 비가 조금씩 흩뿌렸다. 딸과 아내는 우산을 쓰고 나는 비닐봉지로 우산을 대체했다. 입국심사장에서의 과정은 일사천리로 진행 되었다. 제일 먼저 우리는 여장을 풀고 홀가분하게 다닐 필요성이 있었다. 여행사에서 제공하는 봉고차를 타고 우리가 하루를 묵을 숙박지에 도착했다. 이즈하라에서 제일 좋은 콘도라고 했는데 그저 우리나라의 허름한 여관 수준이었다. 한 가지. 그 콘도는 바닷가가 훤히 내려다보이는 언덕에 있었는데 방의 뒷문을 열면 넓고 푸른 바다가 한 눈에 들어왔다. 시원하게 가슴이 뚫려나가는 느낌이었다. 그곳에다 일단 여장을 풀었다.

걸어도 되는 거리였지만 여자와 아이들을 배려하여 버스를 두 번 갈아타고 이즈하라의 혼마찌를 구경했다. 사진에 나오는 우리나라의 청계천처럼 중앙으로 내가 흐르고 그 양 옆으로 집들이 즐비해 있었다. 건물들이 나지막하고 특히 단층들이 많아서 우리나라의 60, 70년대의 도회지 거리를 연상하게 했다. 어떤 술집 앞에 도착했는데, 저녁에 올 요량으로 기본을 마시는데 얼마인지 물으니 4천 엔이라고 했다. 선술집처럼 간단하게 한 잔할까 했는데 일찌감치 포기했다.

그 술집 앞에서 집결한 우리 일행이 제일 먼저 찾아간 곳은 '수선사'라는 곳이었다. 면암 최익현 선생의 추모비가 있는 곳이었다. 자그마한 암자와도 같은 절이었는데 오른쪽 한 쪽에 추모비가 있었다.

-철종 재위 중인 1855년(철종 6) 과거에 급제하여 승문원정자(承文院正字)를 시작으로 돈녕부도정직을 끝으로 사퇴한다. 을사늑약 이후,

1905년 그는 공개적으로 의병을 모집하였다. 임병찬, 임락 등과 함께 전라북도 정읍에서 거병하였으나, 곧 관군에 패하여 체포되었고 대마도에 유배되었다. 1906년 6월 말 최익현은 경성부로 압송되어 경성 주재 일본군사령부에 감금을 당하였다. 최익현 이하 13인의 의병장들은 여기서 그들의 심문과 회유를 받는 동안에도 일본의 조선 식민지화 음모의 죄상을 성토하였다. 2개월간 일본군사령부에 감금된 끝에 최익현과 임병찬은 그해 8월 하순 일본의 쓰시마 엄원(嚴原) 위수영(衛戍營)으로 압송되어 감금되었다. 그곳에는 홍주의병진의 유준근(柳濬根), 이식(李식) 등 의병 9인이 이미 함께 감금되어 있었다. 최익현은 일본 정부 측의 갖은 협박과 회유를 뿌리치고 단식에 돌입하였다. 최익현은 죽음이 임박해지자 임병찬에게《유소(遺疏)》를 구술, 다음과 같은 여한(餘恨)을 남겼다. "신의 나이 75살이오니 죽어도 무엇이 애석하겠습니까. 다만 역적을 토벌하지 못하고 원수를 갚지 못하며, 국권을 회복하지 못하고 강토를 다시 찾지 못하여 4천 년 화하정토(華夏淨土)가 더럽혀져도 부지하지 못하고, 선왕의 적자가 어육이 되어도 구원하지 못하였으니, 이것이 신이 죽더라고 눈을 감지 못하는 이유인 것입니다." 일본인들은 강제로 그의 입에 음식을 넣었으나 모두 뱉거나 입을 열지 않고 저항하였다. 1907년 1월 1일 쓰시마 섬 감옥에서 순국하였다.(인터넷에서 퍼 온 글)

가이드가 말하기를 우리나라 독립운동의 계보가 최익현-안중근-김구의 순으로 내려온다는 말을 했다. 최익현 선생은 일본 경찰이 "일본에 왔으니 일본의 법에 따라야 한다."고 하자, 고국에서 가져온 흙을 밟고 고국에서 가져온 물을 마셨다고 한다. 조선시대의 마지막 유학자로서 어떤 결기를 느낄 수 있게 하는 대목이다.

담장이 높은 집이 보여서 무엇을 하는 집인가 물으니, 사무라이가 사는 집이었다고 했다. 그 집 앞에는 무슨 편액이 걸려 있었는데 자세히 보니 물의 다섯 가지 본받을 점을 적어 놓은 것이었다. '謙遜-淸淨-志操-慈悲-德性'이 그것이었다. 높은 곳을 마다하고 낮은 데로 흐르는 겸손(謙遜), 스스로 맑아지고 다른 이의 더러움을 씻어주는 청정(淸淨), 기름과는 섞이지 않는 지조(志操), 바라는 바 없이 만물에 이로움을 주며 생명을 살아 움직이게 하는 자비(慈悲), 화려하고 맛있고 좋은 향에 얽매이지 않는 무색 무미 무취의 덕성(德性). 내가 살고 있는 곳에서 멀지 않은 법기수원지에 보면 일본인으로 우리나라에 와서 총독을 지낸 사이토의 글이 지금도 석각 되어 있는 것을 볼 수가 있다. 거기에는 '源淨潤群生-깨끗한 물은 만물을 윤택하게 한다.'라고 씌어져 있다. 저들이 조선을 침략할 때에도 스스로 물이 되어 우리나라를 윤택하게 한다는 명분을 내걸었을 것이다. 그러나 언제나 그렇듯이 행위가 먼저 있고 명분은 그 다음이다. 우리나라에서 생산되는 많은 물자들을 저들의 나라로 빼돌리기에 급급했다.

조금 더 걸어가니 길 옆 도랑에 무엇인가 쓰러져 방치되어 있는 것을 보았다. 무엇인가 읽어 보니 '덕혜옹주 결혼기념 봉축비'였다. 덕혜옹주가 누구인가, 조선의 제26대 왕인 고종과 귀인 양씨 사이에서 태어난 딸이다. 고종의 지극한 사랑을 받으며 성장했지만 아버지 고종이 의문의 죽음을 당한 뒤부터 공포에 휩싸여 살았으며 신식 여성교육이라는 명목으로 일본에 끌려간 뒤에는 우울증에 고독감까지 겹쳐 실어증에 걸렸다. 말년에 고국으로 돌아와 창덕궁 낙선재에 안주하다가, 1989년 77세의 나이로 세상을 떠났다. 일본 왕실에서는 덕혜옹주의 남편으로 쓰시마의 36대 도주 24세의 백작 소 다케유키(宗武志)를 내정했다. 도쿄제국대학 영문과 3학년 이었던 그는 다재다능한 청년으로 대마고등학교 교가를 작사 작곡하고 대마도지에 시를 기고했으며 유화를 잘 그렸다고 전해진다. 그가 폐번치현(廢藩置縣. 번을 새로운 중앙집권적 행정구역인 현으로 바꿈) 이후 재정적인 어려움을 겪자 후원자였던 사다코 왕후가 의도적으로 덕혜옹주와 맺어주었다. 이것이 대마도에 그녀의 결혼기념 봉축비가 있게 된 내력이다. 마치 조선의 왕녀로서 유린을 당한 덕혜옹주의 삶을 바라보는 것만큼이나 '결혼기념 봉축비'를 바라보는 마음이 쓰라렸다.

가이드는 그곳의 가옥의 구조를 면밀히 드려다 본 후, 기와의 막새에 삼파장의 무늬가 있는 점, 주춧돌 위에 기둥이 세워져 있는 점, 담장에 기와가 얹어져 있는 점…… 이 모든 것이 우리나라의 가옥의 구조와 흡사하다고 하면서 모두 우리나라의 문화의 영향을 받은 것이라고 말했다. 민속자료관에 들렀다. 거기에는 성신교린의 비가 있었다. 1607~1811까지 있었던 조선통신사의 내력에 관한 것들이 설명되어 있었다. 이러한 조선통신사는 임진왜란 이후에 시작된 것으로 알고 있는 사람들이 많은데 처음 시작은 조선 초기에 왜구의 침입이 빈번했을 때, 이를 무마하기 위해서 여러 번 있었다. 나의 시조 할아버지이신 충숙공 이예 선생의 경우도 바로 이때에 활약을 하신 분이다. 통신사가 1, 2, 3차까지는 회례사, 쇄환사 등으로 불렀다. 일본은 명치유신으로 더 이상 조선을 통한 대륙의 문물이 필요 없다고 느끼자, 통신사 행렬을 단절 시킨 것이다. 이때부터 일본은 서구의 문물을 적극적으로 수용하기 시작했다. 가이드는 지식이 해박해서 범종에 대한 설명도 이어 갔다. 용뉴, 음통, 당좌, 명동에 대한 설명을 하고 특히 음통은 필터 역할을 한다는 말도 했다.

우리는 어떤 신사 앞에 도착했다. 신사의 앞에 있는 토리이는 신성한 공간과 평범한 공간의 경계를 나타내는 것이라고 했다. 우리나라의 솟대와 홍살문을 합쳐진 형태라고 보면 된다고 했다. 하늘 '天'자의 모양을 하고 있으며, 그리고 그 앞에 있는 동물은 마치 우리나라의 '해태'처럼 보였는데 '해태'가 아니라고 했다. 일본말로 '코마이누'라고 하는데 여기서 '코마'는 '고려', '이누'는 개. 그래서 '코마이누'는 '고려의 개'라는 뜻을 가지고 있다고 설명했다.

신사를 나와서 우리는 그 곳에 멀지 않는 곳에 있는 마트에 갔다. 막 물건을 사려가려 할 즈음, 동희가 소변이 마렵다고 했다. 표정이 울상이 되어 있는 게 여간 다급해 보이지 않았다. 나는 지나가는 사람을 아무나 붙잡고 처음에는 '레스트룸(rest room)'이 어디 있느냐고 물었다. 그런데 무슨 말인지 도통 못 알아듣는 것 같았다. 다른 사람을 붙잡고 물어도 마찬가지였다. 내가 마지막으로 달려 간 곳은 계산대 앞에서 한창 물건을 계산하고 있는 여자 점원이 있는 곳이었다. '레스트룸'을 못 알아듣자, 다음으로 튀어나온 말이 '토일렛(toilet)'이었다. 그때서야 무슨 말인지 알아듣고는 물건을 계산하기 위해 기다리는 여성에게 양해를 구하고는 그 곳에서 한참을 걸어 나와 어느 구석진 곳에 있는 간이 화장실을 가리켰다. 동희를 재빨리

들여보내 놓고는 급하게 돌아서는 그녀를 향해 나는 몇 번이나 고개를 숙이며, '땡큐'를 연발했다. 길거리 포장마차에서 우리나라 풀빵과 비슷한 것을 팔아서 사 먹었는데 느끼해서 나의 입맛에는 맞지 않아 먹다가 버렸다.

이날 저녁, 우리는 숙소로 돌아왔다. 우리를 맞이하는 것은 끊임없이 들려오는 파도 소리와 뒷문을 열면 보이는 넓고 푸른 바다였다. 우리 가족은 일찌감치 잠자리에 들었다. 그때가 저녁 9시였다. 일찍 잠자리에 들었으니 역시 일찍 일어나게 되었다. 다음날은 25일, 금요일이었다. 우리는 모두 마당으로 내려서서 일출 구경을 했다. 날이 흐려서인지 작게만 보이던 해가 구름을 헤쳐 내자 휘황한 빛을 발하며 우리에게 제 모습을 드러내었다.

다음날, 아침 식사를 마치고 제일 먼저 달려 간 곳은 만선교(일본말로는 '만제키바시')가 있는 곳이었다. 육지의 침강에 의한 리아스식 해안이었다. 세계 최강을 자랑하는 러시아의 발틱함대는 그 해안에 숨어 있던 일본의 함대를 발견하지 못했다.

파도 거칠고 안개 자욱했던 1905년 5월 27일 새벽, 러시아 발틱함대가 접근하고 있다는 급보가 일본 함대 사령관 '도고'에게 전해졌다. 동아시아의 패자를 가르는 마지막 일전, 전운이 감돌았다. 8개월 전, 중국 뤼순을 향해 발트해 탈린을 출항한 발틱함대가 대서양을 거쳐 희망봉을 돌아 인도양 마다가스카르에 도착한 것은 1905년 1월이었다. 뤼순이 함락 됐으니 블라디보스톡으로 향하라는 전갈이 왔다. 한반도에 거의 다다랐을 즈음, 2만8천 8백km나 되는 항해로 연료는 거의 떨어졌고, 병사들의 몸도 지쳐 있었다. 발틱함대는 일본 함대가 진해만에 숨어 있는 줄도 모르고 블라디보스톡으로 질러가기 위해 폭이 좁은 대한해협을 선택했다. 러시아가 지구를 반 바퀴 돌아야 하는 발틱함대를 파견한 것은 그럴 만한 사정이 있었다. 동아시아를 관할하는 태평양 함대가 있었지만 뤼순과 블라디보스톡으로 나눠져 있는데다 뤼순은 일본 함대에 포위돼 있었고 '전함 포템킨'으로 유명한 흑해 함대는 국제협정에 묶여 다르다넬스 해협을 통과할 수 없었다. 발틱함대는 30여 척도 넘는 함선으로 편성됐지만 함선은 구식이었고 병사들도 주로 농민들로 구성돼 그야말로 오합지졸이었다. 이에 비해 일본은 맹훈련을 거듭하며 다가올 해전에 대비하고 있었다. 오후 1시 30분경, 포격전은 시작됐지만 속도, 화력 어느 것 하나 일본의 함대와 비교되지 않았다. 침몰 19척에 나포 5척, 4,800여 명이 전사하고, 6,100명이 포로가 됐다. 러시아 짜르 체재의 붕괴의 서막이었고, 신흥 제국주의 일본으로선 자신감을 바탕으로 대륙침략으로 이어지는 짧은 팽창시대의 출발이었다.(인터넷에서 퍼 온 글)

그저 끝없이 펼쳐진 바다가 평화롭기만 한데, 이곳에서 그런 치열한 전투가 있었다니 믿어지지가 않았다. 아내와 딸은 그 경치에 반해서 그저 기념 촬영하기에 여념이 없었다.

-아소만 사람들은 이곳에서 진주 양식을 주업으로 삼았습니다. 그런데 어느 날 중국의 값 싼 진주가 대량 수입되기 시작했습니다. 이곳 진주양식업자들은 하루아침에 쪽박을 차게 되었지요. 그래서 투신자살자가 늘어나게 되었는데 바로 그 자살 장소가 여기 '만제키' 다리랍니다.

가이드가 친절하게 설명해 주었다. 예전에는 치열한 전투로 인해 사람들이 죽어 나가고, 오늘날은 생업이 파탄이 나자 또 죽어가고……. 세월이 아무리 바뀌고 흘러도 변하지 않는 것이 있다. 그것은 산다는 것은 치열하고 처절한 것이며, 결코 만만하게 보아 넘길 것이 아니라는 점이다.

다음으로 이동한 곳은 와타즈미 신사. 어느 날 천신의 아들 히코호호데미노 미코토가 잃어버린 낚싯바늘을 찾으러 하늘에서 내려와서 이 궁에서 3년을 머물렀고, 해신의 딸인 도요타마히메를 아내로 맞았다고 한다. 토리이가 바닷가로 줄 지어 선 것이 특이 했다. 그런데 간조 때는 물속에 잠겨 있는 토리이까지 걸어갈 수 있다고 한다. 소나무가 한 그루 있었는데 마치 용틀임을 하는 것처럼 보였다. 해가 소나무에 걸리면 마치 용이 해를 물은 형상이 된다고 하였다.

아소만에 있는 한국전망대에 갔다. 날씨가 맑은 날은 한국의 거제도가 보인다고 했지만 우리가 간 날은 날씨가 흐려서인지 볼 수가 없었다. 그곳에는 통신사 조난 위령비가 있었다. 곳곳에 일본어와 한글이 병기 되어 있었다. 그만큼 우리나라 사람들이 많이 찾는 곳이기도 하겠지만 대마도인들의 배려라고도 볼 수 있었다. 여말선초에 왜구들이 삼도를 마구 침입해 약탈해 갔다. 그 왜구들 중에는 이곳 대마도인들이 많았다고 한다. 무엇보다 이곳은 산지가 대부분이고 농사짓고 살 땅이 없었던 것이 가장 큰 원인이지 않나 싶다. 우리가 대마도의 가장 번화가라고 할 수 있는 이즈하라의 혼마찌에 갔을 때에도 젊은 사람들을 찾아보기가 힘들었다. 고등학교가 하나밖에 없다는 것이 그것을 증명했다.

이날 오후 한국으로 돌아올 때에도 똑같이 씨플라워호를 탔다. 올 때 행여 멀미를 하지 않을까 지나치게 긴장한 탓일까? '배가 고개를 쳐들 때에는 숨을 들이 쉬었다가, 고개를 떨굴 때는 숨 내뿜어라.'라는 가이드의 말을 듣지도 않았지만, 언제 왔는지 모르게 배는 벌써 부산에 도착해 있었다.

우리 가족의 베트남 여행기

한 마디로 정리하자면 이번 여행은 결과적으로 가성비가 많이 떨어지는 편이었다. 그렇지만 아무 탈 없이 무사히 마친 것을 다행으로 여겨야 할 것이다. 베트남에 대해 많이 알게 된 것은 현지 가이드인 이정근씨의 덕분이다.

1월 9일 화요일

모든 준비를 끝내고 오전 10시 40분 유앤아이발 61번 버스를 탔다. 무슨 거창한 여행을 가는 것도 아니다. 주위의 이목이 부담스러워 내가 먼저 붉은색 캐리어를 끌고 유앤아이 아파트에서 타고, 집사람과 동희는 선우3차 정류소에서 탔다. 창기 쪽을 지나는데 하얀 눈이 흩뿌렸다.

노포동에 도착해서 내가 발권을 받는 동안 집사람과 동희는 화장실을 다녀와서 코감기가 있는 동희를 위해 약국에서 약을 지었다. 분명히 내가 가는 곳은 서울인데 고속버스 터미널에서 발권을 받지 않고 시외버스 터미널에서 발권을 받는 것이 이상하였다. 정확하게 11시 40분에 인천공항을 가는 경남고속 버스가 도착했다. 집사람이 리무진이 아니네, 라고 하니까, 그곳 직원이 왜 리무진이 아니냐며 항의를 하더라고 했다. 나는 지금도 그 버스가 리무진인지 아닌지를 알지 못한다. 버스는 금강휴게소(충북 옥천군 소재)에 딱 한 차례 섰다. 우리는 이곳에서 충무김밥과 어묵을 사서 버스 안에서 먹으며 점심을 대신했다. 이 휴게소는 예전에 슈퍼카미트에 있을 때, 서울과 부산을 출장을 가면서 몇 번 들르던 곳이라 친숙했다.

인천공항에는 4시 40분경에 도착했다. 원래 계획은 여유 있게 5시간 30분이 소요될 것으로 되어 있지만, 5시간 만에 도착했다. 우리는 3층 출국장 K카운터 앞, 고객대기실에 앉았다. 그리고 나는 빈 시간을 이용해서 입국해서 부산으로 돌아가는 날, 시간을 절약하기 위해 물어서 발권기 있는 곳을 찾고는 발권기를 통해 미리 발권을 했다. (이것이 두고두고 골머리를 썩게 할 줄은 몰랐다.) 그리고는 4층에 있는 푸드코트에 가서 비빔밥을 시켜 먹었다. 몸의 상태가 좋지 않은 동희가 2인분만 시킬 걸 그랬다며 말했지만, 나는 남으면 엄마 아버지가 먹을 수 있기 때문에 괜찮다며 3인분을 시켰다. 이곳이 서울이고, 공항청사 안이라는 것을 감안하면 그런대로 먹을 만 했다. 다시 K카운트 앞에서 가이드와의 미팅을 기다렸다. 미팅 시간인 8시가 다 되었는데도 주위를 둘러봐도 아무런 동태가 감지되지 않았다. 나는 문자메시지가 날아온 것을 보고 가이드에게 전화를 걸었다. 우리은행

앞이라고 했다. 나는 그 앞에 서 있겠다고 했지만 한참을 기다려도 아무도 나타나지 않았다. 다시 가이드에게 전화를 걸었다. 나중에 알고 보니 맞은편에도 우리은행이 있었다.(인천공항 청사 내 도처에 우리은행이 있었다.) 아랫니가 많이 비틀어진 젊고 예쁜 여자 가이드였다(나중에 알게 되었지만, 이름은 정승아, 나이는 30세). VJ(비에트젯 베트남 항공사) 수화물 위탁 소에 수화물을 맡겼다.(그곳 직원들은 VJ 항공사 유니폼을 입고 있었다. 그렇지만 한국어를 잘 구사했다. 그래서 그들이 한국인일 것이라고 추정했다.) 이때, 줄을 서서 기다리다 우리는 부산에서 올라온 두 부부와 만날 수 있었다(한 부부는 부인이 초등학교 교사인 듯 했고, 또 한 부부는 동의대 교수라고 자신을 소개했는데 그러고 보니 안면이 있었다.). 처음 함께 왔느냐는 나의 질문에 그들은 아니라고 했다. 그런데 나중에 짝을 지어 같은 룸에 들어서는 것은 것을 보고 저것은 무슨 상황? 하고 의문을 가진 적이 있었다. 알고 보니 네 사람이 함께 온 것은 아니고 부부끼리 왔다는 것을 그렇게 말한 것이라는 것을 알게 되었다. 정승아가 10시 30분 탑승이라고 했는데, 비행기 표를 보며 나는 10시 30분까지 탑승장까지 가면 된다고 그러고, 집사람은 10시 30분에 다시 모여 탑승장으로 같이 간다고 해석을 했다. 많은 점포가 문을 내린 상태여서 아이쇼핑을 할 수도 없었다. 우리는 그곳에 있는 전철을 타고 일찌감치 탑승장까지 이동을 했다. 그렇지만 일행 중 많은 사람들이 우리보다 먼저 와서 기다리고 있었다. 우리 앞 의자에 앉아 있던 러시아인 부부의 여자 아이인데 유난히 긴 다리가 인상적이었다. 우리가 볼 때에는 기형적이라 할 만큼 여위였고, 다리가 길었다. 10시 30분부터 탑승이 시작 되었고, 비행기는 예정 시각인 11시 20분보다 5분 빠른 11시

15분에 이륙하였다.

그동안 이용해 왔던 국내 비행기(대한항공, 아시아나항공, 에어부산)에 비해서 좌석은 뭔가 허술하고 좁고, 낡아 보였다. 한 눈에 아, 이런 것을 두고 저가 항공이라고 하는구나! 하는 것을 알 수 있었다. 동희는 창 쪽, 집사람이 가운데, 내가 내측으로 앉았다. 나는 창을 통해 바깥을 내다보면 뭔가 무서울 것 같았지만, 동희는 그 자체를 즐기는 듯, 아무렇지도 않아 보였다. 실시간으로 창 쪽을 향해 카메라를 터뜨렸다.(동희는 이번 여행에서 사진을 수천 장을 찍었다고 했다.) 확실히 예전보다는 비행기를 탑승하는 데서 오는 공포증이 훨씬 덜했다. 어쨌든 이륙할 때는 습관처럼 반야심경을 암송했다. 비행기의 굉음이 사라지고 어느 정도 안정권에 들어섰을 때, 붉은색 유니폼을 입은 여승무원이 커피와 음료수 등을 실은 수레로 통로를 지나고 있었다. 우리 오른쪽에 있던 한국인 아줌마들이 커피를 달라고 했다. 그 옆에 아줌마는 주스를 달라고 했다. 그런데 이 베트남 여승무원은 계속해서 “투달러, 투달러!”를 외쳤다. 한국인 아줌마들은 당연히 서비스인 줄 알았는데 돈을 달라고 해서 황당한 표정을 지었다. 그렇지만 결국은 이천 원씩, 사천 원을 주었다. 비행기가 아주 안정적으로 달릴 때에는 뭔가 비행하고 있다는 느낌을 전혀 갖지 않을 정도로 조용했다. 나는 자다가, 휴대폰에 저장된 메모를 보다가를 반복하며 시간을 보냈다. 분명히 베트남 다랏공항까지 5시간이 소요 된다는 이야기를 들었다. 그런데 일정표에는 11시 15분에 출발해서 새벽 2시 45분에 도착한다고 씌어 있었다. 그리고 비행기가 3시를 훌쩍 넘었는데도 도착한다는 안내방송이 없었다. 서투른 영어로 그곳 남자 승무원에게 물었다. “유어 와치, 포 포티 파이브” 내 시계로는 4시 45분에 도착한다고 말했다. 그때서야 베트남과 우리나라 사이에 2시간의 시차가 있다는 것을 알게 되었다. 다랏공항에 도착 시간은 현지 시각으로 4시 10분쯤 되었을 것이다. 그곳에서 출국 수속을 받는 동안 그곳 직원들의 복장을 유심히 봤다. 녹색 군복에 붉은색 견장을 달고 있었다. 여기가 사회주의 국가라는 것을 대번에 알 수 있었다. 밤에 내린 다랏공항은 사람이라고는 없고, 가게도 없어서 을씨년스러웠다. 검색대를 지나고 수화물을 찾았다. 그리고는 대기하고 있던 버스에 올랐다. 붉은색 현대버스였다. 휴대폰을 껐다가 다시 켜니 화면에 베트남 시계와 한국 시계가 두 시간 간격으로 동시에 떴다. 나는 손목시계를 두 시간 앞당겼다. 드디어 현지 가이드가 올라와서 마이크를 들었다. 그는 베트남 사람보다 더 새카맣고, 신장이 작으며, 목소리가 거칠어서 듣는 사람으로 하여금 짜증이 나게 했다. 다랏 시내를 지나서 버스는 어느 산골짜기를 휘감아 돌고 있었다.

-이 깊은 산속에 저런 화려한 건물이 있다는 게 신기하지 않습니까?

가이드가 그런 말을 했다. 멀리 휘황한 건물이 황색 빛을 발하며 우리 눈에 들어왔다. ‘스위스-벨 리조트 투옌 람 달랏 호텔’이었다. 아침 10시에 로비에서 만나기로 했다. 대충 얼굴과 손발만 씻고 잠자리에 들었다. 이때가 약 5시. 언제 잤는지도 모르는 집사람이 씻기 위해 일어난 시각이 6시. 겨우 1시간 정도를 수면을 취했다고 보면 된다. 물론 집사람은 그보다도 짧았을 것이다.

1월 10일 수요일

아침 식사로 이곳 안남미로 만든 밥을 먹었는데 역한 냄새가 났다.(아마도 강황 냄새인 듯) 빵과 우유, 커피로 식사를 마쳤다.

제일 먼저 버스를 타고 간 곳은 죽림정사. 버스에서 내리자 땅콩, 고구마, 옥수수를 파는 사람들이 우르르 몰려와 물건을 선 보였다. 붕어빵에는 붕어가 없듯이 죽림정사에는 대나무가 없었다. 사회주의 국가면서도 종교가 인정되는 나라. 남자만이 스님을 할 수 있으며 우리나라와 같이 스님들은 결혼을 하지 않는다고 했다. 타종하는 소리는 제 시각에 맞추어 하는 것일까? 아니면 손님들이 대거 몰려와서 하는 것일까? 스님은 쉼 없이 종을 쳤다. 한 법당에서만 종을 치는 것이 아니라 다른 법당에서도 종을 쳤고, 거기에도 사람들이 절을 하기에 여념이 없었고, 통 속에 돈이 수북하게 쌓여갔다.

그곳에서 케이블카를 타고 구릉을 지나 저 편 언덕에 닿았다. 우리 가족과 이정근씨(현지 가이드 나이는 50세 중반) 네 사람이 한 조가 되어 케이블 한 대를 탔다. 나는 처음 가이드의 앞에 앉았는데 가이드가 말하기를 자신의 옆에 앉아라고 했다. 나는 고집을 피우고 계속해서 처음 자리를 고수했다.

-이런 데에 오면 가이드의 말을 들어야 합니다. 거기에 앉아 버리면 사모님이 역주행을 하게 되니까 불편하잖아요?

라고 말했다. 그 친구도 문제가 많다. 처음부터 내가 그곳에 앉으면 집사람이 역주행이 되어 불편하다고 하면 될 것을 무턱대고 자리를 바꾸라고 하니, 누가 그 말을 듣나? 이후 이 가이드와 나는 계속

해서 꼬였다 풀리기를 반복했다. 그 곳 2층 건물에서 점심 식사를 하기로 되어 있었다. 숲 속은 온통 소나무 군락을 이루고 있었다. 우리나라 소나무가 낮고 옆으로 퍼져 있다면 이 나라의 소나무는 키가 크고 윗부분에 주로 가지가 뻗어 있었다. 저 멀리로 붉고 파란 지붕을 한 달랏 시내의 전경이 한 눈에 들어왔다. 멀리서 바라보는 경치는 항상 아늑하고 평화롭다. 우리나라처럼 거대한 아파트가 빼곡하게 들어차 있는 것과는 대조적이다. 구릉을 지날 때는 항문의 괄약근이 순간적으로 조여 오는 것을 느꼈다.

케이블카를 내려 그 건물 2층으로 올라가니 이미 식사가 준비 되어 있었다. 점심은 돼지고기 샤브샤브였다. 채소류는 무한리필이었다. 우리는 부산에서 올라온 퇴직자인 남편과 현직 여교사인 부인과 함께 자리했다. 그릇을 반을 쪼개어 한 쪽에서는 쉽게 물이 끓어올랐는데 다른 쪽은 기름이어서인지 잘 끓지를 않았다. 소스도 맛이 있어서 아침 식사에 비해서는 비교적 밥이 잘 넘어 갔다. 퇴직자는 그 곳에 파는 보드카를 한 병 샀다(한 병에 4천 원, 29도). 나만 가만히 있을 수 없어 나도 한 병을 샀다. 우리는 각자 주거니 받거니 반 병 씩을 비우고 나머지는 키핑을 했다. 식사를 마치고 얼마 후에 다시 버스를 타고 무이네로 향했다. 거리는 약 150km, 시간은 4시간이 걸린다고 했다. 시속 100km를 달리면 1시간 30분이면 족하다. 그런데 4시간이라니? 차를 달리면서 이해할 수 있었다. 차는 산길을 구불구불 돌았고, 도로는 아스팔트였지만 차선이 없는, 차 두 대가 겨우 교차할 수 있을 정도로 좁았다. 우리나라로 치면 읍내와 같이 제법 번화한 곳을 지나기도 하고, 대부분은 산길이었다. 길옆으로는 주로 커피나무가 심어져 있었다. 베트남은 세계 제 2위의 커피 생산국이라고 했다. 중간 휴게소에 차를 세웠다. 말이 휴게소이지 쓰러져 가는 오두막집이었다. 그곳에서 현지 가이드가 사 주는 커피를 마셨다. 베트남 사람들은 양철로 된 베트남식 핸드드립 기구 '핀'을 사용해서 커피를 내렸다(한 잔에 2달러). 커피 물이 잘 떨어지지 않아 우리는 뚜껑을 열고 위에 있는 커피가루를 마구 휘저었다. 커피 맛은 잘 모르지만 어쩐지 순하고 부드러운 것 같았다. 드디어 저 멀리로 바다가 바라다 보였다. 가이드는 그런 말을 했다. 이곳을 지나려면 저속으로 달릴 수밖에 없는데, 그 이유가 바로 저기 아름다운 경치를 구경하라고 그런 것 같다고 말했다. 가까이로 얕은 구름이 펼쳐지고 그 아래에 아스라이 육지와 바다가 맞닿아 있었다. 어디가 육지고 어디가 바다인지 그 경계를 알 수가 없는 한 폭의 그림이었다.

처음 간 곳은 화이트 샌드. 지프차와 오토바이 중에 우리 가족은 지프차를 선택했다. 지프차가 얼마나 오래 되었는지 앞 보닛의 뚜껑이 열렸다 닫혔다를 반복하며 들썩거렸다. 차는 우리 일행을 내려놓고는 금방 왔던 길로 되돌아 가 버렸다. 집사람과 동희는 사진을 찍기에 여념이 없었다. 그 곳 현지 아이들이 1달러 혹은 2달러를 받고 썰매를 빌려 주고 있었다. 말을 들어 보니 한국말을 했다. 그 처녀는 알맞은 키에 곱살한 얼굴을 하고 있었다. 주황색 얇은 원피스를 입고 있었는데 썰매 타는 것을 아주 즐거워했다. 두 다리를 벌리고 썰매의 앞부분으로 막으니 원피스를 입은 것이 그다지 문제가 되지 않았다. '저 아가씨는 한국의 유원지에서도 저렇게 즐거워 할 수 있을까?' 하는 생각이 들었다. 우리 가족이 셀카를 찍는데 나는 태어나서 그렇게 긴 나의 그림자를 본 적이 없다. 석양은 참으로 긴 우리들의 그림자를 만들어 놓고 있었다. 그 다음으로 간 곳이 래드샌드. 당초에 가기로 한 곳은 '요정의 샘'이라는 곳이었다. 그런데 일행 중 한 사람이 지금이 아니면 일몰을 볼 수 없으므로 래드샌드에서 선셋을 먼저 보는 것이 맞다고 제안을 했다.

-저는 여러분들이 화이트 샌드 사막에서 시간을 보냈기 때문에 이제는 물가로 가서 뭔가 휴식을 취하는 것이 맞다고 생각했습니다. 그런데 가만히 생각해 보니 이왕지사 이렇게 더위를 먹은 거니까 내친김에 좀 더 모래에서 시간을 보내고 요정의 샘으로 가는 것이 맞다는 생각이 들었습니다.

그야말로 이어령비어령이다. 썰매 타는 값 3달러를 가이드가 내겠다고 했다. 그렇지만 우리는 썰매를 탈 생각이 없었다. 그런데 아이 하나가 집요하게 언덕의 중턱까지 우리를 따라 왔다. 나는 아이가 불쌍하기도 하고 해서 그 썰매를 받았다. 그리고 돈은 가이드에게 받아라, 고 했다. 사막 위에서 바라보는 일몰은 과연 장관이었다. 나는 썰매 위에 무릎을 대고 지는 해를 동영상 촬영을 했다. 저 멀리로 일몰을 구경하려는 사람들의 모습이 역광에 의해, 무슨 그림자놀이를 하는 것처럼 보였다. 정승아씨(본사 가이드)가 나를 향해, "아주 예술혼을 불태우십니다."라며 아는 체를 했다. 드디어 모래 끝 저편으로 해는 사라지고 주위에 금방 어둠이 몰려오는 것을 느꼈다. 나는 제일 먼저 동희를 썰매에 타게 했다. 한 사람도 끌기 힘든 판에 집사람은 자신도 같이 타면 되지 않느냐고 했다. 나는 버럭 화를 내었다. 그렇게 동희를 한참 태워 주다가 나중에 집사람도 태워 주었다. 아무래도 두고두고 불만을 할 것 같아서였다. 버스에 가까이 와서 그 아이에게 썰매를 돌려주고 돈은 현지 가이드에게 받아 가라고 했다. 그런데 현지 가이드가 돈을 잘 주지 않자, 그 아이는 손가락으로 나를 가리켜서 나를 당황하게 만들었다. 그렇지만 나는 끝끝내 썰매 값 3달러를 주지 않았다. 나중에 다시 창밖을 보니 그 아이는 더 이상 보이지 않았다.

저녁 식사는 한국인이 운영하는 '용이네' 식당이었다. 가는 도중에 집사람은 연신 기침을 해대었다. 동희의 목감기는 완치가 되지 않는 상태였다. 처자식을 데리고 오니 안 해도 되는 이런 걱정을 해야 하는가 싶어서 불만이 터지기 일보 직전이었다. 저녁 식사는 회와 가리비, 홍합처럼 생긴 조개가 주류를 이루었다. 무엇보다 매운탕이 있어서 모처럼 맛있는 식사를 할 수 있었다. 잉어찜과 같이 생긴 것이 있었는데 그렇게 맛이 없는 고기는 처음이었다. 이날 저녁 집사람은 가재를 먹고는 알레르기가 생겨 애를 먹었다. 머리꼭지부터 근지러워지기 시작해서 얼굴에 붉은 반점이 툭툭 불거지는 것이었다. 오는 도중에 약국에 들러 약을 사려고 하니 이미 가이드가 먼저 와서 증세를 이야기 하고 약값을 지불한 상태였다. 가이드가 우리에게 성의를 베푸는 이유는 오직 한 가지. 나중에 쇼핑센터에 갔을 때, 물건을 많이 사 달라는 것이다. 그렇지만 그 속이 너무 빤히 보여 그로 인해 가이드와 나 사이에 두고두고 갈등을 빚었다.

이날 현지 가이드는 우리에게 호텔에서 여장을 풀고 밖을 나와 맥주를 마시는 코스를 제안했다. 많은 사람들이 갔지만 우리 가족은 집사람의 알레르기와 덮쳐오는 피로감 때문에 참석하지 않았다. 그 다음날 일출을 보고 '요정의 샘'으로 가기로 했다. 그렇지만 우리 가족은 이 모든 행사를 생략하고 아예 늦잠을 자기로 하고 그동안 못 다한 숙면을 취했다.

1월 11일 목요일

무이네 호텔에서 아침 식사를 하면서 바라본 바깥 풍경은 참으로 이국적이면서 아름다웠다. 늘 달력에 실려 있는 사진에서나 보아왔던 풍경 그 자체였다. 저 멀리로 쪽빛 바다가 펼쳐져 있고 노랑머리를 한 늘씬한 각선미를 자랑하는 비키니 차림의 백인 여성이 모래 해변에서 선팅을 즐기고, 바로 눈앞에는 나무와 짚으로 지은 오래된 전통 가옥이 서 있는 모습이었다. 이날도 예외 없이 빵과 우유, 과일, 샐러드 등으로 아침 식사를 했다.

로비에 9시까지 집합이었는데 막상 나가서 기다리니 가이드가 없었다. 다른 일행들이 전부 밖을 나갔으므로 우리 가족도 따라 나갔다. 그런데 나중에 뒤늦게 가이드가 나타나서 9시까지 로비에서 기다리라고 했는데 왜 밖을 나왔느냐고 말했다. 나는 화가 나서 우리더러 9시까지 오라고 했으면 가이드는 최소한 그보다도 10분 정도는 일찍 와 있어야지, 뭘 하느라 늦었느냐고 따지려고 했다. 그랬더니 집사람이 표정으로 내가 하려는 행동을 제지 했다. 달랏이 봄 날씨라면 무이네는 확실히 여름 날씨였다. 같은 나라에서 네 시간만 이동하면 봄과 여름을 동시에 느낄 수 있다는 사실이 참으로 부러웠다. 우리는 밖에서 버스 문이 열리기를 기다리면서 모두를 시원한 그늘에 몸을 숨기었다. 달랏이 해발 1,500 미터 이상의 고지대라면 무이네는 바로 해

변가이다. 우리 일행은 버스를 타고 다시 산과 언덕을 올라서 달랏으로 향했다. 바로 우리가 왔던 그 길이었다. 이번에는 다른 휴게소에 내렸다. 어떻게 앉다 보니, 부산에서 올라온 일곱 사람이 함께 모여 앉아 있게 되었다. 나는 이곳에서도 그동안 내가 해 오던 고민을 이야기했다. 당초 부산교총에서 보내온 안내지에는 마지막 날 달랏공항에서 출발한 비행기가 인천공항에 도착하는 시각이 9시였다. 우리 가족이 부산으로 내려가는 버스를 예약한 시각은 11시 30분이었다. 충분히 여유가 있었다. 그런데 출발 3일전에 보내온 안내지에는 도착시간이 10시 30분으로 앞당겨져 있었다. 뿐인가, 출발 2일전인가 보내온 최종 안내지에는 10시 50분으로 되어 있었던 것이다. 공항에서 입국 수속을 밟는데 최소한 1시간이 걸린다고 했다. 그렇다면 도저히 11시 30분 부산행 버스를 탈 수 없는 것이다. 어쩔 수 없이 예약 취소를 해야 했다. 그렇데 정승아씨의 말에 의하면 이미 발권을 받은 경우에는 취소가 안 되더라고 이야기 했다. 그 돈이 대략 4만 2천 원으로 적은 액수가 아니었다. 동의대교수라고 자신을 소개한 그 분의 경우도 나와 같은 일을 당해서 버스가 출발한 후에 취소를 하면 70%만 돌려받을 수 있다는 말을 했다. 눈을 뻔히 뜨고 4만 2천 원을 날리게 된 것이다. 정승아씨는 나에게로 와서 계속해사 본사 직원을 통하여 시도는 하고 있지만, 발권된 경우 취소가 힘들다는 이야기를 했다. 우리가 소지하고 있는 버스표를 복사해서 보내줬지만 그곳에서는 직접 표를 가져와야 된다고 이야기 하더라고 했다. 그렇다고 딸 같은 여자 아이와 싸우겠는가? 그것도 비싼 경비를 들여서 온 모처럼의 여행인데……. 그래서 이 문제의 경우는 집사람이 적당하게 알아서 하도록 미루었다. 그리고 정승아씨에겐 흥흥거리며 그저 알았다고만 했다. 인천공항에 도착했을 때 이미 버스는 떠나고 막상 잘 수 있는 숙소가 없는 경우를 생각하니 난감했다. 그래서 정승아씨에게 공항 근처에 있는 가성비가 높은 호텔을 부탁했다. 그것도 처음에는 10만 원 정도였다. 나중에는 수수료 운운하며 14만 원이라고 했다.

다시 달랏으로 돌아왔다. 그곳에서는 달랏의 랜드마크인 기차역 관광을 하는 곳이었다. 집사람과 나는 여기에서 기차를 타느냐 마느냐를 가지고 실랑이를 벌였다. 기차를 한 번 타는데 비용이 무려 60달러 우리 돈 6만6천 원이었다. 한 마디로 가성비가 너무 떨어지는 코스였다.

-그럼 기차를 타지 않는 사람들은 뭘 합니까?

-그냥, 버스 안에서 기다려야죠.

현지 가이드 이정근이 말했다.

-아니, 기차를 타지 않으려는 사람은 별도의 관광 코스를 만들어야지 무작정 버스 안에서 1시간 30분에서 2시간까지 기다리도록 하면 어떻게 하느냐?

-그게 패키지여행의 단점이라고 말할 수 있겠지요.

나는 집사람에게 말했다.

-나는 타지 않겠다.

-다른 사람 다 타는데 우리만 안타면 어떻게 하느냐? 신혼여행 갔을 때에도 우리만 뭘 안 하니까, 두고두고 후회가 되더라. 당신은 늘 그런 식이다.

동희는 타도 그만, 안 타도 그만이라고 했다.

-여기서 타고 싶은 사람은 결국 당신밖에 없질 않느냐? 여기서 탄다면 당신을 위해서 타는 것이다.

-당신은 말을 꼭 그런 식으로 한다.

그렇지만 할머니 여섯 분을 빼고는 다들 열차를 타러 나섰기 때문에 우리 가족도 휩쓸려 탈 수밖에 없었다. 이따금 증기열차에서 내는 꽥꽥거리는 기적 소리도 결국 녹음된 것이었다. 그렇다고 열차 밖의 풍경이 색다른 것도 아니었다. 드디어 도착한 곳은 용사원(이름이 '용'이라는 것을 한참 동안 인터넷 검색을 해서 알게 되었다.)

※ 용사원 : 베트남 관광지 달랏 불교사원 용사원은 아름다운 곳입니다. 우리에겐 영원히 기억될 추억의장소로 남겨질 달랏의 용사원도 오늘 담습니다. 불교사원 용사원은 예술작품으로 보입니다. 사원 전체가 아름다움으로 조각타일로 비잔티움예술기법, 모자이크 타일, 도자기, 유리, 맥주병을 조각조각 붙여서 무늬나 그림을 만들어 표현한 모자이크기법으로 만들어진 탑. 내부와 건물3동의 모습은 예술작품입니다. 용사원의규모는 3동이며 탑6층높이입니다. 어마어마함에 놀랄 뿐입니다. 베트남 관광지 달랏의 소중한 보물인 것 같습니다.(인터넷에서 퍼 온 글)

같은 곳을 경험하더라도 사람에 따라 수용하는 정도가 이렇게 달라질 수 있다. 내가 볼 때는 그저 밋밋하기 짝이 없었던 절의 정경이 다른 누구에게는 이렇게 감동으로 다가설 수 있다. 나는 그 곳 지하에 만들어진 지옥세계가 오히려 충격으로 다가 왔다. 해골 형상을 한 것끼리 서로 맹렬하게 싸우는 모습이 곳곳에서 나타났다. 그렇지만 그 곳에 간 사람은 우리 일행 중에는 거의 없었던 것 같다.

용사원을 나와 버스를 타고 다시 간 곳은 '사랑의 계곡'이라는 곳이었다. 거의 모든 곳에 하트 모양이었다. 통과하는 문도 꽃으로 장식된 하트였고, 곳곳에 서 있는 장식물도 모두 하트였다. 미로로 된 나무 사이를 한참 동안 헤매었다. 그러다가 나오는 길에 승마를 할 수 있는 곳이 있어서 얼마인지 물으니 십만 동(우리 돈 약 5천 원)이라고 했다. 집사람에게 돈을 얻어서 내가 제일 먼저 탔다. 그 다음에는 집사람과 동희가 동시에 타려고 했는데 그들이 동희를 번쩍 안아서 태우고는 말을 출발 시켜 버렸다. 한 푼이라도 더 벌고 싶은 욕심에 집사람은 별도로 또 한 마리의 말에 태우려 했던 것이다. 집사람은 기분이 나빠서라며 타지 않았다. 동희는 말을 타고 가면서 열심히 셀카로 사진을 찍었다. 나는 말에서 떨어질까 앞에 있는 손잡이를 두 손으로 꼭 잡았다. 이번 여행을 하면서 나는 겁이 많았고, 매사에 조심을 하는가 하면 오히려 동희는 매 장면과 순간을 즐기는 모습이었다. 그러나 조심을 해서 나쁠 것은 없다. 내가 비행기를 타다가 사고가 날 수 있다는 이야기를 하려고 할 때 집사람과 동희는 말이 씨가 된다며 하지 말라고 했다. 그렇지만 비행기에 오르면 제일 먼저 재난에 대비하는 예행연습을 시범적으로 보여준다. 그것이 무얼 의미하는가? 사고가 언제 어디서든 생겨날 수 있다는 가능성을 보여 주는 것이다. 그리고 그것은 사실이다. 물론 그렇다고 해서 그 두려움 때문에 옳은 관광을 하지 못한다며 그 또한 문제가 되겠지만. 그곳에서 촬영을 하다가 나오는데 현지인으로 보이는 청년이 나를 향해 함께 사진을 찍자고 했다. 나는 처음에 그 친구가 사진을 찍어 달라고 하는 줄 알았는데 그게 아니었다. '아리가또-'라고 말하는 것으로 보아 나를 일본인으로 알았던 모양이다.

'사랑의 계곡'을 나와 버스를 타고 얼마 가지 않아, 마사지를 하는 곳이 나왔다. 이번 여행에서 내가 기대가 컸던 장소였다. 도대체 마사지를 어떻게 하기에, 1시간 30분 동안을 하는지……. 그리고 그동안 탁구를 치느라, 어깨가 뻐근했기 때문에 마사지를 하면 상태가 많이 호전되지 않을까 하는 기대감이 있었다. 동희는 갑자기 나에게 마사지를 받지 않으면 되지 않겠느냐고 물어 왔다. 나중에 집에 와서 그 이유가 무엇인지 물어 보니까, 가이드의 설명을 듣는 순간, 갑자기 두려워졌다는 말을 했다. 칸을 가로 질러 커튼이 쳐져 있었다. 이쪽 편에는 남자들이 나란히 눕고 저편에는 여자들이 나란히 누웠다. 남자들이 하는 말소리는 또렷하게 들렸고 심지어 여자들이 한 번씩 내뱉는 말도 여기에서 다 들렸다. 내가 누워 있는 왼쪽으로 네 칸은 아예 커튼이 치워져 있었다. 젊은 여자들이 들어서자 수컷 본능이 발동하는 것 같았다. 내 왼쪽으로는 마사지를 하는 아가씨가 아예 옷을 다 벗어 버리라고 하는 모양이었다. "서려고 하면 때려서 눕혀 버리고, 이게 뭣 하는 짓이야?"하고 누군가가 소리를 질러서 우리는 모두 웃었다. 내 바로 옆에 같이 부산에서 올라온 퇴직자이신 분은 고단한지 마사지를 시작하고 얼마 되지 않아 코를 골았다. 나에게 온 아가씨는 몸체가 작고 예쁜 얼굴을 하고 있었다. 아마도 내 체구가 작으니까, 나를 선택한 것 같았다. 아닌 게 아니라, 나는 마사지를 마치고 난 다음에도 그렇게 시원하다는 느낌을 받지 못했다. 정승아씨 말처럼 처음부터 세게 해 달라고 주문을 했더라면 어떻게 되었을지 모른다. 나는 마사지를 받으며, 주위 사람들에게 그렇게 말했다.

-어쨌든 이 아이들도 불쌍한 아이들입니다. 내가 어렸을 때, 지금 서면 롯데 캐슬 정문 앞쪽은 모두 복개되기 전이었습니다. 그곳에 개

천 옆으로 미군 전용 바가 즐비해 있었습니다. 벌건 대낮에도 미군 검둥이가 한국인 여자 둘을 양쪽에 꿰어 차고 비틀거리면서 걸어가는 모습을 여러 번 보았습니다. 하루는 학교를 다녀오다가 그곳 도랑에 오줌을 누고 있는데 흑인 검둥이도 같이 오줌을 누는 걸 보았어요. 나는 흑인의 그것이 영락없는 다리인 줄 알았어요. 내 것과 비교를 했을 때, 정말 거대했습니다.

-서면 롯데캐슬 어디요?

-옛날 원풍타이어가 있던 자리요.

-그래, 그곳은 예전에 미군 전용 술집이 있던 곳이 맞아요. 그것도 다리는 다리지 뭐.

내 왼쪽 옆에 누워 있던 부산에서 올라온 퇴직자는 그렇게 말했다. 내 오른쪽에는 커튼이 쳐져 있어서 볼 수가 없었지만, '캔 유 스피커 잉글리시?'라고 묻고 베트남 여성은 나름대로 영어로 대답해 기본적인 대화가 가능한 것을 알 수 있었다. 나를 담당한 아가씨는 영어를 전혀 할 줄 몰랐다. 겨우 소통해서 알 수 있었던 것은 나이는 스물다섯이고, 고향은 하노이라는 정도였다. 신체 접촉이 거의 없으면서 그렇게 길게 마사지를 할 수 있다는 사실이 신기했다.

이날 저녁은 달랏 시내에 있는 한국인 식당에서 삼겹살을 먹었다. 집사람과 마주 앉으려다 동희에게 양보하고 나는 초등학교 여교사 부부의 앞에 앉았다. 그 여교사는 아주 삼겹살을 잘 구웠다. 마늘을 듬뿍 섞어서 정말이지 배부르게 먹었다. 나는 가스 불을 올리라고 하면 올리고, 내리라면 내리고 하는 역할만 하면 되었다. 초등학교 3학년 정도로 보이는 아이가 아주 심부름을 잘 했다. 성이 무엇이냐, 고 물으니 강씨라고 했다. 본관이 진주였다. 그 아이의 어머니가 앞에 서 있었는데 보기에도 수수하고 선해 보이는 인상이었다. 나뿐만 아니라 많은 사람들이 그 아이에게 천 원짜리나 혹은 일 달러, 만 동을 주었다. 그 아이는 신이 나서 더욱 열심히 채소나 쌈장을 날랐다. 단 한 가지 아쉬움이 있다면 자판기 커피가 없다는 것.

1월 12일 금요일

저녁에 다시 이 '스위스-벨 리조트 투옌 람 달랏 호텔'로 돌아와서 다시 숙박을 하여야 했으므로 모처럼 캐리어를 따로 싣지 않고 맨몸으로 로비에 모였다. 조식은 물론 서구식으로 빵과 샐러드, 과일과 커피였다.

처음 들른 곳은 '랑비앙산'이라고 불리는 곳. 다랏 중심에서 약 12km 정도 떨어져 있는 다랏의 유명한 여행지였다. '랑비앙'이란 베트남어로 '남과 여'를 뜻한다고 했던가? 이 산의 정상의 높이는 무려 2,169m. 우리는 지프차를 타고 정상으로 향했다. 나는 그 곳에서 2 달러를 하는 커피를 사 먹으며 갈증을 풀었다. 철모를 쓰고 지프차를 타고 기념 촬영을 했다. 산 아래로 안개가 밀려가면서 저 아래로 마을과 산이 한 눈에 들어오다가 또 한 순간 안개가 자욱하게 깔리면서 아무 것도 보이지 않게 되는 신기한 장면을 연출했다. 그곳 기념품 가게에서 이리저리 기웃거리면서 살 만한 물건이 있는가, 둘러보았는데 아무리 봐도 살만한 물건이 없었다. 그래서 만 동을 주고 피리 소리가 나는 호각을 하나 샀다.

다음 들른 곳은 '크레이지 하우스'라는 곳이었다. 인공으로 만든 동굴을 들어서면 그 곳에 방이 있었다. 정말 그 곳에 살고 싶은 아늑한 분위기가 물씬 묻어나는 그런 곳이었다. 누군가가 그랬듯이 크레이지 하우스에서 내려다 본 달랏은 그야말로 단정하면서도 아름답고 우아했다. 한 사람이 겨우 통과할 수 있는 좁은 길을 두 사람이 교차할 때면 아래가 아찔하게 다가오며 괄약근이 조여 오기도 했다. 그곳에는 동양인보다는 오히려 백인인 서양인이 더 많았는데 그들의 말씨를 들어보니 주로 러시아 계통의 슬라브족처럼 보였다. 특히 여성들의 경우 상의를 겨우 젖꼭지만 가리고 걷는 여자들도 있어서 노출증이 있는 것은 아닌가, 의심이 되었다.

그 다음으로 들른 곳은 베트남의 마지막 황제가 머물던 별장이라고 했다.

※ 바오다이(베트남어: Hoàng đế Bảo Đại, 1913년 10월 22일~1997년 7월 31일)는 베트남 응우옌 왕조의 마지막 제13대 황제(재위: 1925년 11월 13일(정식 즉위는 1926년 1월 8일)~1945년 3월 11일)이자 베트남 안남 왕조의 마지막 제2대 왕이며 베트남 제국의 황제(재위: 1945년 3월 11일~1945년 8월 23일)이고 베트남국(베트남 공화국)의 국가주석(재임: 1949년 6월 13일~1955년 4월 30일)이다. 재위기간 중 프랑스와 일본의 식민통치 하에서 형식적으로 제위를 유지하였다. 1945년 8월 일본의 패전과 동시에 퇴위하여 호찌민의 임시정부의 고문이 되었으나, 1946년 홍콩에 망명하였다. 종전 뒤 바오다이는 다시 베트남에서 패권의 발톱을 드러내던 프랑스의 지원으로 남베트남의 베트남국의 국가 원수(元首)가 되었으며, 1949년

프랑스와 조약을 맺고 통치권을 인정받지만, 1955년 미국의 지원을 받은 총리 고딘디엠(吳廷琰)이 국민투표를 통해 왕정을 폐지하자 프랑스로 망명했다.(인터넷에서 퍼 온 글)

황제의 별장이라는 것이 그랬다. 우리나라의 고종황제도 마찬가지지만 당시로서는 화려 했을지 모르나 지금의 실정에서 보면 장소도 협소하고 여러 가구도 그다지 화려하지 않다. 그저 부유한 한 개인의 별장, 그 이상이 아니라는 생각이 들었다. 누군가가 '바오다이'가 누구냐고 물었을 때, 중국의 마지막 황제 '부이'라고 답했다. 몰락한 왕조의 그 뒷모습을 보는 것처럼 쓸쓸한 일이 또 있을까? 나는 한시바삐 그곳을 빠져 나오고 싶었다. 기념품과 의류를 파는 상가를 통해 밖을 나왔는데 상가의 물건 또한 조잡하다는 느낌을 떨칠 수가 없었다. 방광이 차서 안내소에 화장실이 어디냐고 물어 겨우 볼 일을 보고 나오니 왼 여자가 5천 동(오백 원)을 달라고 해서 주었다. 그런데 현지 가이드가 뭣 하러 돈을 줬느냐고 줄 필요가 없다고 말해서 속았구나 싶어서 씁쓸했다. 옷매무새와 생긴 모습이 비교적 깔끔해 보이는 여남은 명의 남녀가 그 곳에서 요플레 같은 것을 시켜 먹으며 끊임없이 웃으며 대화를 나누고 있는 모습이 인상적이었다. 그들은 그렇게 웃다가 한 순간 또 다시 버스를 일시에 타고는 바람같이 사라졌다. 식사는 다탄라 폭포가 있는 어느 식당에서 먹었다. 그곳에서도 우리나라의 미나리 무침과 비슷한 음식이 나왔는데 인기가 좋았다. 현지식에서 대부분 빠질 수 없는 것이 샤브샤브였는데 이곳도 예외가 아니었다. 나는 부산에서 올라온 퇴직자 분이 주는 소주를 한 잔 얻어 마셨다. 난간에 기대어 관광객들이 오가는 모습을 보면서 맛있는 점심을 먹으니 행복감이 몰려 왔다. 식사를 끝내고 우리 일행 중 몇몇 연세 많으신 할머니만 빼고 모노레일을 탔다. “운전면허를 가지신 분은 모두 운전하실 수 있습니다.”라는 현지 가이드의 말을 믿고 집사람을 앞에 앉히고 내가 레버를 전후로 움직이며 운전을 했다. 하나도 무섭지 않았고 오히려 재미있었다. 우리 뒤에 오던 미끄럼차가 오히려 운전을 잘못해서 여러 차례 우리 차를 들이 박았다. 동희는 정승아씨와 한 조가 되어 미끄럼차를 탔다. 폭포 앞 상점이 있는 곳에 개 한 마리가 잠을 자고 있었다. 사람들이 마구 밀려 와서 북적대고 있는 데도 개는 잘도 잠을 잤다. 마치 세상의 모든 시름을 잊고 무념무상의 세계에 도달한 선승과도 같은 자세였다. 하도 신기해서 나는 여러 장의 사진을 찍었다. 시간적인 여유가 있었으므로 우리는 다리를 건너 폭포 바로 아래까지 가서 사진 촬영을 했다. 그리고 다시 왔던 길로 돌아오다가 여러 가지 기념품을 파는 곳에 젊은 청년이 어설픈 솜씨로 기타를 치고 있었다. 순수한 마음이 나에게까지 전달되는 것 같아 양해를 구하고 둘이서 기념사진을 찍었다. 모노레일은 내려올 때와는 달리 올라갈 때는 단숨에 도착했다. 우리가 출발했던 곳에 다시 도착했을 때, 우리의 모습을 찍은 사진을 코팅해서 우리에게 4만동에 팔았다. 우리 부부는 우리를 찍은 사진은 물론 동희와 정승아씨를 찍은 사진도 함께 샀다. 가격대비 상품을 볼 때에 썩 괜찮다는 생각이 들었다.

‘진흙공원’이라는 곳에 들렀다. 늘 사 먹는 고구마이지만 그 곳에서 하나를 사서 반을 쪼개서 집사람과 내가 나누어 먹었다. 한국의 고구마와 하나도 다를 바가 없었다. 먼 이국에 와 있는 것이 아니라,

우리 가족이 한국의 어느 공원에 와 있다는 느낌이 들 정도로 주변의 경관이 너무나 익숙했다. 곳곳에 진흙으로 만든 조형물들이 있었는데 열차, 용, 피아노…… 등이 눈에 띄었다. 집사람과 동희는 마치 경쟁을 하듯 다투어 가며 사진을 찍기에 여념이 없었다. 우리 나올 때 쯤, 고등학생들로 보이는 많은 젊은이들이 몰려 왔다. 일찌감치 철수하기를 잘 했다, 싶었다.

또 다시 차로 이동을 해서 도착한 곳은 도심지 한 복판에 있는 '쑤언흐엉 호수' 옆에 꽃마차가 있는 곳이었다. 우리 일행을 실은 마차가 줄 지어 도로를 질주하자 뒤에 오던 버스가 추월을 알리는 경적을 울리었다. 그럼에도 불구하고 말은 당황하는 기색 없이 꿋꿋하게 앞만 보고 달렸다. 말이 불쌍하다는 생각이 들었다. 편자(말징)를 달았다면 흙길을 걸어야 할 텐데 아스팔트를 달리자니 얼마나 힘들겠는가? 분명 도로를 달리면 버스가 불편할 텐데도 관광수입이 뭐라고 아무도 불평을 하지 않는 모습이 신기했다. 호숫가에 나무 장작불을 피우고 우리 버스의 운전기사와 베트남인 가이드인 우엔(25세)과 말을 관리하는 마부와 불 옆에서 도란도란 이야기를 나누는 모습이 정겹게 다가섰다. 왜 그랬을까? 가이드의 말마따나 저 모습은 어쩌면 30년 전의 우리의 모습일 수도 있었기 때문이다.

다랏에서 가장 큰 성당은 버스 안에서 구경했다. 가이드인 이정근 씨가 우리에게 양해를 구했고 우리는 기꺼이 그러자고 했다. 차 안에서 보니 마침 성당 문이 열려 있었고 미사가 한참이었다. 이곳 다랏은 프랑스 선교사들의 영향으로 일찌감치 카톨릭이 뿌리를 내린 곳이라 했다.

마지막 저녁 식사를 한국식당에서 했다. 그리고 우리 일행이 달려간 곳은 다랏 야시장이었다. 이곳에서 동희는 목걸이를 샀고, 집사람은 지갑을 샀다. 목걸이를 파는 곳에는 'You can write your name, on the rice'라고 씌어져 있었다. 동희가 아버지 저 "라이스'가 쌀을 뜻하는 것 맞죠?"하고 물어왔다. 나는 "어떻게 쌀 위에 글을 쓸 수가 있겠는가?"하고 부인을 했다. 동희가 4만 동을 주고 목걸이를 갖고 싶어 했으므로 우리는 앉아 있는 여인에게 동희의 이름을 써주고 목걸이를 만들어 달라고 주문을 했다. 그 여인은 무릎 위에 쌀알을 눕히고는 'Dong Hee'라고 분명하게 써 넣었다. 실로 탄복할 노릇이었다. 동희는 설마 했는데 정말 자신의 이름으로 목걸이가 만들어지자 매우 만족했다. 7시 30분까지 버스가 있는 곳으로 돌아와야 했으므로 우리는 야시장을 빙 둘러 보고는 부리나케 롯데리아 앞에서 있는 버스로 돌아왔다. 그런데 일행 17명을 모아서 온 서울 아줌마들의 총무가 1만 3천 원짜리 운동화를 사서 자랑을 했고 나이든 할머니들이 자신의 것들도 사 달라고 했다. 정승아씨가 가려면 택시를 타고 올 생각을 하라고 해도 막무가내였다. 8시가 넘도록 그 사람들은 돌아오지 않았다. 그 사이 이정근씨는 여러 가지 쓸 데 없는 잡다한 이야기를 늘어놓았다. 나의 방광은 오줌이 차서 터져 나갈 것 같았다. 드디어 참지 못한 내가 버럭 소리를 질렀다.

-도대체 언제 갈 거요?

라고 했더니 이정근 자신의 화를 억누르기 위함인지 얼른 말을 중단하고 자신의 자리로 돌아갔다. 그래 놓고 잠시 후에 신발을 사러 갔던 아줌마들이 우르르 "죄송합니다."를 연발하며 버스에 올라탔다. 호텔로 돌아오자 나는 화장실을 찾기에 급급했다. 그랬는데 동희가 더 급했는지 나보다 먼저 화장실로 들어갔다. 그렇게 해서 달랏에서의 마지막 밤은 깊어 갔다.

1월 13일 토요일

드디어 4박의 과정이 끝나고 오늘이 마지막 날. 조식을 끝내고 8시 30분까지 로비에 집합이었다. 그 전날, 룸을 나오면서 팁을 두고 나오지 않아서 그런지 비누도 쓰던 것 그대로이고, 수건도 사람은 세 사람인데 한 장이 모자랐다. 우리가 주고 싶지 않아서 안 준 것이 아니고 깜박한 것이다. 이날 나오면서 천 원짜리 한 장과 쓰다 남은 베트남 돈 4천 동을 두고 왔다.

버스에 승차 했을 때, 현지 가이드가 "346호 어느 분이십니까?" 하고 물었다. 내가 손을 번쩍 들었더니, "티스푼이 하나 없어졌다는 것이었다." 나는 우리가 티스푼 그런 싸구려를 가져올 이유도 없거니와 그 전날 비누를 비롯해서 여러 가지 제공하는 물품들이 턱없이 빠져 있다는 것을 강조했다. 내 말을 들은 가이드는 다시 버스를 내려 호텔 로비를 다녀왔다.

-어떻게 해결은 잘 되었습니까?

-제가 그렇게 이야기 했죠? 한국에 가면 그런 티스푼은 정말 흔해 빠진 싸구려다. 손님이 가져갈 이유가 없다. 만약 손님들의 가방을 검색하다가 공항 시간이 늦어져서 어떤 피해를 입게 된다면 그 모든 책임을 당신네들이 질 거냐? 하고 말했더니, 아무 말도 못 하더라고요.

나는 잘했다고 칭찬해 주었다. 이날 처음으로 우리가 들른 곳은 커피를 판매하는 곳이었다. 커피점 사장은 장사를 할 줄 아는 사람이었다. 퀴즈를 내고 그것을 맞춘 사람에게 1만5천 원에 해당하는 위즐렛 커피를 상품으로 내걸었다. 집사람도 맞춰서 한 개를 얻었다. 물론 그렇게 되기까지 내가 바람잡이 역할을 한 것도 있었다. 이곳에서 사람들은 정말 커피를 많이 사는 것 같았다. 나는 1만5천 원 하는 위즐렛 커피가 모두 6개 들어 있는 9만 원 짜리를 커피 묶음을 70불인 7만7천 원에 샀다. 그리고 2만2천 원을 하는 망고가 든 봉투 한 개를 샀다. 우리가 이 집에서 사용한 돈은 모두 9만9천 원이었다. 그런데 다른 사람들은 쇼핑백에 한 가득씩 커피를 사는 것을 보았다. 동희가 이때, 심하게 항의 했다. 이 집에서 무슨 십만 원에 가까운 돈을 쓰느냐? 아버지는 커피를 사 놓으면 정말 다 먹을 수 있느냐? 하는 식이었다. 나는 동희에게 그렇게 이야기 했다. 네가 이렇게 화를 내는 것을 보니 아버지는 정말 기분이 좋다. 네 몸에도 어느 새 절약정신이 배어 있다는 것을 확인했기 때문이다. 그렇지만 이 커피는 아버지가 충분히 먹을 수 있으니 너무 걱정 말아라, 는 식으로 이야기 해 주었다.

커피 판매소를 나와서 자수하는 곳에 가서 구경을 했다. 자수를 놓은 것이 아니라 마치 그림을 그려 놓은 것 같았다. 싸게 파는 것은 7~8천 원만 주어도 하나 구입할 수 있었다. 그렇지만 동희 말마따나 집에 어디 갖다 놓을 데가 없다. 구경만 잘 하고 그냥 왔다. 그곳에서 일하는 여성들은 모두 아오자이(롱 드레스)를 입고 있는 것이 특이 했다.

점심을 먹으러 한국식당에 갔다. '제육볶음'이 주 메뉴였다. 정말

인기가 좋았다. 물티슈를 달라, 상추를 더 달라, 손님들의 성화가 빗발 쳤지만, 그곳 직원들은 미처 손님들의 요구사항을 제 때에 맞추지를 못해서 허둥대는 것 같았다. 그럼에도 불구하고 맛있게 잘 먹었다. 동희도 밖을 나와서 활동을 해서인지 밥 한 공기를 '뚝딱-'하고 해치웠다. 버스 문이 열리기를 기다리며 우리는 그 주변을 얼쩡거리고 있었다. 그때 동희가 갑자기 베트남 청년인 우엔과 사진을 찍고 싶다고 했다. 제일 먼저 우엔, 동희, 정승아 세 사람이 사진을 찍고 바로 옆에 집사람이 있어서 섭섭할 것만 같아 네 사람이 다시 한 컷을 했다. 우엔은 올해 스무 다섯 살 된 베트남 청년이었다. 키가 크고 사람이 순하고 착해 보였다. 문제는 담배를 너무 피워대는 것이었다. 족히 하루 한 갑은 넘게 태울 것 같았다. 베트남의 평균 결혼 연령이 몇 살인지 모르기 때문에 나는 결혼을 해야 되지 않느냐고 물었다. 그랬더니, 아직은 아니라고 했다. 왜 그러냐? 돈 때문에 그러냐? 고 물었더니, 그렇다고 했다.

드디어 다랏공항에 도착했다. 점심을 먹고 커피를 마시지 않았기 때문에 집사람더러 거기 상점에서 커피를 한 잔 사 달라고 했다. 내 수중에는 돈이 한 푼도 없었다. 한참을 이야기해도 말이 통하지 않는지, 나를 불렀다. '원 달러'를 베트남 사람들은 '원 룰러'라고 발음을 했다. 그러니까 알아들을 수가 없는 것이 당연하다. 나는 집사람에게 2천 원을 얻어서 같이 온 일행들 중에 한 사람에게 달러로 바꾸었다. 그리고 드디어 그곳 상점에 놓여 있는 테이블에 앉아 폼 나게 커피를 마실 수 있었다. 그곳 청년은 '웜 워터(따뜻한 물)', '슈거(설탕)'이라는 말도 못 알아들었다. 그나마 여직원들이 눈치 빠르게 알아듣고는 제때에 갖다 주었다. 마침 정승아씨와 마주쳐서 우리들은 버스비를 백 프로 환불 받을 수 있는지를 물었다. 정승아는 본국에 있는 직원과 계속 통화를 하고 있지만 아무래도 어려울 것 같다는 말을 했다. 2시 40분부터 출국 수속절차를 거쳤다. 비행기는 3시 20분 비행기였던 것으로 기억이 난다.

비행기 안에서도 내내 머리를 싸매고 고민을 했다. 만약 고속버스를 탈 수 있는 11시 30분 이전에 도착해서 출국 절차를 마치고 나오면 어떻게 할 것인가? 버스를 타고 바로 내려오나, 아니면 이미 예약된 호텔에서 하룻밤을 더 자나? 하는 것이었다. 그런데 정승아 말에 의하면 호텔 예약을 10만4천 원이라는 저렴한 가격에 예약할 수 있었던 것은 취소를 하지 않는다는 조건이었기 때문에 가능했다는 거였다. 내가 나중에 한국에 도착해서 집에 있는 컴퓨터로 알아보니 정말이지 예약취소가 안 되는 그런 호텔이 더러 있다는 것을 알게 되었다. 비행기를 타고 다랏으로 올 때와는 달리 한국으로 갈 때에는 잠이 전혀 오질 않았다. 그 전날, 호텔에서 충분히 수면을 취했기 때문이다. 우리 가족은 짧은 지식으로 그동안 베트남에 대해서 배운 지식으로 퀴즈풀기를 했다. 주로 내가 문제를 내고 집사람과 동희가 맞추는 방식이었다. 기내 방송을 통해서 “잠시 후에 착륙을 하겠습니다.”라는 방송을 했다. 그때가 한국 시각으로 9시 30분이었다. 그렇다면? 충분히 부산으로 내려가는 버스를 탈 수 있다. 그런데 어쩐 일인지 비행기(BJ-Biet Jet)는 계속해서 인천공항을 선회하고 착륙은 하지 않는 것 같았다. 너무 일찍 도착해서인지, 아니면 저가항공이라 대한항공이나 다른 메이저급 항공사에 밀려서인지 착륙을 미루고 있는 것 같았다. 그리고는 기어코 예정시간인 10시 30분을 채우고서야 착륙

했다. 입국 절차는 간단했다. 여권 확인만 하고, 검색대도 없었다. 우리 가족의 수화물이 제일 먼저 도착했다. 수화물을 찾고는 바로 집으로 갈 수 있었다. 그때가 11시 15분경 되었을 것이다.

발권을 가지고 환불하기 위해 매표소를 찾았을 때, 누군가가 말했다. 이미 다 퇴근을 한 후라, 내일이라야 가능하다고……. 어쩔 수 없이 우리는 포기를 했다. 그런데 그게 아니었다. 밖을 나가서 우리는 순환버스를 타기 위해 이리저리 둘러보다가 매표소를 발견했다. 그렇지만 그때는 이미 버스 출발시각이 지난 뒤였다. 그곳 여직원은 조금만 더 일찍 왔더라면, 백 프로 환불을 받을 수 있다고 말하는 것이 아닌가? 이 사실을 어떻게 정승아는 몰랐을까? 우리 가족은 가슴을 쳤다. 돈 4만2천 원을 고스란히 눈 뜨고 날린 것이다. 뿐만 아니었다. 1층에 있는 순환버스를 기다렸다가 탔다. 그런데 그 버스는 인천공항 주변만 도는 버스였다. 타자마자 한 정류소가 되지 않아 급하게 내렸다. 어쩔 수 없이 택시를 타자고 했다. 이번에는 택시 줄에 서 있는데 짝달막한 젊은 친구가 거기에서 나오라는 것이다. 국제교역센터에는 너무 가까워서 버스가 가지 않는다는 것이었다. 그러면 어떻게 하면 되느냐고 물으니, 네이버 검색을 해서 콜택시를 부르라고 했다. 순간 막막해지는 것을 느꼈다. 날씨는 풀렸다지만 여전히 발을 동동 구를 정도로 추웠다. 시각은 이미 벌써 자정을 넘기고 있었다. 그때, 내가 누군가에게 그렇다면 그리로 가는 버스가 어디에 선다는데 그곳이 어디냐고 물었다. 3층 C출구라고 일러 주었다. 그곳에 가니까, 과연 또 다른 순환버스가 있었다. 드디어 우리 가족은 인천공항에서 멀지 않은 이미 예약된 '휴호텔'이라는 곳에 여장을 풀 수 있었다. 이번 여행은 좌충우돌 그 자체였다. 뿐만 아니라, 의외로 경비지출도 많았다. 무사히 돌아온 것은 다행이지만 과다출혈로 가성비가 많이 떨어진 여행이었다는 점에서는 아쉬움이 남는다.

이번 베트남 여행은 가기 전부터 여러 가지 갈등을 일으키게 했다. 우선 부산교총에서 연락이 왔지만, 부산교총에서 주최하는 것이 아니었고, 한국교총에서 전국 단위로 하는 것이었다. 무엇보다도 1,190,000원이라는 액수가 여간 부담이 아니었다. 휴대폰 문자를 통해서나 컴퓨터 인터넷을 통해서 30만 원대의 베트남 여행이 많았다. 지나치게 가격이 높게 책정 되었던 것이다. 무엇보다 입국 시 비행기의 한국 도착시각이 9시 30분에서 10시 15분으로, 최종적으로는 10시 45분으로 계속해서 늦춰진 것도 문제였다. 이렇게 첫 단추가 한 번 어그러지다 보니, 계속해서 연달아 잡다한 문제가 발생되었다. '휴 호텔'에 예약을 했는데 처음에는 10만 원대였다가, 나중에는 수수료가 붙어서 14만 원이 되고, 취소를 하려고 해도 안 된다는 것이 문제였다. 대략 이번 여행에 소요된 경비를 계산해 보니 약 4백5십만 원이었다. 이 액수라면 베트남을 두 번을 다녀와도 될 액수였다. 물론 좋은 호텔에 맛있는 음식을 먹었다는 사실은 부인할 수가 없다. 그렇지만 충북교총 사람들이 50만원을 환불 받아서 690,000원에 다녀왔다는 이야기를 들었을 때, 복통으로 인해 더 이상의 부작용이 생기지 않은 것도 천만 다행이었다. 이번 여행 중 어려움의 절정은 인천공항에서 택시를 타기 위해 줄을 서고 있는데 어떤 젊은 친구가 우리더러 어디에 가는지 묻고는 줄 지어 선 장소에서 나오라고 했고, 다른 좋은 방법을 알려주는가 싶었는데, 아무 대답을 하지 않았다. 그래서 우리는 어떻게 하느냐고 하니 콜택시를 부르라고 했다. 콜택시는 어떻게 부르느냐고 했더니, 네이버 검색을 하라는 것이었다. 인천공항 택시들은 짧은 거리는 가지 않으려고 한다. 이 또한 엄연한 불법이다. 서울 근교에서 이런 불법이 거의 합법처럼 횡행하고 있는 것도 기가 찬 노릇이었다.

1월 14일 일요일

솔직하게 말하면 나는 잘 몰랐다. 그렇지만 아침에 일어나자마자 집사람은 '휴호텔'에서 빨리 나가자고 했다. 공기가 너무 안 좋다고 했다. 그리고 물에서도 지독한 냄새가 난다고 했다. 국제업무단지 앞에서 인천공항으로 가는 순환버스를 탄 것이 오전 9시 37분이었을 것이다. 바깥에는 눈이 하얗게 와 있었고, 길이 미끄러웠으므로 조심스럽게 걸었다. 이날 아침 나는 룸에 있는 화병을 깨뜨렸다. 테이블 위에 있는 것이 위험해 보여 커튼이 있는 아래쪽으로 치워 두었는데 커튼을 젖히면서 굴러 떨어진 것이다 확인해 보니 베트남산이었다. 변상해 줄 용의가 있었다. 그까짓 베트남산인데 해 봐야 얼마를 하겠는가? 싶었다. 그런데 우리가 공항버스를 탔을 때, 그곳 여직원으로부터 전화가 왔다. 무려 4만 원을 물어내라는 것이었다. 나는 버스 안에서 다른 사람들의 시선은 아랑곳하지 않고, 버럭 소리를 질렀다. 여직원은 당황하는 기색이 역력했다. 나는 그러지 말고 우주헌 팀장이라고 했다. 당장 전화번호를 알려 달라고 하니, 오후 1시에 전화를 주겠다고 했다. 당장 전화를 하지 않으면 내가 할 수 있는 모든 방법을 동원해서 휴호텔을 망신을 주겠다고 큰소리 쳤다. 아침 식사를 하기 위해 인천공항에 도착해서 비빔밥을 하는 한식당으로 이동하고 있는데 전화가 걸려왔다.

-당신들, 칼만 안 들었지, 강도들 아냐? 순전히 싸구려 베트남산 꽃병을 두고 4만 원씩이나 받아 처먹으려 들고, 완전히 도둑놈 새끼들이구먼!

이라고 거칠게 말하며 분을 내뱉었다. 그러지 않아도 이번 여행에서 이래저래 돈이 뜯겨 나갔는데 꽃병 값까지 물어낼 판이 된 것이다. 녀석이 반을 둑 잘라, 이만 원을 이야기 했다. 나는 거기서 반을 다시 잘라 만 원을 부쳐 줄 테니 문자로 계좌번호를 적어 보내라고 했다. 집에 오자마자 지난 15일에 나는 홈뱅킹으로 1만 원을 부쳐 주었다.

부산으로 내려가는 버스는 11시 20분과 오후 1시가 있었다. 우리는 오후 1시 버스를 탔다. 인천에 올 때와 달리 이번 버스는 영화를 보여 주었다. '팬'과 '비정규직 특수요원' 두 편이었다. 버스는 문경휴게소에서 15분을 쉬었다. 그 시간에 나는 가락우동을 시켜 먹고 화장실에 볼 일을 본 다음, 집사람과 동희 보다 먼저 내 자리에 앉아 있었다. 그 모습을 본 동희가 "아버지는 과연 빠르시네~!"라고 했다. 본래 예상 소요 시간은 5시간 30분이었지만 의외로 차가 속도를 내어서 4시간 만인 5시에 도착했다. 노포동에서 58번을 탔다. 좌석은 있었지만, 캐리어 두 개를 모두 나에게 맡겨 나는 다른 사람들의 통행에 방해가 되지 않게 하느라 진땀을 흘리었다. 캐리어 옆을 다른 사람이 지나갈 때, "번거롭게 해서 죄송합니다."라고 말하지 않을 수 없었다. 그나마 덕계사거리에서 내릴 때에 집사람과 동희가 동시에 내 곁으로 와 주었다. 그날 그 시각에 덕계사거리에 택시는 많았다. 그 와중에 집사람은 화장품 가게에 가서 주문한 물건을 찾았다. 신호

대기를 하느라 우리 집에 도착했을 때, 기본료 2,800 원보다 약간 많은 3천 얼마가 나왔다. 그냥 넘어 갔으면 싶었지만 집사람은 왜 그런지 기사에게 물었다. 물론 그 시각에 나는 트렁크에 있는 캐리어 두 개를 꺼내기에 급급했다. 아무 탈 없이 집으로 돌아온 것은 그나마 다행이다. 누구 말마따나 돈이란 것은 있다가도 없고, 없다가도 있는 것이 아닌가? 그러나 마음이 개운하지 않고 찌꺼기로 가라앉아 기분이 시쳇말로 꿀꿀해지는 것은 어쩔 수 없는 일이다. 물론 이것은 내 수양의 문제이기도 하다.

이날 저녁 집사람과 나는 집에 도착하자마자 여장을 풀고 천성탕 가는 길에 있는 식당을 가다가 문이 닫혀 양푼이집에서 동태찌개를 시켜 먹었다. 그리고 동희는 파리바게트에 들러 빵을 사다 주었다. 저녁을 그렇게 해결하고 우리는 다시 집에서의 일상으로 돌아왔다.

나의 중국견문록(1) - 이화원, 만리장성, 천안문, 자금성, 연길, 백두산

7월 20일/ 첫째 날.

전날 나는 서울산 TG 근처 지도를 인터넷에서 구했다. 인터체인지가 하도 복잡하게 그려져 있어서 재대로 약속 장소에 갈 수 있을지 조마조마했다. 이럴 때 네비게이션이 있어야 하는데……. 차라리 3만원~5만원 하는 주차료를 주고 김해공항에 차를 세워 놓을까 생각도 해 보았다. 우리 일상생활을 하면서 사전에 다 알고 시작하는 일이 몇이나 될까? 그냥 부딪혀 보자. 울주도서관에서 무슨 정비공장을 끼고 우회전해서 서울산 톨게이트에 도착하니 8시였다. 넉넉잡고 8시 30분이면 되는데 8시에 도착한 것이다. 옆에 있는 한국도로공사 건물 안을 어슬렁거리기도 하고 주변 잔디에서 방아깨비 새끼를 잡아다가 사랑스런 딸 동희를 깜짝 놀라게 하기도 했다.

재선이네 가족과 합류하여 포항 서원관광버스를 타고 부산 김해공항을 향해 출발했을 때가 9시 50분. 우리가 탈 비행기는 13:00 부산발 14:30분 북경착 에어차이나였다. Ticketing을 하고 시간이 남아 면세점에 들려 구경도 하고 일행들과 의자에 앉아 이런저런 이야기를 나누었다. 나의 좌석번호(座位号 Seat No)는 26C였다. 비행기가 이륙을 위해 털거덕거리며 달릴 때 소달구지 같다는 생각이 들었다. 차라리 몸을 맡겨버려라. 그런 생각이 들었다. 왠지 불안하다고 투덜거리던 동희도 막상 구름을 박차고 올랐을 때 하나도 무섭지 않다며 줄곧 창 쪽에 앉아 구름을 구경하기에 여념이 없었다. 비행기 탑승에 익숙하지 않는 나는 비행기 내에서 벌어지는 테러를 찍은 영화의 장면들이 자꾸만 떠올라 머리가 혼란스러웠다. 옆에 동행인 유를 보니 눈을 감았지만 자는 것 같지는 않고 포항에서 온 이과장이라는 여행사 직원은 이 생활에 정말 익숙한 사람처럼 쿨쿨거리며 깊은 잠에 빠져 있었다. 나는 마음속으로 불안할 때마다 외는 '옴치림'을 세 번 중얼거렸다.

우측 날개에 가려 바깥풍경이 오롯이 눈에 들어오는 것은 아니었지만 어쨌든 부분적이나마 보이는 하늘이 바다처럼 아름답다는 생각을 하였다. 비행기가 상승하여 고도를 높일 때마다 기압차로 인하여 귀가 멍멍하였다. 아내도 똑같은 증상에 시달리는지 손바닥으로 귀를 비비었다. 얼마 후 십분 후에 북경에 도착한다는 방송이 중국어와 영어, 한국으로 나왔다. 그리고 중국 북경과 한국의 시차는 정확하게 1시간이라 하여 2시 50분을 1시 50분으로 거꾸로 돌리었다. 누군가의 말마따나 1시간 젊어지는 것이다. 기분 나쁜 일은 아니다. 참으로 이상한 것은 상승과 하강을 할 때 울렁증이 나다가도 늘씬하고 예쁜 스튜어디스의 얼굴만 보면 언제 그랬나는 듯 달아나버리는 것이다.

북경공항에서 우리를 기다린 현지 가이드는 백씨 성을 가진 중년의 남자였다. 한국교포 3세라고 자신을 소개 했다. 두상이 크고 몸피도 두껍고 키도 큰 편이어서 상대편에게 위압감을 주었다. 그런데다 머리도 무슨 조폭처럼 짧게 깎았다. 나중에 집에 돌아와서 아내에게 말했더니 아내 역시 눈빛조차도 이상해서 두려움을 느꼈다고 했다. 그렇지만 버스 안에서 나름대로 친절해서 최선을 다하려는 모습이 역력히 보였다.

북경의 특징은 산이 없다는 것, 북경어와 광동어는 말이 무척 다르다는 것, 돈쟁이들이 가장 모이는 곳은 상해라는 것 등을 이야기 해주었다. 중국은 역시 넓어서 동서를 횡단하는 경우 기차로 일주일씩이나 걸린다고 했다. 비행기는 5시간. 북경에서는 '금방 간다'는 것이 기본적으로 10시간은 족히 소요되는 거리라 했다. 북경 땅의 넓이는 서울의 27배, 인구는 1천 3백, 한국과 95년도에 수교가 이루어졌으며 현재는 팔만여 명의 교포가 살고 있다고 했다. 현대 아반떼 차량이 택시로 많이 사용되고 있다고. 현대차 공장이 설립되어 앞으로 일년에 8십만~100만 정도가 생산될 예정이고, 임금비가 엄청 나게 올랐다고 했다. 공식적으로 중국은 십삼억 구천만의 인구인데 그로인해 시장성은 무한하게 넓다는 것을 강조했다. 중국에서도 아파트 붐이 일어나 아파트 2~3채만 있으면 평생을 먹고 살 수 있단다. 연금이 잘 되어 있어서 월급이 100만 위안 이면 연금도 100만 위안이라고 했다.

중국에 와서 우리가 처음으로 찾아간 곳은 이화원(頤和園)이었다.

베이징에서 서북쪽으로 10km 떨어진 교외에 위치하였다. 중국 황실의 여름 별궁이자 최대 규모의 황실 정원. 총 면적이 2.9㎢에 이르며 자연풍경을 그대로 이용한 정원에 인공 건축문이 환상적인 조화를 이룬 중국 조경 미술의 최대 걸작품이다. 1998년에 유네스코 세계문화유산으로 지정되었다. 금나라 때인 12세기 초에 처음 조성되어 1750년 청나라 건륭제 때 대폭 확장 되었다. 당시에는 '칭이위안'이라는 이름으로 불렀으나 1860년 서구 열강의 침공으로 파괴되었다. 이후 서태후가 실권을 쥐고 있던 1886년 재건되면서 '이허위안'이라고 불리게 되었다. 주로 이곳에서 수렴청정을 했던 서태후는 일시적인 피서와 요양 목적으로 건설 되었던 이허위안에 각종 전각과 사원을 추가해 본격적인 국사를 볼 수 있는 궁전 형태로 변모 시켰다. 이허위안 재건 비용 때문에 청나라가 1894년 청·일 전쟁에서 패배했다는 말이 나올 정도로 막대한 자금을 들였다고 한다.

항주에 있는 서호를 본 떠 만들었다는 쿤밍(昆明)호. 그 북쪽에 있는 60m 높이의 완셔우산(萬壽山) 바로 아래 21m 높이의 우뚝 솟아있는 6각형의 불전 푸시앙가오(佛香閣)이 제대로 눈에 들어오지 않았다. 오로지 쓸려 나가고 밀려오는 사람의 물결뿐이었다. 어제 출입한 관광객 수 44,200명. 오늘 현재 시각까지 37,000명이었다. 길이 778m, 273칸의 중국에서 가장 크고 긴 복도이며 천장과 벽에 수많은 그림이 그려져 있는 '중국 최대의 야외 미술관'인 창랑(長廊)도 사람으로 빼곡하게 차 있어 감히 들어갈 엄두를 내지 못하였다. 나오면서 인수전(仁壽殿) 앞에 사불상을 보았다. 용의 머리, 사자 꼬리, 소의 발굽, 사슴의 뿔로 상상 속에서 나오는 영수(靈獸)였다. 중앙부터 봉황, 용, 드무(물동이)를 두어 황제를 상징하는 용보다 황비(황후)를 상징하는 봉황을 우선시했음을 알 수 있다. 옥란당은 무술정변으로 정권을 장악한 서태후가 조카인 광서제를 가둔 곳이다. 그래서 건물 밖으로 빠져 나가지 못하도록 건물 사방 둘레에 높은 담을 쌓은 것을 알 수 있다.

원래 이화원 1153년 금나라의 태조가 행궁을 지으면서 시작되었다. 이화원이 별궁으로 본격적으로 건설된 것은 청나라 건륭제 시절. 당시까지 이원림을 청의원으로 불리웠으며 750년간 황제의 정원으로 사랑 받아오던 청의원은 2차 아편전쟁 때인 1860년 영국과 프랑스의 연합군에 의해 잿더미로 변했다. 20년 후 서태후(慈禧太后)는 환갑축하연을 베풀기 위해 해군증강용으로 영국에서 차용한 예산까지 유용해 이화원을 짓지만 1900년 의화단 사건 때 연합군에 의해 또다시 파괴된다. 군비로 쓰일 돈은 벽장을 짓는데 사용하여 후일 청일전쟁 때 청나라 해군이 대포를 발사하였는데 화약이 들어갈 자리에 모래가 들어가 발사되지 않았다는 얘기도 전해진다. 물론 청일전쟁 대패의 빌미가 되었음에 틀림없다. 또한 곤명호는 자금성이 있는 북해와 연결되어 황제가 직접 배를 타고 서태후를 알현 하였다고 한다.

현장으로 이동하는 버스 안에서 나는 중국에서 우리 조선족의 위상이 궁금해서 물어 보았다. 중국은 97%가 한족이며, 3%가 소수민족이라 했다. 54개의 소수민족 중 우리 조선족은 200만 정도가 되며, 소수민족 중 생활수준이나 교육수준이 1위라고 소개 했다. 우리 일행은 북경 시내에 있는 허름한 극장에서 서커스를 보았다. 우리가 보게 될 서커스는 중국에서도 일류가 아니라는 가이드의 말대로 한국에서도 이따금 보아왔던 것이었다. '의자 쌓고 올라가서 물구나무서기', '사자

놀음', '원통 위에 널빤지 대고 올라서기', '접시돌리기' 등을 하였다. 이 중에서 가장 볼거리는 철로 된 '지구의 안에서 오토바이 타기'였다. 나는 11살 때, 이종사촌형을 따라서 부산역 앞에서 하는 중국 기예단을 보았다. 작은 지구의 안에 4대의 오토바이가 들어가는 것은 보았지만, 무려 6대가 들어가는 것을 본 것은 이곳이 처음이었다. 음식점으로 향하면서 운전기사는 저기가 '북경대'고 여기가 '청화대'라며 소개를 하기에 여념이 없었다. 소수민족 중 최고 대학은 연변대학이며, 요즘 돈 많은 사람은 북경대, 청화대보다는 오히려 홍콩대를 선호한다는 말도 했다.

한국인이 경영하는 음식점에서 삼겹살 구이와 쇠고기 구이를 먹었다. 여직원들은 한국어를 잘 몰랐다. 우리 앞에 놓여 있는 불이 약해서 강하게 해달라고 요청했는데 무슨 뜻인지 통 이해가 되질 않는 모양이었다. 유가 제스처를 써가며 "빠이어 스트롱!"이라고 외쳤는데도 뜻을 몰라 갑갑했다. 북경에 와서 첫날 우리가 묶게 된 여관은 정도국제주점(晶都국제주점, CRYSTAL INTERNATIONAL HOTEL)이었다. 호텔 입구에서부터 직원이 가방을 실어 방안에까지 날라다 주었다. 그리고는 나의 얼굴을 멀뚱하게 쳐다보았다. 우리 돈 천원을 주자 고개를 숙이고 나갔다. 방은 크고 넓었다. 단지 동희를 포함해서 억지로 3인실을 하다 보니 나란히 누워 있는 침대의 발치 끝에 동희 침대가 놓여 있었다. 동희는 그 작은 침대에서 자지 않고 제 엄마 옆에서 잤다. 통유리로 된 창을 통해 바라본 북경의 밤은 생각만큼 화려하지 않았다. "90년대만 하더라도 이 지역은 허허벌판이었어요."라고 말하던 가이드의 말이 떠올랐다. 그래도 북경 시내였으므로 가게 문을 열어 놓은 곳이 더러 있었고, 거리가 아주 깜깜하고 어둡다는 느낌은 들지 않았다. 맥주를 한 잔 하자는 유의 요청이 있었고 우리 일행은 유의 방에서 연경맥주를 캔으로 여섯 개 정도 비우고 자리를 파했다. 술을 사기 위해 인근 슈퍼에 들렀을 때 총각으로 보이는 젊은 친구가 아주 싹싹하고 다정다감하게 대해 주던 생각이 난다. 정말 기분 좋게 취해서 잠이 들었다.

7월 21일/ 둘째 날.

흰 구름이 둥실 떠가는 하늘은 더 없이 맑았다.

만리장성은 한마디로 인종 박물관이었다. 중국·한국인과 같은 황색 인종은 말할 것도 없고, 백인·흑인들도 꽤 많았다. 특히 몸이 쭈글쭈글하고 얼굴이 쭈글쭈글한 백인 할머니가 옆에 있는 철봉을 잡고 한 계단, 한 계단 올라가는 모습은 안타까움을 자아내게 했다. 온몸에 주근깨는 왜 그리 많던지……. 늙으면 인종에 상관없이 누구나 추하다? 십오륙 세 정도로 보이는 백인 소녀는 대조적으로 피부가 너무나 희고 고왔다. 사진에서 흔히 보아왔던 모습이다. 히잡을 쓰고 오르는 이슬람의 젊은 여성들도 보였고, 내려와 화장실을 찾다가 부르카를 입은 여성도 보았다. 이 산복염천에 부르카라니……. 거의 살인적이라 할 만하였다.

만리장성 중에 폭이 넓은 곳은 말 5마리가 동시에 달릴 수 있다고 하였다. 그렇지만 우리가 오른 곳은 말 5마리는커녕 사람 다섯도 지나기 힘들 정도였다. 오르다가 힘에 부치어 한 사람이 그 자리에 정지하면 나머지 사람들도 모두 그 자리에 우뚝 서 버렸다. 한마디로 지나갈 틈이 없었다. 만약 위에서 내려오는 사람이 앞사람을 밀친다면 자치 대형사고로 이어질 수도 있었다. 처음 만나는 봉화대에 올랐을 때 토굴과 같은 그곳에는 그늘을 찾아서 쉬는 사람들로 가득 찼다. 나는 사람들로 인해 그 안이 더 더울 것 같아 차마 안으로 들어가지 못하고 밖으로 나왔다. 다들 두 번째 봉화대로 가는 길을 재촉했다. 그렇지만 나는 엄두가 나질 않아 동희를 데리고 인근 기념품 가게에 들렀다. 사진액자, 거울, 손수건……등. 조잡한 것들뿐이었다. 밖을 나와 아래를 내려다보았다. 장성은 한 줄로 이어진 것이 아니고, 장성이 있으면 그 앞에 장성이 있는 이중구조로 된 곳도 있었다. 산의 능선을 따라 장성도 끝없이 이어져 보였다. 성도 장관이었지만 그 성을 오르는 개미떼와 같은 사람들의 모습도 분명 볼거리 중의 하나였다. 아스라하게 이어지는 사람과 사람의 행렬……. 하북성에서 감숙성까지 이어지는 장성의 길이는 자그마치 6,350km로 이 장성을 쌓기 위해 전국에서 수많은 사람들이 동원 되었고, 그들은 장성을 쌓다가 죽으면 그 자리에 묻히었다. 그 영령들의 은덕으로 지금의 중국은 엄청난 관광수입을 올리고 경제부흥을 꾀하고 있다. 그때의 진시황에게 고맙다고 해야 하나? 내려오는 길에 망설이다가 나는 망설이던 끝에 기념품 하나를 샀다. 옥돌로 된 사각도장이였는데 표면에 '長城'이라고 검은 글씨로 씌어져 있는 것이었다. 나는 내 이름 李東朝印을 써 주며 새겨 달라고 했는데 썩 마음에 들지 않았다. 초보자가 새긴 것처럼 유려하지 못하고 삐뚤빼뚤 했다. 기념품이라는 데에 의의를 두고 그 자리를 동희와 함께 떠났다.

천안문으로 이동하는 버스 안에서 가이드가 물었다.

"중국에서 가장 돈 잘 버는 직업이 뭔 줄 압니까?"

"……?"

"부동산입니다. 중국의 100대 부자 중 3,40명은 부동산 업체입니다."

그렇다면 중국도 이제는 모양만 사회주의? 실제로는 자본주의? 하는 생각이 들었다. 점심을 현지식으로 먹고 자금성으로 향하는 버스 안에서 가이드는 중국은 10년 전부터 화장 문화를 도입하여 실시하고 있지만, 모택동만큼은 천안문 광장에 있는 기념관에 안치되어 있다고 했다. 정말 창밖은 내다보아도 묘지로 보일만한 것들은 눈에 뜨이지 않았다. 중국에서 장의사 직업이 아주 각광 받고 있다는 말이 실감났다.

"한국에서는 봉분을 파도 포크레인을 사용하지요. 중국은 어지간히 땅 파는 일에 삽을 사용합니다. 삽을 사용하면 많은 인력을 동원할 수 있고 그만큼 실업자를 줄여보자는 속셈에서이죠."

그 이외에도 가이드는 북경도로가 많이 정체되어 시속 80km/h 이상이 안 되고, 북경 사람들은 거의 아침 식사를 거르거나 간단한 빵으로 해결 한다고 했다. 처음에는 한국음식을 몹시 혐오하였는데 이제는 한국음식에 입맛을 들여 김치나 된장찌개를 좋아하는 사람이 늘고 특히 상해 사람은 김치를 좋아한다고 말했다. 북경의 기후는 1/3은 흐리고 공기오염도 심각하여 특히 물 수질이 나쁘다는 이야기를 했다. 중국은 특히 도박으로 유명한데 세 사람이 모이면 카드, 네 사람이 모이면 마작이나 포커를 한다고 했다. 거리에는 백양나무, 회나무, 측백나무가 울창 했다. 지금은 40% 정도가 녹화가 되었고 머지않아 50% 정도 녹화가 될 것이라고 했다. 그렇게 되면 내몽골에서 발생해서 북경을 거쳐 한국으로 가는 황사도 많이 줄어들 것으로 예측했다.

처음 찾는 북경의 천안문 광장은 7월의 뜨거운 날씨에도 불구하고 관광객들로 붐빈다. 사람들은 저마다 양산을 쓴다든지, 아니면 모자를 쓰고 그늘을 골라 걸었다. 나도 버스에서 내려 돈을 주고 산 2,000원 짜리 부채를 들고 햇볕을 가리었다. 넓은 천안문 광장 군데군데에 살벌한 공안들이 보였다. 한 여행객이 공안들에게 함께 사진을 찍자며 다가갔다가 봉변을 당했다는 이야기를 듣고 어쩐지 어깨가 오싹해지는 기분을 느꼈다. 하긴 천안문 사태나 파룬궁을 제압한 그들이 아니던가, 천안문 가운데 있는 마오쩌둥의 사진 아래를 지날 때에도 행여 잘못 던진 물통이 마오쩌둥의 초상화를 맞추었다면? 오물이라도 묻히게 되었다면? 하는 상상을 하다보면 절로 심장이 오그라드는 듯했다. 초상화 양쪽에는 중국 中华人民共和國万岁, 岁世界人民大团结万라고 쓰여 있다.(중국은 1949년 건국 당시에는 번체자를 썼으나 1964년부터 간체자로 바꿈.)

우리는 마치 유치원생처럼 높다란 붉은 기를 들고 앞장서는 가이드를 뒤따랐다. 그런데 횡단보도에서 분명 붉은 신호등인데도 가이드가 그대로 걷기에 우리도 따라 걸었다. 달리던 차가 그대로 돌진하여 우리를 밟고 지나갈 듯해서 황급히 앞으로 뛰었다. 인명경시사상이 만연해 있지를 않나? 사람 수백 명 죽는 것은 예사로 여기니. 천안문 광장에 처음 성문을 건설한 것은 명의 영락재 1417년에 건설된 승천문(承天門)이다. 1457년 낙뢰(落雷)로 소실된 것을 1465년 재건하지만 1644년 이자성의 북경 공격으로 명조가 멸망했을 때 같이 손실되었다. 현재의 문은 청나라 순치 8년(1651년)에 재건된 것으로, 이때 지금의 '천안문'이라고 하는 이름으로 개명되었다. 천안문이라고 하는 명칭은 '천상의 평화로운 문'이라는 의미보다 만주어 명칭인 '천명을 받아서 안정된 나라를 다스린다는 뜻' 이며 자금성의 북쪽에 있는 경산 위쪽으로 '지안문(地安門)'이 있었다고 한다.

천안문 광장 서쪽으로는 우리의 국회의사당과 같은 전국인민대표회의장이 있다. 정치적 사회주의를 채택하고 있는 중국의 권력 구조는 중국정부를 구성하는 국가기관으로 전국인민대표회의, 국가주석, 국무원, 중앙군사위원회, 인민법원 및 인민 검찰원 등이 있으며, 그 중에서 전국인민대표회의는 중국의 최고 권력기관이라 할 수 있어 막강한 권한을 갖고 있으나, 헌법에 '중국 내에 있는 모든 국가기관, 정당, 인민단체 사회조직은 헌법과 법률을 넘어서 특권을 가질 수 없다.' 라고 규정하고 있어 과도한 권력 집중에 따른 권력 남용도 제한하고 있다.

천안문은 자금성의 정문 같은 역할을 한다. 자금성은 높이 1km, 사방 4km 길이의 벽으로 둘러싸인 이 성은 현존하는 중국 최대 규모의 옛 건물로 명나라 때인 1406년에서부터 1415년까지 20년에 건축되어 그 뒤 여러 차례 개축 및 보수 되었다. 동서길이 760m, 남북길이 960m, 면적 0.72㎢, 크고 작은 궁실이 9,000여 칸이 있다. 가이드말로는 9,999칸으로 일만 칸을 넘기지 않는 것은, 일만 칸은 신의 영역에 속하는 것이며 이를 침범해서는 안 된다고 생각했기 때문이다. 자금성의 모든 방에 하루 한 칸 씩 잠을 자면 27년이 걸린다고 한다. 또한 바닥에는 두터운 돌로 된 벽들을 겹겹이 깔고 후원을 빼고는 자금성내에 나무를 심지 않았다고 한다. 이는 황제를 암살하려는 암살자들의 침입과 몰래 숨는 것을 막기 위해서라고 했다.

주요건축물인 우번, 전삼전, 후삼전, 선우번은 베이징 시내구역 중심 선상에 늘어서 있고, 나머지 건축물들은 그 양옆에 배열되어 있다. 기능에 따라 전조(前朝:궁전의 바깥채)와 내정(內廷)으로 나눈다. 전조의 주요건물은 태화전, 중화전, 보화전으로, 황제가 큰 제전(祭典)을 거행하거나 신하를 만나고, 정부를 처리하던 곳이다. 전당의 모습은 장대하고 웅장할 뿐 아니라, 눈부시게 화려하다. 3대전 가운데 가장 뛰어난 건축물은 태화전으로 이는 한백옥(漢白玉)에 조각하여 만든 높이 8m의 석대위에 세워져 있다. 신해혁명으로 중국 최후의 제정(帝政)이 막을 내리게 되면서, 1914년 앞부분의 건물들이 옛 물건들의 진열장으로 쓰이다가, 1925년 구궁(故宮) 박물관으로 바뀌어 일반인에게 공개된 것이다. 그동안 거쳐 간 황제는 모두 24명(명 15, 청 9명)이다. 북두칠성 중 가장 밝은 별 자미성의 '자'자와 그곳을 함부로 출입 할 수 없기에 쓴 금할 '금'자가 합쳐 붙여진 이름이다.

자금성 남문에서 들어와 인파에 떠밀려 일직선으로 걸어 북문으로 나오는 데만 무려 1시간 30분이 걸렸다. 자금성 전부를 다 본다는 것은 일정상 불가능이다. 다른 시설물에는 눈길 한번 주지 못했다. 북문인 신무문을 나섰을 때 그곳에는 페트병에 얼음물을 파는 사람이 있었다. 벌컥벌컥 물을 마시고 싶지만, 얼음덩어리는 좀처럼 녹지 않는다. 참으로 답답한 노릇이었다. 버스를 타려는데 자금성에 관한 그림 책자를 5천원에 사라며 누군가가 다가섰다. 일행 중 한 사람이 다른 곳에서 4천원에 주고 샀다고 하자 "사천원!" 이라고 했다. 나는 사지 않겠다고 말하고 버스에 오르려 하자 결국 "이천원!"이라고 소리쳤다. 이천 원은 충분히 가치가 있었다. 나는 얼른 돈을 지불하고 버스에 올랐다.

비행기를 타고 북경을 출발해 연길에 도착했을 때, 비라도 온 모양 땅이 촉촉하게 젖어 있었다. 공항에서 검은색 투피스 정장 차림으로 우리를 마중 나온 아가씨가 있었다. 작은 얼굴에 눈, 코, 입이 오밀조밀 깜직하고 예쁜 아가씨의 이름 지연화. 조선족 교포 이면서 2박3일 동안 우리의 백두산과 용정 관광을 책임질 가이드였다.

"지금 여러분 옆으로 강이 흐르고 있죠, 만주어로 '부르하통하'라고 합니다. 이 강물이 해란강과 합쳐져서 나중에 두만강이 됩니다."

그 강위로 갖가지 아름다운 오색 빛이 발하며 아름다운 다리가 자태를 뽐내고 있었다. 지연화양이 다리 이름은 '천지대교'이며 일 년 전에 개통되었다고 말해 주었다. 밤이 이슥해진 탓도 있겠지만 연길에도 높은 빌딩이 드문드문 보이지 않는 것은 아니지만 북경에 비해 전체적으로 어둡다는 느낌을 받았다.

"혼란스러워 하지 마세요. 길림성 안에 연변자치주가 있고 연변자치주 속에 연길시가 있습니다."

우리 일행 중 누군가가 '연길'과 '연변'의 차이에 대해 묻자 친절하게 대답해 주었다. 내일은 대망의 백두산 천지 답사. 6시 기상, 6시 30분 식사, 7시 출발이다. 호텔에 투숙해서 아내가 먼저 씻으러 들어가서 나는 하릴없이 TV를 보며 차례를 기다려야 했다. 한국 TV가 나오고 '라면'에 관한 기획특집을 방영하였다. TV를 끄고, 씻고 난 다음, 연변의 낯선 잠자리에 들었을 때 시각이 자정을 훨씬 넘어 있었다.

7월 22일/ 셋째 날.

"연길시민 30만 중에 60%가 우리 조선족입니다. 조선족 중에 90%

가 북한에서 건너온 사람입니다. 광서제가 재위 시 이곳 연길을 방문해 아주 '길(吉)한 곳'이라고 표현해서 그때부터 연길시가 되었다고 합니다."

이곳 연변도 학제가 6-3-3-3(4·5)제이며 연변대학은 중국의 100대 대학 중 97번째로 뽑혔다며 자랑스러워했다. 만주 용정은 우리 조선족이 이주해 와서 최초로 정착한 곳이며, 만주 벌판은 하도 넓어서 어떤 곳은 한 고랑을 파는데 하루 종일 걸린다는 말도 했다. 나는 갑자기 장난기가 발동을 해서,

"가이드 분은 만약 한국과 중국이 축구시합을 해서 한쪽을 응원해야 한다면 어느 쪽을 응원하시겠습니까?"

짓궂은 질문을 했다.

하지만 가이드는

"당연히 한국을 응원해야죠. 월드컵 때 손님들과 여관방 안에서 '대~한민국!'을 정말 많이 외쳤습니다."

라고 했다. 전문 직업의식의 발로? 인가하며 미심쩍은 데가 없잖아 있었지만 일단 믿기로 하였다.

"이곳에는 공장이 없습니다. 취직할 곳이 마땅하지 않아 세 집 중 한 집은 식구 중에 한 사람이 한국에 가서 일하고 있습니다. 2, 3년만 고생하면 이곳에서 아파트 한 채를 구입할 수 있습니다."

이외에도 중학교까지 의무교육이며 고등학교까지는 입학이 쉽지만 대학은 들어가기가 어렵다고 했다. 1가구 1자녀 두기 운동 때문에 둘째를 놓으면 호적에 이름을 올리지 못해 친척들 중 누군가에게 양자로 입적하는 경우가 많다고 했다. 그리고 이곳에서 사람들이 가장 선호하는 직업은 공무원이라 했다. 그 이유를 물으니 일을 빨리 처리하

려면 일반인들이 많이 찔러주기 때문에 수입이 짭짤하다고 했다. 우리나라의 60, 70년대 동사무소에서 등본을 빨리 떼려면 담배 한 갑을 찔러 주던 때를 떠올리게 했다.

"여러분 만주 개장사라고 들어 보셨죠. 이곳에는 개장국집이 많습니다. 그런데 먼데서 귀한 손님이 오면 절대 개고기를 대접하지 않습니다. 그 이유는 돌아갈 때 '개판'을 치기 때문입니다."

좌중에서 폭소가 터져 나왔다. 예쁜 연변 아가씨가 그렇게 말해서 더욱 우스웠던 것 같다. 표현할 때 마다 우리 북한, 우리 남한, 우리 대한민국, 우리 중국이라며 우리를 접두사처럼 국가 이름 앞에 붙여서 '조선족 교포의 경우 정체성에 상당히 혼란이 올 수도 있겠구나.' 싶었다.

백두산 아래 마을에서 식당을 찾아 점심을 먹었는데 목이버섯, 고사리 등 산나물이 주류를 이루었다. 자연산이라고 했다. 돼지고기를 구운 것이 별미였는데 비계가 많은 것이 흠이었다. 모자라는 반찬은 무한 리필이 되어 푸짐한 고향의 인심을 느끼게 해 주었다. 버스를 두 번 갈아타고 드디어 백두산에 오르는 봉고차에 올랐다. 오르자마자, 조선족 교포3세인 운전기사가 김혜연, 배일호와 같은 우리 트롯 가수들의 노래를 메들리로 들려주어 흥을 잔뜩 돋우었다. 차는 재빠르게 구불구불 휘어진 길을 따라 능선을 가르며 올랐다. 앞차의 꽁무니에 바짝 붙어 위험하다고 느끼는 순간 뒤차도 우리 뒤에 어느새 바짝 따라 붙었다. 워낙 산길을 자주 오르다보니 능숙한데서 오는 과속이겠지만 처음 오르는 우리로서는 불안하기 이를 데 없었다. 키 작은 야생초들이 파랗게 융단처럼 깔려 있는 능선이 눈 아래로 끝없이 펼쳐졌다. 기사에게 여기가 해발 몇 미터 쯤 되느냐고 물으니, "2500미터" 라고 답했다.

차에서 내려서 백두산까지는 걸어서 불과 7분정도의 거리. 그 사이에도 날씨는 몇 번씩 비가 내렸다가, 맑게 햇빛이 비치고, 또다시 구름이 잔뜩 끼는 변화무쌍한 모습이었다. 천지에 다다랐을 때 운무에 가리어 못 속의 광경을 볼 수가 없었다. 다들 안타까워했지만 자연의 오묘한 기운을 어찌할 수는 없었다. 아쉬운 대로 구름과 안개를 배경으로 사진을 찍을 수밖에 없었다. 그때 여럿이서 "와아~"하는 함성이 들렸다. 카메라를 접고 나도 재빨리 못 가까이로 갔다. 신기할 정도로 운무가 상승하며 걷혀지고 시퍼런 물이 시야에 들어 왔다. 그렇지만 극히 순간적이고, 부분적으로 이루어진 것이어서 아쉽기가 이를 데 없었다.

산기슭을 내려와 다시 버스를 타고 장백 폭포를 구경하면서도 아쉬움을 누를 길 없었다. 일행 중 많은 사람이 내일 다른 일정을 취소하고 한 번 더 백두산 천지를 찾아가자고 주장을 했다. 나는 용정에서 윤동주의 시비를 보는 일도 의미 있는 일이라며 반대를 했다. 온천욕을 마치고 일찌감치 숙소를 찾아들었는데 이름이 '민속 풍정원'이라는 곳이었다. 정말 요즘 한국에서도 보기 힘든 초가집이 있었다. 그곳에서 우리 일행은 맥주를 마시고 얼큰하게 취해서 8시 30분에 있는 민속놀이를 상연하는 것을 보았다. 주로 부채춤과 설장구, 상모 돌리기였는데 자주 보아온 것이지만 먼 이국땅에서 우리 춤과 노래를 접하고 보니 새로운 감회가 물씬 일어났다. 대전에서 온 답사 객들이라고 했던가. 그들은 오전 10시경 백두산을 올랐는데 온 풍경이 한 눈에 들어와 너무 훌륭하게 감상을 잘했다고 자랑했다. 흥에 겨워서 마당에 모여 덩실덩실 춤을 추며 노래를 불렀다. 그들은 민속공연 중에도 무대 위로까지 올라가 한판 신나게 놀았음은 물론이다. 우리 일행은 약이 오를 대로 올랐지만, 그동안 우리들의 적선이나 후덕함이 없었음을 자탄할 뿐이었다. 너무나 대조적인 표정이었다. 머나먼 만주 땅의 시골집여관, 그 곳에서 나의 중국여행 3일째 밤이 깊어가고만 있었다. 자작나무가 우거진 숲에서…….

7월 23일/ 넷째 날

내일은 북경에서 부산의 김해공항으로 가는 절차만 남았으니 오늘이 사실상 중국답사여행 마지막 날이었다. 오늘은 용정시와 도문시를 방문하는 날이다. 용정으로 가는 버스 안에서 우리들의 가이드 지양은 자신이 노래 선구자를 배워서 불러야 하는데 시간이 나지 않아 아직 배우질 못했다며 아쉬움을 토로했다. 그 말을 듣는 순간 아내는 나를 지목하여 한 곡조 뽑기를 요청했다. '내 자신이 누르면 나오는 노래방 기기인가' 싶기도 하였지만 차마 거절할 수 없어 시원하게 불러 제꼈다. '……거친 꿈이 깊었나.' 부분에서 얼른 기억이 나지 않아 얼버무린 걸 제외하면 그런대로 무난하게 불렀다.

나는 20대 초반 문학청년시절 윤동주의 '서시'를 매일 암송하며 정말 '하늘을 우러러 한 점 부끄럼 없이' 살기를 바라며 다짐을 한 적이 있었다. 지금의 내 모습과 비교하면 너무나 거리가 먼 요원한 삶이기도 하지만……. 윤동주가 그토록 갈망하던 조국광복을 불과 반년 남짓 앞에 두고 옥사했다는 말에 가슴 쳤고 사인이 생체 실험 대상이었다는 일본인 연구가의 기고한 글을 읽고 울분이 들끓었다. 그런 윤동주가 태어나 자란 용정은 중국 연변 자치주에서 두 번째 큰 도시이며 전체 인구 26만 명중 조선족이 67% 차지한다고 하였다. 곳곳마다 한글이 표기되어 있고 우리말을 써서 지금 자신이 여기와 살더라도 적어도 언어소통에는 문제가 없을 듯 했다. 윤동주가 다니던 대성중학교(현 용정중학교)는 아담한 시골 학교라고 표현함이 걸맞을 듯하다. 용정제일중학교 교정에는 과거 대성중학교 건물이 그대로 보존되어 있으며 현재는 박물관으로 활용되고 있었다.

윤동주 시비에는 서시가 새겨져 있고 건물 안에서 독립운동가 이상설, 윤동주, 문익환…… 등. 우리에게 낯이 익은 많은 사람들의 활약상이 소개되어 있었다. 안내하는 선생님이 윤동주의 45년의 2월의 죽음과 생체 실험 대상이 되었다는 말에 '아~' 하는 안타까움의 탄성이 관람객 중에 입에서 저절로 터져 나왔다. 아쉬움을 뒤로하고 마지막 행선지인 도문시를 향했다.

도문시의 인구는 13만 명 정도, 이중 조선족은 70%정도 차지한다고 했다. 연변 자치주 중에서 제일 작은 도시라고 했다.

우리 일행을 태운 중형버스는 줄곧 두만강 강변을 달리었다. 강 건너 저편으로 북한의 산야가 우리의 시야를 따라왔다. 드디어 차는 더 이상 달리기를 멈추고 3, 4층의 고만고만한 건물들이 밀집 되어 있는 도심으로 들어섰다. 두만강 강변에 가서 배나 타볼 요량으로 접근을 시도하던 우리 차는 현지 공안에 의해 제지를 당했다. 문화축전행사로 인해 더 이상 차량 진입이 불가하다는 것이었다. 그렇다고 여기까지 와서 두만 강가에 발도 한번 적셔보지 못한다는 것은 있을 수 없는 일. 우리 일행은 모두 버스에서 내렸다. 그리고는 뛰다시피 빠른 걸음으로 두만강을 향해 내달렸다. 거리 곳곳에 축전을 알리는 붉은 플래카드가 내걸리었다. 공원에 마련된 무대 위에서는 중고생으로 보이는 학생들이 집단체조 같은 것을 하면서 리허설에 열중하였다. 그보다 어린 아이들은 숨바꼭질을 하는지 뙤약볕 아래에서 도망가면서 숨기도 하고 술래가 된 아이는 부지런히 쫓아다니며 찾아내며 직접 잡기도 했다. 강변 늘어진 수양버들 아래에서 남자들 예닐곱 명은 화투인지 카드인지를 돌리며 무슨 놀이를 하였고, 서너 명은 빙 둘러서서 구경을 하였다. 이따금 탄식과 웃음이 일시에 터져 나왔다. 이보다 여남은 걸음 떨어진 자리에는 흰색 치마와 저고리를 입은 아낙네들이 2명씩 짝을 지어 일어서서 한바탕 춤을 끝내고는 그 자리에 앉았다. 잠시 담소를 나누는가 싶더니 또다시 일어나 빙그르르 돌면서 제각기 자신의 춤을 여럿이 앞에서 선을 뵈었다. 나는 마치 30, 40년 전 우리나라 낙동강변의 모습을 마치 타임머신을 타고 돌아가 다시 보는듯하여 콧날이 시큰해지는 것을 느꼈다. 여기가 그 옛날 '죽의장막'이었던 곳이라니, 스스로 믿기지 않았다.

공항으로 향하는 버스를 타고 차창 밖으로 내다보니 철 이르게 핀 코스모스가 갖가지 색으로 피어서 한들거렸다.

코스모스 피어날 때 맺은 인연도
코스모스 시들으니 그만이더라
국경 없는 사랑이란 말 뿐이더냐
웃으며 헤어지던 두만강 다리.

태평레코드와 콜럼비아레코드 사이를 오간 박향림은 오케레코드의 거듭되는 요청에 1939년 마침 오케레코드에 입사했고, 그해 9월 내

일부터 부민관에서 열린 오케그랜드쇼 무대에 출연하여 첫 번째 취입곡을 불렀다. 그 곡이 '코스모스 탄식'이었다. 그리고 '코스모스 탄식'은 그녀의 대표곡이 되었다. 그때 당시는 악단이 조직 되어 국내는 물론 이곳 만주 벌판도 자주 드나들었다. 작사가 조명암도 이곳 두만강 다리 근처에 있는 저 코스모스를 보고 문득 이 가사가 떠올라 차 안에서 즉흥적으로 써 내려갔을지 모른다. 막상 그렇게 생각하니 시공간을 순식간에 뛰어넘는 상념의 위력이 대단하다. 우리들의 지양은 이제 여러분들과 헤어질 시간이 가까워졌다며 마지막 인사를 하겠다고 한다.

"여러분 즐거우셨습니까?"라고 하니 일제히, "예~"라고 답한다. "정말 즐거워서 말씀하시는지 속내는 모르겠습니다."라고 하더니 이어서 "한국에 돌아가셔서 하는 일마다 잘 되시고 행복하세요." 라며 인사를 꾸벅 한다. 옆을 보니 아내의 눈시울 괜스레 붉어지는 듯하다.

나의 중국견문록(2) - 고차박물관, 태항산, 곡부(공부, 공묘, 공림)

7월 30일 토요일

5박 6일의 중국 여행에서 돌아왔다. 그동안의 여행 일정을 보면 다음과 같다.

제1일(7월 25일/월)

부산, 청도, 임치, 요성 - 부산 출발, 청도 도착 후 가이드 미팅, 임치로 이동, 고차박물관 관람, 요성으로 이동, 호텔 투숙 및 휴식, 요성 치평 호텔.

제2일(7월 26일/화)

호텔 조식 후 대협곡으로 이동, 태항산 대협곡 관광(도하곡: 황용

당, 항주, 이용희주, 구련 폭포, 환산선 일주/왕상망 : 목마파, 잔도, 관경대, 통제, 사자당, 운제, 왕상촌), 임주로 이동 호텔 투숙 및 휴식. 임주 홍기거홀리데이 호텔.

제3일(7월 27일/수)
호텔 조식 후 제남으로 이동, 산동성 박물관, 천성 광장, 대명호, 곡부로 이동. 호텔 투숙 및 휴식. 곡부 상그리라 호텔.

제4일(7월 28일/목)
호텔 조식 후, 공묘, 공부, 공림을 관람함. 청도로 이동 호텔 투숙 및 휴식. 청도 파크뷰 홀리데이호텔.

제5일(7월 29일/금)
호텔 조식 후 세기공원 및 쇼핑, 청도 출발 후 부산 도착.

7월 25일 월요일

김해공항에 8시 30분까지였다. 동래역에서 307번 버스를 타기로 했다. 사전에 알아본 바에 의하면 동래역에서 김해 공항 역까지는 족히 1시간은 걸린다고 했다. 그렇다면 넉넉잡고 내가 사는 양산 평산에서 6시 버스를 타야 했다. 61번은 그 시각에 없고 50번 버스를 타야 하는데 어쩔 수 없이 5시 30분경에는 집을 나서야 했다. 캐리어를 끌고 봉우 아파트 입구에 도착했다. 때 맞춰 50번 버스가 도착했다. 동래역에서도 그다지 오래 기다리지 않아 307번 버스가 왔다. 만덕터널은 상습 정체구간이었다. 구포를 지나면서 버스는 정상 운행을 했다. 공항에 도착하니 8시였다. 30분이나 여유 있게 도착했다. 만남 장소는 김해공항 국제선 청사 2층 GATE 종합 안내소 앞이라고 되어 있었다. 8시 20분이 되었지만 주변에 일행인듯한 사람은 없었다. 혹시 만나는 장소를 내가 잘못 알고 있는 것은 아닐까 싶어서 나는 교총 담당자에게 전화를 걸었다. 아직 10분간의 여유가 있으니 더 기다려 보라고 했다. 아닌 게 아니라 정확하게 30분이 되자 일행으로 보이는 사람들이 하나 둘…… 모여 들었다. '교사하계해외시찰단'이라는 플랜카드를 펼쳐 보일 때서야 틀림없는 우리 일행이구나 싶었다. 나의 이름을 호명해서 가니까 목에 거는 명찰과 간단한 먹거리가 든 봉지를 제공해 주었다. 그곳에서 나의 룸메이트를 만났다. 동천고 소속, 이름은 한규진, 내보다도 몇 살 어릴 것으로 보였지만 나중에 알고 보니 네 살 위였다. 한국 폴리텍 교수가 한선생의 모습이 롯데의 신동빈 회장을 닮았다고 했는데 내가 봐도 판박이였다. 인상이 한 없이 순해 보였다. 몇 년 전 서울에서 열린 연수에 참가 했다가 룸메이트를 잘못 만나 고생했던 기억이 떠올랐다. 그래서 이번 여행에서는 제발 좋은 룸메이트를 만나게 해달라고 부처님께 기도를 드렸다. 그 기도가 영험이 있었던가 보다. 그리고 동천고는 내가 대학 때 교생실습을 갔던 학교였다. 그리고 그곳에는 나와 친분이 있던 김학봉 선생이 재직하다가 돌아가신 학교이기도 했다. 우리가 탑승할 비행기는 AIR BUSAN BX321 10시 30분발로 예정 되어 있었다. 그렇지만 제주도에서 연착으로 막상 출발은 11시에 했다. 청도까지 비행시간은 1시간 30분이 소요되었다. 청도에 도착했을 때 12시 30. 시계를 다시 11시 30분으로 돌려야 했다. 중국과 우리나라는 1시간의 시차가 있기 때문이다. 이번에야 확실하게 알 수 있었다. 비행기에 탑승하기까지 모두

네 번의 과정을 거쳐야 했다. 제일 먼저 체크인(항공권을 탑승권으로 바꾸는 과정)을 해야 하지만 이건 이미 여행사에서 대리하여 끝내 놓은 상태였다. 그 다음은 수화물을 부치는 과정이다. 이때에도 여권은 필수였다. 두 번째는 소지품을 검사하는 보안검색대를 지나야 했다. 보안검색대에서는 먼저 바구니에 주머니에 있는 것들 (핸드폰, 열쇠 등), 손가방 등을 넣어서 엑스레이에 통과시킨 후 문형금속 탐지기 혹은 전신 투시기를 통과한다. 통과 후 경우에 따라 보안요원이 휴대용 금속탐지기로 추가 검사를 하거나 가끔 무작위로 손으로 더듬어 검사를 하는 경우도 있다고 한다. 금속 탐지기를 통과한 후 이제 엑스레이를 통과한 나의 물건을 챙겼다. 이제 출국의 마지막 관문인 출국심사. 출국심사 과정은 다음과 같다. 먼저 출국심사대 앞 대기선에서 심사관이 부를 때까지 기다리다가 심사관이 부르면 심사대로 가서 여권과 탑승권을 제시한다. 심사관은 여권 및 비자가 유효한지 여부를 검사한 후 출국도장을 찍어주고 여권과 탑승권을 돌려준다. 심사관에게서 여권과 탑승권을 돌려받은 후 심사대를 빠져나오시면 출국이 완료된다. 이후 면세구역부터는 해당국가에서 출국한 상태이기 때문에 해당국의 법을 적용받지 않게 된다. 단, 미국 등의 공항에서는 이 절차가 없고 보안검색을 통과하면 바로 면세구역으로 진행하실 수 있다. 탑승게이트에서는 탑승시각이 되면 탑승구를 열고 제일먼저 일등석, 비즈니스석, 항공사 우수회원, 어린이나 장애인 등 도움이 필요한 사람과 동행하는 승객들이 탑승을 하고 그 다음으로 일반석 구역별 탑승이 이뤄진다고 한다. 일반적으로 자신의 탑승차례가 되면 게이트에서 항공사직원에게 탑승권을 주면 직원이 스캐너로 탑승권의 바코드를 스캔한 후 탑승교를 이용해 비행기에 탑승하면 된다. 이날 우리는 버스를 타고 비행기 쪽으로 이동을 했다. 얼마 전까지만 해도 미국행 비행기 탑승자들은 탑승교 앞에서 2차 소지품 검사를 받았었는데 현재 이 2차 검사는 더 이상 실시하지 않는다고 한다. 내가 앉은 좌석은 제일 뒤편이었다.

-이번에도 제일 뒷좌석이네!

일행 중에 한 명이 불평을 하며 자리에 앉았다.

-그래도 화장실이 가까워서 좋네!

누군가가 옆에서 위로 삼아 이야기를 했다.

-비행이 1시간 30분인데 무슨 화장실에 갈 일이 있겠습니까?

하고 내가 말하니까,

-하긴 그래요.

라고 수긍해 주었다. 비행기를 타면 항상 동반하는 긴장, 초조, 울렁증이 있었지만 예전처럼 심하지는 않았다. '그래, 무슨 테러 영화의 한 장면처럼 잘못될 수도 있어, 그렇지만 지상을 걸어가다가 교통사고도 날 수도 있는 건데…….' 라며 스스로를 다독거렸다. 기내식은 비빔밥이었다. 뜨끈해서 좋았는데 양이 적어 배불리 먹을 수는 없었다. 그곳에 비치된 국제신문을 펼쳐 놓고 비행기를 타는 동안 내내 들여다보았다.

청도에 도착했을 때, 입국심사대를 거쳐야 했다. 입국심사대는 두 군데가 있었는데 내가 서 있는 쪽에 직원이 업무처리가 늦어서 줄이 줄지를 않았다. 그러면서도 그 중국인 심사관은 한국말로 "빨리 빨리!"를 소리 질렀다. 나는 순간적으로 화가 치밀었다. 본인의 잘못으로 일이 늦어지는데도 오히려 우리더러 "빨리 빨리!"를 외치는 게 부

당하게 들렸다. 나는 옆에 있는 일행을 향해,

-지가 느리면서 우리보고 빨리 하라 그러네, 네나 빨리 해라.

그러면서 다소 큰 소리로,

-네나 빨리 하세요.

라고 말했다. 이후 나는 입국심사대에서 다른 사람들보다 서너 배는 지체 되었고, 또 다른 곳으로 이동해서 다시 정밀 심사를 받아야 했다. 그들이 내가 욕하는 소리를 듣고 혼겁을 주기 위해 일부러 그렇게 한 것인지, 아니면 누구 말마따나 여권의 얼굴이 실제 얼굴과 너무 달라서 그렇게 한 것인지 이유를 알 수 없었다. 단 한 가지. 입국심사대에 있는 동안 내내 나의 얼굴이 굳어 있었다는 것이다.

공항에는 소형 버스가 두 대가 기다리고 있었다. 흰 명찰을 목에 건 사람은 1호차를, 붉은 명찰을 단 사람은 2호차를 탔다. 버스에는 27살의 조선족인 윤택화라는 청년이 마이크를 잡고 자신을 소개했다.

-저는 27살의 청년으로 파평 윤씨에다 우리 아버지가 모택동의 '택'자에다 중화민국의 '화'자를 써서 '택화'라고 지었습니다.

라고 자신을 소개했다.

-우리 가이드는 빤질빤질해서 학교 다닐 때에 선생님에게 야단을 많이 맞았을 것 같아.

일행 중 누군가가 그렇게 이야기 하자, 그는 실제로 고등학교를 다닐 때 분필로 선생님에게 많이 맞았다고 고백했다.

우리가 점심을 먹으러 간 곳은 공항에서 차로 2~3분 거리에 있는 '경회루'라는 음식점이었다. 그곳에서 김치찌개를 먹었는데 묵은 김치로 만든 찌개가 그런대로 먹을 만 했다. 이때 족자를 들고 그릇에 담는 일을 내가 했는데 나는 부산외대 안 교수에게 제일 먼저 찌개를 담아서 건넸다. 그는 첫인상이 아주 고약했다. 얼굴이 아주 신경질적으로 생긴데다 키가 아주 작았지만 어깨가 딱 벌어져 힘깨나 쓰게 보였다. 나중에 안 사실이지만 그는 기계체조를 했다고 한다. 그는 고등학교 때 싸움꾼이어서 덩치가 큰 사람하고 싸워서 이겼다는 이야기를 했다. 그의 외모에 주눅이 들어 그에게 제일 먼저 찌개 그릇을 건넨 것은 아니다. 순전히 '미운 놈에게 떡 하나 더 준다.'는 심정이었다. 그렇지만 나의 그런 행동이 룸메이트인 한 선생에게는 섭섭했던 모양이다. 저 논어에 나오는 것처럼 친한 이를 더 챙겨야 하는데 그렇게 하지 못한데 따른 섭섭함이 작용했을까? 그는 나중에 술을 따를 때 제일 마지막에 나에게 따랐다. 나는 과장스런 몸짓으로 전혀 섭섭하지 않다는 몸짓을 해 보였다. 첫 번째 방문지는 임치에 있는 고차박물관. 가이드의 자칭 아가리방송?은 끝없이 이어졌다.

-팽덕회는 모택동에게 인사를 할 때에 말 위에서 했지요. 그래서 팽 당한 겁니다. 춘추전국시대에 공자 중이(重耳)가 위라는 나라에서 홀대를 받고 벌판에 신하들과 함께 굶주림으로 사경을 헤맬 때, 중이 앞에 난데없이 한 사발 고깃국을 바치는 신하가 있었습니다. 뱃가죽이 등판에 달라붙는 지경의 공자 중이가 걸신이 들려 주위를 살필 것도 없이 허겁지겁 그릇을 비우고 난 연후에 개자추에게 물었다. "지금 형편에 고깃국을 어디에서 구했오?" 개자추가 아룁니다. "그 고기는 신의 허벅지를 베어 끓인 것입니다." 개자추의 주군 모시는 충성에 감동하여 공자 중이는 너무 안타깝고 미안한 마음에 감격이 북받쳐 개자추를 끌어안고 크게 소리를 내어 울었습니다. 19년간의 기나긴 망명생활 끝에 공자 중이(重耳)는 진목공(秦穆公)의 도움으로 고국에 돌아와 군위에 올랐습니다. 그가 바로 춘추 오패(五覇)중 중국천하

물정에 가장 박식한, 정치적 덕망으로 가장 우뚝한 진문공(晉文公 기원전 697년~기원전 628년, 재위 : 기원전 636년~기원전 628년)입니다. 이후 진문공은 개자추에게 은혜를 갚기 위해 신하를 보냈지만 개자추는 오지 않았습니다. 나중에는 산의 출구 한 곳만 비워 놓고 사방에 불을 질렀지요. 그러면 그리로 개자추가 나올 것이라고 생각한 것입니다. 그렇지만 개자추는 잿더미로 발견 되었습니다. 진문공은 이날만큼은 불을 사용하지 말도록 했습니다. 이것이 오늘날 한식의 기원이 된 겁니다.

여기까지 이야기를 마친 가이드는 이어서 고속도로 휴게서 물건을 살 때 주의할 사항을 이야기 해 주었다.

-실제로 있었던 일입니다. 봉다리를 뜯었는데 알고 보니 유통기한이 훨씬 지난 겁니다. 문제는 한국에서처럼 쉽게 교환을 해 주지 않는다는데 있어요. 뜯으면 자기네가 판 것이 아니라고 합니다. 그러면 안 뜯고 가져가면 쉽게 바꿔 주는가 하면 그것도 아닙니다. 그때는 자기네가 판 것이 아니라고 부인합니다. 이래저래 확인을 철저히 하고 사거나 물건을 사지 않는 것이 가장 현명합니다.

중국에서는 고등학교를 나와 취직을 하면, 한국 돈으로 30만 원부터 출발한다는 말도 했다. 우리 일행의 첫 방문지는 춘추시대 제나라의 수도 임치에 있다는 '고차박물관(산동/쯔보 치박/린쯔 임치)'이었다. 1990년 5월, 제남-청도 간 고속도로를 건설하다가 우연히 2,600여 년 전 제나라 왕의 무덤 주위에 순장한 말과 마차를 묻은 대형 차마갱(車馬坑)이 발견되어 발굴하였다고 한다. 발굴 결과 전쟁 때 사용하던 전차 10량과 말 32필이 햇살 아래 드러났다. 이 유물들도 말은 없지만 많은 이야기를 담고 있을 것이다. 그렇지만 우리 일행 중 누구도 그 이야기를 해 줄 능력을 가진 사람은 없었다. 그야말로 주마간산 격으로 휙 둘러보고는 빨리 버스에 오를 수밖에 없었다. 누런 비닐로 된 발(簾)이 문 대신 늘어뜨려져 있는 화장실이 인상적이었다. 차는 계속 달려서 요성으로 향했다. 차창 밖으로는 어김없이 옥수수밭과 포플러 나무가 즐비했다. 포플러 나무 앞에 이따금 향나무가 뾰족하게 하늘로 치솟아 있는 것이 전부였다. 이따금 그 사이로 사람들이 삼삼오오 모여 무엇인가를 하고 있었다. 남자들은 웃통을 벗어젖힌 사람들이 많았다. 이동 수단은 자전거이거나 오토바이를 삼륜차처럼 개량한 것이었다. 멀리서 바라보는 풍경은 언제나 평화롭다.

이날 우리가 묵은 요성 치평호텔은 넓고 깨끗했다. 이 호텔뿐만 아니라 이후 우리가 잠을 잤던 거의 모든 호텔들이 현대식으로 꾸며져 비교적 아늑하고 편안한 느낌을 주었다. 침실에서 욕실 쪽으로 유리 칸막이가 되어 있었는데 투명해서 욕실에서 씻고 있는 모습을 훤하게 다 볼 수 있었다. 이날 밤 한규진 선생은 정식으로 서로 자신을 소개했다. 한선생의 고향은 전북 장수라고 했다. 3남 3녀 중 셋째였다. 나는 논개의 고향이 장수였다고 말하자 그렇지 않아도 장수에서는 해마다 논개를 기리는 축제가 열린다고 했다. 그는 소주 4홉들이 2병을 사 왔는데 모자라지 않을까 걱정 된다고 했다. 그렇지만 술을 주로 마시는 사람은 나였고 그는 별로 들지를 않았다. 마지막 관문이 남았다. 과연 그가 코를 얼마나 골 것인가가 초미의 관심사였다. 스스로 말한 것과는 달리 그날 밤 거의 코를 골지 않았다. 귀마개를 미처 준비 못한 나로서는 여간 걱정이 되지 않았는데 참으로 다행한 일이었다.

7월 26일 화요일

호텔 측에서 모닝콜을 해 주었지만 별 무 소용이었다. 나는 집에서와 마찬가지로 5시가 조금 지나서 일어났다. 식사를 마치고 버스 탑승 시각은 7시 30분. 전날 밤 샤워를 했지만 아침에 또 다시 샤워를 했다. 밤사이 몸에서 땀이 많이 배출 되었을 것이다. 한선생은 아마도 내가 내는 물소리 때문에 충분히 늦잠을 자지 못했을 수도 있다. 아침 식사는 호텔식이었는데 야채와 고기를 적절히 배분해서 잘 먹었다. 이날 목적지는 태항산 대협곡이었다.

평지만 줄곧 네댓 시간을 달리다가 산을 보니 마치 한국에 온 듯한 착각이 일어나면서 반가움이 앞섰다. 태항산은 남북으로 600km 동서로 250km 뻗어 있는 거대한 산맥이며 미서부 그랜드캐년과 닮아서 중국의 그랜드캐년으로 불린다. 우리나라 태백산맥에 오대산 설악산이 있는 것처럼 태항산맥은 구련산, 만선산, 왕망령, 천계산, 태항산 대협곡(도화곡, 왕상암)을 품고 있다. 켜켜이 쌓여있는 바위가 오랜 세월 온갖 풍상을 겪은 것을 말없이 전해주고 있다. 태항산맥은 예로부터 그 험준함으로 인하여 전한(前漢)을 멸망시키고 신(新)나라를 건국한 왕망(王莽)과 후한(後漢)을 건국한 류수(劉秀, 광무제)가 치열한 싸움을 벌인 곳이다. 이를 증명하듯 구련산과 주가포 사이에는 웅장한 성곽과 같은 형상을 한 해발 1,600 미터의 류수성(劉秀城)과 차로 20분 떨어진 거리에 왕망령(王莽嶺)이 마주보고 있다. 그리고 이곳은 근대에 와서 일제시대 우리 광복군이 중국 팔로군과 연합하여 일본군과 맞서 치열한 전투를 벌인 곳이기도 하다. 열자(列子) 탕문편(湯問篇)에 나이 90세가 넘는 우공(愚公)이 둘레 700리가 넘는 태항산의 흙을 퍼서 발해만까지 한 번씩 운반하는데 1년이 걸렸는데, 사람들이 이를 비웃었으나 자자손손 대를 이어 하다보면 언젠가는 산을 옮길 수 있다고 믿고 일을 계속하자 이에 옥황상제가 감동받아 산을 옮겨 주었다는 우공이산(愚公移山)의 배경이다. 부산교총해외시찰단은 그곳에서 산을 배경으로 기념촬영을 하였다.

산행 기념으로 지도가 그려져 있는 스카프를 구입하고자 기념품 가게에 들렀다. 내가 "스카프!"라고 하자 전혀 못 알아듣는다. 호주머니에 있는 손수건을 꺼내어 펼쳐 보이자 타올을 가리켰다. 나는 포기하고 옆집에 갔다. 그곳의 남자 주인은 한국말을 잘 했다. 아마도 한국사람인 것 같았다. 아기를 안고 있는 여주인은 젊었는데 중국 여자였다. 한국 남자가 중국에 와서 새 장가를 들고 정착을 했나 싶었다.

-지팡이 한 개 천 원!

이라고 외쳤지만 사는 사람이 별로 없었다.

-빌려 드릴게요, 그냥 가져가세요.

남자 주인은 그렇게 외쳤다. 하나 둘 씩 빌려 가는 사람이 눈에 뜨였다.

-나중에 하산 하실 때 꼭 돌려 줘야 합니다. 안돌려 주시면 한국사람 이미지가 다 나빠집니다.

지팡이가 거추장스러울 것 같아서 그냥 산을 올랐다. 漸入佳境이라는 말이 여기에 딱 어울릴 것이다. 내가 이번 여행에 온 주 목적은 공자의 고향인 곡부이지만 많은 사람들이 여행지의 으뜸 장소로 여기 태항산을 꼽았다. 맑은 물이 흥건하게 고여 있는가 하면 그 위에 폭포가 있었다. 가늘고 길게 떨어지는 폭포가 있는가 하면 넓고 짧게 떨어지는 폭포도 있었다. 나는 가다가 간판에 '漁問溪緣'이라고 쓰인 조그만 가게를 보았다. 도연명의 도화원기에 보면 어부가 도화원을 찾아가는 계곡을 묻는 대목이 나온다. 아마도 거기에서 착안한 글인가 보았다. 그러고 보니 이 계곡의 이름도 도화곡이 아닌가?

산허리를 깎아 길을 만들었는데 폭이 겨우 두 사람이 서로 오갈 수 있는 좁은 길이었다. 도화곡은 태항산의 아름다운 협곡으로 엄동설한에도 복숭아꽃이 피는 곳이라 하여 이름이 유래하였다. 도화곡 협곡은 수억만 년 전 지질 형성 중에 유수의 침식으로 인하여 홍암석이 씻겨 나타난 깊은 골짜기이다. 협곡에는 맑은 물과 폭포가 흐르며, 연못과 폭포가 어우러져 마치 한 폭의 그림과 같다. 물은 깨끗하고 맑았다. 중간 중간마다 기념품을 파는 곳이 있었다. 할머니와 손녀, 며느리가 총 동원하여 복숭아를 파는 곳도 있었다. 예닐곱 살 된 계집아이는 언제부터 배웠는지 할머니를 따라 “천원, 천원!”을 외쳤다. 한선생과 나는 서로 사진을 찍어 주기에 여념이 없었다. 앞서거니 뒤서거니 하다가 드디어 휴게소가 있는 목적지에 도착했다. 아마도 우리가 제일착이었을 것이다. 30분 정도 기다렸을 때에야 전원이 무사히 도착했다. 내려올 때에는 관광을 위해 만든 전용차를 타고 내려왔다.

왕상암(王相岩) 풍경구는 석판암(石板岩)이라는 마을을 시작으로 전망대까지 대략 800m의 산길이 뻗어 있다. 왕상이란 중국 역사상 3,300여 년 전의 왕조 은나라 무정(武丁)과 노예 신분으로 재상까지 지낸 부열(傅說)의 고사가 서려 있는 곳이다. ‘무정과 부열’ 즉 왕과 재상이 이곳에서 함께 거주했다고 해서 얻어진 지명이다

-당나라 때부터 왕상암은 이름을 날리게 되어 풍경구 동쪽은 시냇물과 잇달아 있고, 서쪽은 절벽을 의지하고 있으며 좌우 양측 가파른

절벽으로 둘러싸여 폐합이 강한 위곡을 이루어, 중국 고대 풍수학 '좌청룡, 우백호, 전주학, 후현무'의 이상적인 모식과 결부 되어 역대 명인들이 이곳에 은거생활을 하였습니다. '왕상'의 이름은 상나라 때부터 사용하기 시작하여 상왕 무정은 상조 제22번째 국왕이며 상은 노예출신인 국상 부열입니다. 어린 시절에 무정은 아버지 소을의 지시에 따라 상도서부(오늘날의 여산)에서 노예들과 함께 노동을 하면서 돌을 채취하여 성을 쌓는 노예 부열과 알고 지내게 되어, 상왕은 부열의 재능을 잘 알고 있었습니다. 무정이 왕위에 오른 후 부열을 상으로 채용하여 왕상이 협력하여 역사적으로 유명한 '무정중흥'을 창설하여 상왕조 전성시기에 달하였습니다.

안내 표지판에 씌어 있는 전문을 옮겼다. 띄어쓰기가 전혀 되어 있지 않아 옮기는데 애를 먹었다. 맞춤법에 맞지 않는 대목도 있었다.

-중국산에서는 우리나라에서 볼 수 없는 풍경이 있어요. 그건 젊은이들이 산을 많이 오른다는 거예요. 어쨌든 그건 바람직한 일입니다.

부부가 함께 온 어느 초등학교 선생님의 말씀이었다. 그 말은 사실이었다. 많은 중국의 젊은이들이 산을 오르내리고 있었다. 그 중에 신기한 일은 여학생들이 삼삼오오 짝을 이루어 많이 오르내리는 모습이 심심찮게 발견된다는 것이었다. 어쩐지 중국의 밝은 미래를 보는 것 같았다. 왕상암에서 나의 산행은 통제계단 앞에서 멈추었다. 아무 생각 없이 세 바퀴를 오르고 난 다음에 나는 심한 갈등을 느꼈다. 계속 계단을 올랐다가는 후회하게 될 것 같았다. 내가 어떻게 잘못되는 것도 문제지만 나로 인해서 다른 일행들에게 피해를 주게 될까봐 그게 더 겁이 났다. 안내표지판에는 심장병 환자는 통행을 금지한다고 씌어 있었다. 담력이 약하다는 소리를 들어도 할 수 없었다. 나는 뒷

걸음질을 쳐서 그 계단을 내려왔다. 나에게 고소공포증이 있었던가? 지금 이 시점에서는 누가 있다고 말하더라도 어쩔 수 없다.

이날은 임주 홍기거홀리데이 호텔에서 여장을 풀었다. 저녁 식사를 할 때 칭따오 맥주는 어디서나 인기였다. 곡부 슈퍼에서 1,000원이라는 저렴한 가격으로 팔았다. 그런데 이 호텔 식당에서 여직원이 친절을 베푼답시고 병마개를 따서 가져왔다. 그런데 폴리텍 교수라는 분이 병마개를 따지 말고 새 것을 가져오라고 했다. 그 여직원으로서는 입장이 난처하게 된 것이다. 그것을 안이라는 성을 가진 외대교수가 대신 배상을 해 주겠다고 나섰다. 그렇지만 중국어를 할 줄 몰라서 여간 애를 먹지 않았다. 그 여직원들도 모여서 웃었고 우리 일행도 웃음밖에 나오질 않았다. 나는 믹스커피를 마시고 싶어서 손가방에 든 믹스커피를 꺼내어 종이컵에 따르고 뜨거운 물을 채워달라고 부탁했다. 그런데 이 아가씨가 종이컵에 물이 찰랑찰랑하도록 부어서 결국 먹지 못하고 버려야 했다. 이날 호텔에서 샤워를 하는데 물이 잘 나오질 않아 애를 먹었다. 임주는 연강수량이 500㎜ 정도로 예부터 물이 귀한 동네라고 했다.

7월 27일 수요일

'청도-임치-요성-안양-임주'까지 왔으니 어지간히 서쪽으로 왔다. 이제 다시 제남으로 돌아가야 했다. 차 안에서는 자다가 깨기를 반복했다. 바깥은 어김없이 포플러나무와 옥수수 밭이 이어졌다.

-그냥 세계에서 가장 큰 옥수수 밭을 구경하고 있다고 생각하세요.

젊은 가이드는 그렇게 말했다.

-하여튼 중국에서는 그런 말이 있습니다. 살려면 중경, 죽으려면

성도, 먹으려면 광동, 취하려면 산동이라고 합니다. 한국에서와 마찬가지로 중국에서도 지역 갈등이 있는데 중국에서 지도자들은 주로 호남성 출신이 많습니다.

그는 대표적인 예로 마오쩌둥과 시진핑을 들었다. 저우언라이가 화장을 하고 난 영향도 있겠지만 중국은 거의 100% 화장이라고 했다. 수양제가 항경운하를 건설할 때 호수를 연결하는 방식을 택했다는 말도 나에게는 지식을 제공하는 하나의 팁이었다.

-지금 우리가 산동성을 가고 있지만 중국에는 이렇다 할 유물이 별로 없습니다. 대만으로 이동하면서 장개석이 거의 다 가져갔습니다. 당시 장개석 배를 향해 대포를 쏠 수도 있었지만 그렇게 되면 유물이 바다에 수장이 되기 때문에 쏠 수 없었다는 말도 있습니다. 중국을 알려면 스무 번을 왔다 가야 한다는 말이 있지만 저 같은 경우 중국에 27년을 살아도 잘 모릅니다. 스무 번 왔다 가서 어떻게 알겠습니까?

나는 속으로 그렇게 생각했다. '평생을 산들 제대로 알 수 있으랴!'

-공무원이 아파트 선정부지에 대한 정보를 흘리고 그 대가로 뒷돈을 받으면서 엄청나게 부자로 급성장할 수 있는 곳이 여기 중국입니다. 공무원이 어떻게 정상적인 봉급으로 자녀를 미국이나 러시아에 유학을 보낼 수 있겠습니까? 그렇지만 동북에서는 공무원이 한국 돈 60~70만 원으로 부자가 될 수 있지만 광동에서는 불가능합니다.

그만큼 광동 사람들의 생활수준이 높다는 이야기다. 오늘 우리가 가는 제남이란 제수의 이남을 뜻하고 제수란 황하의 물줄기를 말한다고 한다. 치우와 염화에 대한 이야기는 내가 전혀 모르는 분야였다. 최근 중국 당국이 치우천황에 대한 연구가 활발한 이유를 인터넷에서 찾아보았다.

……이렇듯 의미가 깊은 치우천왕의 역사지만, 그의 활동영역이 대부분 현재의 중국 땅인 데다 국내 문헌사료의 부족 등을 이유로 국내 학계는 치우 연구를 소홀히 했고, 아예 중국 고대의 신화인물로 치부하고 있다. 반면 중국 측은 몇 년 전부터 "치우는 묘족의 선조일 뿐 아니라 황제, 염제와 더불어 중화민족 역사의 3대 인문시조(人文始祖)"라고 주장하고 치우 복원에 박차를 가하고 있다. 치우가 중국의 조상이라면 그가 다스린 '구려'와 그 후신인 고구려는 자연스럽게 중국 역사에 편입되고, 치우의 영역과 법통을 이어받은 고조선 역사마저 중국에 귀속될 것이다. 전통적으로 중국인들은 삼황오제(三皇五帝)를 신화적 존재로 보았고, 하우(夏禹)부터 실존 역사로 취급했다. 황제의 자손인 하우를 그들의 조상으로 받들면서 스스로를 화하족이라 불렀다. 그 외에 염제의 후손인 동이족과 치우의 후손인 묘만족은 오랑캐라며 야만족 취급을 했다. 1997년 4월 호남성 이안링(炎陵縣)현에 있는 염제 신농의 무덤을 찾아갔다가 높은 산 위에 '염황지자손(炎黃之子孫)'이라는 큰 간판이 세워져 있는 것을 보았다. 중국인들이 황제의 자손(子孫)일 뿐 아니라 염제의 자손이기도 하다는 것을 강조한 문구였다. 그동안 중국에서는 유적유물의 발굴 작업이 진행될수록 황하문명을 비롯해 선진(先秦) 문명의 주인공이 그동안 오랑캐라 비하하던 동이족임이 드러나고 있었다. 한자를 비롯해 우수하다고 알려진 많은 중국문화가 한족의 문화가 아니라는 연구도 속속 나옴에 따라 황제의 자손인 것만 강조해서는 더 이상 정통성을 인정받기 어려운 상태가 된 것이다. (인터넷에서 퍼온 글)

주무왕과 강태공의 초상이 나타나자 가이드는 그들의 이야기를 해주었다. 다음은 내가 인터넷을 보고 거병을 해서 상나라 주왕을 칠 때의 이야기를 인용한 것이다.

“심히 불길하옵니다. 거병하지 않는 것이 좋겠습니다.”

점괘를 확인한 태사가 말했다.

태사의 말이 끝나자마자 폭풍우가 몰아쳐 장막을 흔들어 놓았다.

“아, 아직도 하늘은 저 무도한 주를 돌본단 말인가!”

무왕은 낙담하여 감히 출정 명령을 내리지 못했다. 대신과 장수들도 고개를 절레절레 흔들었다. 이때 불쑥 신탁(神卓) 앞으로 나서는 이가 있었다. 백발에도 형형한 눈빛이 번득이는 그는 강태공이었다.

“말라비틀어진 뼈다귀와 풀 따위가 어찌 천지화복 길흉을 알리요!”

강태공은 탁자 위의 거북 껍질과 그것을 태우는 데 쓰는 풀 더미를 손으로 쓸어내려 발로 밟아 버렸다.

“천지간의 으뜸은 사람입니다. 우리가 굳게 결심한다면 무엇을 두려워 하리요. 때를 얻기는 어려워도 잃기는 쉬우니, 출정해야 합니다!”

강태공이 좌중을 둘러보며 호기 넘치게 말했다.

“상보의 의견이 장히 옳소. 천륜을 어기고 오직 제 몸과 부인만을 위하는 폭군 주에게 천벌을 집행하려 한다. 출정하라!” (인터넷에서 퍼온 글)

-제가 고등학교를 다닐 때, 우리 학교 친구들은 수문제 욕을 많이 했습니다. 수문제만 아니라면 학교 시험이 없는 것 아니냐, 수문제 때문에 학교 시험도 생기고 국가 공무원도 시험으로 뽑는다고 했거든요.

이 이야기도 내가 모른 분야다. 어쩔 수 없이 인터넷에 의존할 수 밖에 없다.

……관리 선발에서 수문제는 9품중정제(9品中正制)를 폐지하고 재능이 있는 사람을 등용하기 위해 시험을 보는 제도를 내왔습니다. 이 제도는 시초의 과거(科擧)제도라고 할 수 있습니다. 이 제도는 세속적으로 관리가 되는 길을 막고 유능한 인재들이 관리로 발탁되는데 기회를 창조해 주었습니다.(인터넷에서 퍼온 글)

구품중정제(九品中正制)는 위진남북조시대(220~589)에 실시된 관리 임용제도이다. 원래는 구품관인법(九品官人法)이라 하였다. 우선 지방의 군(郡)마다 그 군 출신 관리들 가운데서 중정(中正)이란 관리를 선정하여 군내 관리에 대한 재능·덕행을 조사시켜 이를 1품에서 9품으로 나누고 이를 향품(鄕品)이라 했다. 한편 정부는 이 향품에 대응하기 위해 관료의 등급을 역시 1품에서 9품까지 구분하고 이를 관품(官品)이라 칭했다. 이것은 한나라 때의 향거이선(鄕擧里選)에 대치된 제도이며, 이 시대에도 다른 선정 방법과 병용되었는데, 수나라 때 과거가 실시되기까지 관리 임용법으로서 가장 중요한 것이었다. (인터넷에서 퍼온 글)

가이드는 한 인물의 사진이 있는 앞에서 이름을 가리고 얼굴만 보고 그의 이름을 맞춰보라고 했다. 부끄럽지만 알 수가 없었다. 그의 이름을 손중산이라고 했다. 나는 손문의 삼민주의는 일찍이 들어봤지만 손문이 손중산이라는 것은 이번에 처음 알았다.

쑨원(중국어 정체: 孫文, 간체: 孙文, 병음: Sūn Wén, 1866년 11월 12일~1925년 3월 12일)은 중국의 외과 의사이자 정치가이며 신해혁명을 이끈 혁명가, 중국국민당(中國國民黨)의 창립자이다. 호(號)는 일선(중국어: 逸仙, 병음: Yìxiān, 이셴[*], 광둥어: Jat6 Sin1 얏신[4]), 본자(本字)는 덕명(중국어: 德明, 병음: Démíng, 더밍[*]), 별명은 중산(중국어: 中山, 병음: Zhōngshān) 또는 나카야마(일본어: 中山 なかやま)이다. 중화민국의 국부다. 광둥 성 출신으로 홍콩에서 의학교를 졸업하였다. 재학 중에 혁명에 뜻을 품고 1894년 미국 하와이에서 흥중회를 조직하여 이듬해 광저우에서 최초로 거병했으나 실패했다. 그 후 일본과 유럽 등지에서 망명하면서 삼민주의를 착상, 이를 제창했다. 1905년 일본 도쿄에서 유학생, 화교들을 중심으로 중국혁명동맹회를 결성, 반청 혁명운동을 전개했다. 1911년 쑨원은 난징에서 신해혁명을 크게 성공시킴으로써 1912년 1월 1일 중화민국 임시대총통이 되었으나, 북양군벌의 거두 원세개와 타협, 같은 해 3월 1일 원세개에게 실권을 위임하였고 급기야는 같은 해 3월 10일 원세개에게 대총통직을 넘겨주었다. 같은 해 '제2혁명'에서 실패하고, 일본으로 망명, 이듬해 중화혁명당을 결성하여 반원(反遠, 반 원세개) 운동을 계속했다. 1917년 광저우에서 군 정부를 수립, 대원수에 취임하고, 1919년 중화혁명당을 개조, 중국 국민당을 결성했다. 1924년 국민당대회에서 '연소, 용공, 농공부조'의 3대 정책을 채택, 제1차 국공합작을 실현시켰다. 이어 '북상선언'을 발표하고 '국민혁명'을 제창, 국민회의를 주장했으나, 이듬해 베이징에서 병사했다. 쑨원의 묘는 난징에 있다. 오늘날 중화민국에서 국부로 추앙받고 있고, 중화인민공화국에서는 마오쩌둥보다도 유명한 혁명 선구자로서 존경받고 있다. (인

터넷에서 퍼온 글)

1층에서 2층으로 올라가는 중앙계단이 크고 웅장해서 그 곳에서 사진을 한 장 찍었다. 정말 전시품이 많지 않아서일까? 중국과 아무 관련이 없는 서양 조각의 모조품이 번듯하게 공간을 차지하고 있었다. 왼쪽에 있는 다비드상이 그 대표적인 예이다. 이런 모조를 두고도 사전에 관람객에 대한 보안 검사는 얼마나 철저히 했던가? 한 마디로 실소를 자아내게 하는 일이었다. 제남은 '샘물의 도시[泉城]'라 했다. 72개의 큰 샘이 있다고 했다. 일부만 언뜻 보는데도 새로운 도시로 번성하는 활력이 느껴졌다. 천성광장(泉城廣場)은 아주 넓다. 한 바퀴 돌아보려 했으나 중간에 멈추었다. 거대한 분수가 있었지만 우리가 갔을 때는 물을 뿜는 것을 볼 수가 없었다. 샘물이 많은 제남에 가장 큰 볼거리가 있는 대명호이다. 여러 개의 연못이 모여 이뤄진 '샘의 호수'다 제남 시민들의 휴식처로 유명하며 각 드라마 촬영지나 영화촬영지로 이용 되어 더욱 유명세를 탄 곳이라고 한다. 점심 식사를 끝내자마자 우리는 곡부를 향해서 차를 달렸다. 사실 나는 이번 여행지에서 곡부가 빠졌더라면 이 여행을 포기했을 지도 모른다. 그만큼 곡부는 논어를 배우는 나에게는 의미 있는 장소라 할 수 있다. 4시간 정도 소요가 되어서 7시쯤에 곡부에 있는 어느 식당에 도착했는데 그 집에서 나는 그 유명하다는 공부가 술을 거푸 넉 잔 정도를 마셨다. 독한 술일수록 빨리 깨는 것은 정한 이치고 무엇보다 목 넘김이 부드러워서 그렇게 많이 마셨던 것 같다. 곡부 상그릴라호텔로 이동해서 짐을 부려 놓고 룸메이트인 한선생과 나는 맞은편에 있는 백화점에 갔다. 우리가 백화점으로 가기 위해 호텔 앞에 서성거릴 때,

어떤 중년이 자신이 자전거로 모는 인력거에 타라고 손짓을 했다. 우리는 눈짓으로 그냥 따라갔다가는 위험천만일 거라는 말만 했다. 백화점에는 사고 싶은 옷도 많았다. 그렇지만 전부 위안화로만 표기 되어 있어서 한국 돈으로 환산해서 얼마인지 일일이 물어 보아야 했다. 드디어 상품과 가격이 모두 흡족해서 하나를 사려 했는데 한국 돈은 안 된다고 해서 결국 포기하고 말았다. 중국 백화점 아가씨들은 어쩌면 그렇게 하나같이 영어를 못하는지……. 일본 백화점 직원과는 너무 대조적이었다. 그렇지만 젊은 아가씨들과 손짓 발짓을 하며 흥정을 하는 것도 작은 즐거움을 안겨다 주었다. 그렇게 놀다가 우리는 호텔 숙소로 돌아왔다. 이날도 한선생은 며칠 전부터 찾아온 치통 때문에 여간 고생이 아니었다. 부산에 도착하는 즉시 이를 뽑아 버려야겠다고 별렀다. 진통제를 먹으면 조금 낫다가 약효가 사라지면 또 다시 통증이 찾아오는 그런 식이었다. 이날도 10시가 지나자 우리는 일찍 잠자리에 들었다.

7월 28일 목요일

이날 조반은 6시 30분부터 호텔식이었다. 그리고 출발 시각은 8시 30분이었다. 시간적인 여유가 많았다. 아침 식사를 마치고 나는 어제 갔던 기념품 가게에 갔다. 나는 어제 이곳에서 공자와 그의 제자들이 그려져 있는 부채 7개를 샀다. 개당 천 원씩이었다. 여주인은 지나치게 싸게 팔았다며 다른 사람들에게 그렇게 싸게 샀다는 말을 하지 말라며 입에 집게손가락을 갖다 대었다. 문이 닫혀 있다가 늦게 열렸는데 나는 공자의 일대기가 그림으로 그려져 있는 화첩 세 권을 4천원에 샀다. 곡부의 명승지가 소개 되어 있는 '성역통람'이라는 책과 학이편이 새겨져 있는 작은 죽간을 샀다. 다 합쳐서 만 원을 넘지 않았을 것이다. 공자상이 새겨져 있는 옥으로 된 도장이 있었는데 그 곳에 내 이름을 새기면 4만 원이었다. 어젯밤에 주인인 젊은이에게 부탁해서 그 도장에 내 이름을 새겼다.

삼공(공묘, 공부, 공림) 중에 우리가 가장 먼저 찾은 곳은 공묘였다. 대로변에 버스를 세워 놓고 우리는 양쪽으로 기념품을 파는 가게가 즐비한 길을 따라서 들어갔다. 만인궁장(萬仞宫墻)은 명대에 건설된 취푸성 정문인데 지금은 공묘의 기점이다. 현판은 건륭제의 친필로써 자로의 학문은 어깨높이지만 공자의 학문은 만인(1인은 8척)이 되어 누구도 넘볼 수 없는 무궁한 학문이란 뜻이다. 첫 패방 금성옥진(金聲玉振), 맹자가 공자의 집대성을 칭송한 말이다. 쇠로 된 '종(鐘)'을 치는 것이 제례악의 시작이고, 옥으로 된 '경(磬)'을 치는 것이 끝인데 공자가 학문의 시작과 끝을 하나로 집대성했다는 의미이다. "孔子之謂集大成。集大成也者 , 金聲而玉振之也。"(孟子 萬章下)

공자가 백이, 이윤, 유하혜 세 성인의 일을 모아서 일대성인의 일을 이루었다. 대성전. 공묘의 지붕색은 황금색이다. 황금색은 황제를 상징한다. 황제에 버금가는 반열에 오른 이는 공자뿐이다. 크기 면에서도 역시 고궁의 태화전과 태안의 대묘와 함께 3대 건축물이라 한다.

우리가 갔을 때 마침 사당에 제사를 지내는 모습을 재현하고 있었다. 나는 대기하고 있던 행사요원 중의 한 명과 기념촬영을 했다. 시기를 해서인지 그것도 한선생이 찍을 때에는 웬 아줌마가 다가와서 같이 사진을 찍지 말도록 훼방을 놓았다. 사람에게 떠밀려 갔다가 떠

밀려 나오다 보니 정작 경건한 마음은 온 데 간 데 없었다. 그리고 가이드가 워낙 시간을 적게 줘서 제대로 구경할 여유를 갖지 못했다. 공부를 나오면서 나는 마음이 다급해졌다. 낯 선 가게에 들러 구리로 된 공자상을 하나 집어 들었다. 얼마냐고 물을 틈도 없이 만 원짜리 하나를 쑥 내밀었다. 주인도 반가운 기색이다. 어째 공자상을 사면서 깎자는 말을 할 수 있으랴. 버스를 타고 다음으로 이동한 곳은 공부다. 공자의 후손들이 모여 사는 마을이라고 했다.

-문화혁명 때 이곳에는 피해가 없었나요?

내가 가이드에게 물었다.

-문화혁명 때는 피해가 없었고 진시황 때 '분서갱유'로 피해가 컸습니다.

-분서갱유는 왜 일어났나요?

일행 중에 한 사람이 물었다.

-진시황이 과거의 봉건제에서 탈피해서 새로운 군현제를 실시하려고 하자, 봉건제를 주장하는 선비들이 대거 반발을 하는 과정에서 일어난 일입니다. 이런 선비들을 살려뒀다가는 절대왕권으로 백년대계를 꿈꾸는 시황에게 위협이 될 거라고 생각했던 모양입니다.

가이드의 뒤에 말은 맞다. 그렇지만 내가 알아본 바에 의하면 앞에 말은 틀렸다. 문화혁명 때 비석이 부서지고 이만저만한 수난이 아니었다는 글을 어디에선가 읽었기 때문이다. 논어에 보면 아는 것을 안다고 하고 모르는 것을 모른다고 하는 것이 아는 것이라고 했는데 가이드는 그 실수를 범한 것이다. 그렇다고 그 자리에서 내가 뭘 많이 아는 듯이 나서는 것도 예의가 아니라서 그냥 입을 꾹 다물고 있었다. 정원에는 붉은 백일홍이 뙤약볕 아래에서 얌전하게 앉아 있었다.

작은 연못이 있고 그곳에는 붉은 연꽃이 탐스럽게 피어 있었다. 모든 일정이 바쁘게 돌아갔다. 우리는 또다시 부랴부랴 공림으로 향했다. 공림(孔林)은 공자와 그 자손(子孫)들의 묘가 있는 곳으로 세계에서 제일 오래되고 가장 규모가 큰 가족묘(家族墓)이다. 곡부의 북쪽으로 1.5km를 가면 '지성림(至聖林)'이라는 문이 나오고 여기서부터 공림이 시작된다. 여러 왕조를 거치면서 그의 지위가 커지고(황제들도 이곳에 와서 제사를 지내고 갔다). 공림의 면적이 계속 넓어져 현재는 약 60만평에 담장의 길이가 7km에 이르며 묘가 약 2만기가 있다. 가이드는 묘가 즐비한 공림의 입구 복판에 서서 '이곳에 서면 늘 기분이 음산해지고 으스스한 느낌이 든다.'라고 말했다. 나이가 들어간다는 것은 삶과 죽음의 경계가 점차 희미해져 간다는 것은 아닐까? 저 친구는 아직 젊었으니까 저런 말을 할 수 있는 거겠지 싶었다.

가이드는 학교를 다닐 때 공부를 싫어했다고 했다. 반드시 그 이유만은 아닐 것이다. 그 이후로라도 전문성을 키우기 위해 열심히 노력했더라면 그런 실수를 범하지는 않았을 것이다.

-공자님이 돌아가실 때 제자 중에 자유라고 있었습니다. 남방에서 장사를 하다가 공자님의 임종을 보지 못했다고 합니다. 뒤늦게 부랴부랴 올라왔는데 이미 돌아가신 뒤라고 합니다. 그래서 다른 사람들은 3년 상을 지냈는데 이 분은 17년 상을 지냈다고 합니다. 이후 공자님을 기리는 나무를 심었는데 공자님이 노해서 벼락으로 때려서 지금도 그 벼락 맞은 나무가 있습니다.

라고 설명하는 것이 아닌가? 이야기의 주인공은 자유가 아니고 자공이며 17년간 시묘살이를 한 것이 아니라 6년 시묘살이를 했다. 그리고 공자님이 자로를 얼마나 아꼈는데 벼락을 때려서 자공이 심은 나무를 넘어뜨렸단 말인가? 공부를 하는 것은 힘들고 아는 척은 하고 싶은 것이 인간의 타고난 고질병이다. 자공은 장사를 해서 돈을 많이 벌어 사마천의 '화식열전'에도 실려 있다. 여기서 논어 원문을 조금 들여다보면 자장 23편과 25편에 다음과 같은 글이 나온다.

숙손무숙이 조정에서 대부에게 말했다. "자공이 공자보다 어질다고 본다."고 하였다. 자복경백이 자공에게 고했더니 자공이 말했다, "궁실 담에 비유한다면 나의 담은 어께에 미쳐서 집안의 좋은 것을 엿볼 수 있으려니와 부자의 담은 몇 길이나 높아서 그 문을 들어가지 않으면 종묘의 아름다움과 백관의 호화한 것을 볼 수 없는 것이다. 그런데 그 문에 들어간 사람은 적으니 무숙의 한 말이 또한 마땅치 않겠는가?(叔孫武叔 語大夫於朝曰子貢賢於仲尼 子服景伯 以告子貢 子貢曰譬之宮牆 賜之牆也 及肩 窺見室家之好 夫子之牆 數仞 不得其門而入 不見宗廟之美 百官之富 得其門者或寡矣 夫子之云 不亦宜乎)

진자금이 자공에게 말했다. "그대가 겸손한 것이지 공자님이 어찌 그대보다 어질겠는가?" 자공이 말해주었다. "군자는 한 마디 말로 지혜롭게 되기도 하고 한 마디 말로 지혜롭지 못하게 되기도 하므로 말은 삼가지 않을 수 없는 것이다. 선생님을 따라잡지 못하는 것은 마치 하늘에 사다리를 놓고 올라가는 꼴이다. 선생님께서 나라를 얻어서 다스린다면 소위 '백성의 살 방도를 세우면 세워지고, 인도 하면 따르고 편안하게 하면 오고, 고취시키면 화하고 살아 계실 때는 사람마다 영광스럽고 돌아가신 때에는 모두 슬퍼할 것이다.' 그 어찌 미칠 수 있겠느냐?"고 하였다.(陳子禽謂子貢曰 子爲恭也 仲尼豈賢於子乎 子貢曰 君子一言以爲知 一言以爲不知 言不可不愼也 夫子之不可及也 猶天之不可階而升也 夫子之得邦家者 所謂立之斯立 道之斯行 綏之斯來 動

之斯和 其生也榮 其死也哀 如之何其可及也)

돈이 있고 권력이 있으면 그 앞에서 알랑거리는 자가 반드시 나타나게 마련이다. 그리고 어지간한 경지에 이르지 않고서는 알랑거리는 소리에 넘어가지는 않더라도 한순간 솔깃해 할 수도 있다. 그렇지만 자공의 스승에 대한 믿음은 너무나 확고하여서 하얗게 서리가 내리는 듯한 근엄함이 묻어 나온다. 어떤 사람은 공자의 위대성을 인(仁)에서 찾기도 하고 또 어떤 이는 치열한 학문하는 자세에서 찾기도 하지만 나는 이렇게 훌륭한 제자를 두었다는 점에서 찾고 싶다. 30년을 교직에 종사하면서도 이렇다 할 제자가 없는 내 자신이 돌아다 보인다. 물론 내 자신이 공자와 같은 훌륭한 인품을 갖추지 않아서이기도 하겠지만 자공의 무릎에 가는 제자가 단 한 명이라도 있었던가?

우리 일행은 다시 버스를 타고 세계에서 가장 큰 옥수수 밭을 지나 청도로 돌아왔다. 중국에서 마지막으로 묵을 숙소는 청도 파크뷰 홀리데이호텔. 한선생과 나는 저녁 식사를 마치고 바람을 쏘이기 위해 청도 시내를 걸었다. 곳곳에 한국 간판이 눈에 띄었다. 슈퍼에 들러 칭따오 맥주를 한 병 샀다. 단 돈 천 원이었지만 맛은 그저 그만이었다. 무엇보다 담백하고 시원했다. 슈퍼에 젊은 여주인이 아기를 안고 물건을 팔았는데 의외로 한국어에 유창해서,

-한국어를 잘 하시네요?

했더니,

-교포에요.

라고 답했다. 희고 고운 얼굴에 선한 기운이 자연스럽게 묻어 나왔다. 자신이 한국 교포라는 것을 당당하게 밝히는 걸 보고 타지에 와서도 행동을 잘해야 저런 분에게 누를 끼치지 않는 게 되는구나

싶었다.

7월 29일 금요일

비행기를 타기 전에 우리 일행은 세기공원에 들렀다. 그곳은 베이징올림픽을 기념하여 만들어진 공원으로 청도 청양에 있으며 도시 미관을 돋보이게 해 주는 공원이다. 정식 이름은 '칭다오 올림픽 조각 문화원'으로 조경이 아름답고 호수와 작은 놀이공원 같은 시설도 있어 가족단위로 많이 찾으며 여름이면 보트를 타거나 꽃놀이를 할 수 있는 곳이라고 하는데 우리가 갔을 때에는 배를 타는 장면을 보지 못했다. 그곳에는 베이징 올림픽 때 금메달을 딴 선수들의 동상이 있었다. 나는 처음에는 탁구 선수의 옆에서 사진을 찍다가 그래도 배드민턴은 20년을 해 온 운동인데 이렇게 한 순간에 저버릴 수가 있나 싶어 배드민턴 선수 옆에서도 사진을 찍었다. 허름한 복장을 한 할아버지가 부지런히 대나무 비질을 하고 있는 모습이 보였다. 한선생이 사진을 들이대자 할아버지가 자연스럽게 포즈를 취해 주었다. 선한 기운이 절로 묻어 나오는 사람이었다. 우리는 급하게 버스로 돌아왔고 차는 드디어 청도공항에 도착했다.

-이렇게 헤어질 시간이 되면 저는 여러분에게 딱 두 가지를 기원합니다. 첫째는 만수무강이고 두 번째는 운수대통입니다.

만나면 헤어짐이 있는 것이지만 그래도 닷새 동안 한 공간에서 보냈는데 어찌 이별의 아쉬움이 없을 수 있겠는가, 나 역시 젊은 그의 만수무강과 운수대통을 마음속으로 빌었다.

남산 역에서 1002번을 타고 덕계사거리에 내려서 택시를 타고 집에 도착했을 때가 6시 50분. 그렇다면 김해공항에 도착했을 때가 5시쯤 되었던가 보다. 김해공항 역→사상역→서면역 환승→남산 역을 거쳤다. 집사람은 날씨가 더워서인지 하루 종일 외출을 삼가고 집에 있었다. 아파트 현관에 있는 우편함에 우편물이 수북하게 쌓여 있는 것으로 봐서 알 수 있었다. 우리는 어제 저녁 식사를 덕계사거리에 있는 '안채'에서 추어탕을 먹었다. 에어컨 바람 앞에 속수무책으로 기침을 하던 집사람은 이제 선풍기 바람에도 기침을 했다. 집으로 돌아와서 내가 샤워를 마치고 컴퓨터 앞에 앉아 있을 때, 9시가 지나서 동희가 귀가 했다.

-아버지, 돌아오셨네요?

동희가 반갑게 인사를 건넸다.

-응, 잘 있었나?

-아버지가 거기에 그렇게 앉아 계시니까, 마치 여행에서 온 사람 같지가 않습니다.

-응, 그렇제.

나는 동희에게 가져온 선물을 주었다. 하나는 머리 말리는 수건이고, 또 다른 하나는 스텐과 같은 금속으로 된 거울이었다. 역시 선물을 사 오길 잘했다는 결론이다.

에필로그

어제 비행기를 타고 오면서 '윌리엄 텔'이 생각났다. 왕은 아들의 머리 위에 사과를 얹어 놓고 그것을 맞춰 라는 명령을 내렸다. 윌리엄 텔이 망설이고 있을 때 아들은 아버지를 향해서 그렇게 외쳤다.

"아버지에게는 식은 죽 먹기잖아요? 그게 뭐 어려울 게 있습니까?" 아들은 아버지에게 무한한 신뢰를 보낸다. 거기에 용기를 얻어서 아버지는 사과를 명중한다. 왜 비행기를 타면 무서울까? 그것은 비행기를 믿지 못하고, 기장을 믿지 못하기 때문이다. 불신이 나에게 두려움을 안겨 준 것이다. 그것은 왕상망으로 갔을 때 나사선으로 된 계단을 오르지 못한 이유이기도 하다. 예전에는 우리 동네 버스인 50번이나 61번을 타면 교통사고가 나면 어쩌나 하는 걱정이 들었다. 그런데 지금은 그것이 다 부질없는 헛걱정이라는 것을 안다. 20년을 넘게 타고 다니는 동안 단 한 건의 교통사고가 생기지 않았기 때문이다.

인간의 행복이라는 것이 대부분 일정한 고통을 참고 그것에서 풀려나는 해방감과 다를 바가 없다. 4박 5일 동안 주로 버스 안에서 불편하게 쪼그리고 앉아 있거나 아니면 뙤약볕을 맞으며 길을 걷는 형태였다. 태항산에서 본 계곡의 물이나 적층을 이룬 산들은 순간적인 감탄을 불러일으킬 뿐이었다. 정작 큰 행복감은 집에 와서야 느낀다. 모든 사람과 사물들이 출발하기 전의 모습으로 고스란히 그대로 남아 있고, 팬티도 입지 않고 헐렁한 파자마 차림으로 러닝셔츠만 걸친 채 이렇게 컴퓨터 앞에 앉아 있을 수 있다는 것. 이때 느끼는 행복은 산이나 계곡을 보고 순간적으로 내지르는 탄성에 비하면 훨씬 긴 것이다. 나에게는 곡부 방문이 일종의 성지순례와도 같은 것이었지만 다른 사람들에게는 곡부가 무슨 의미가 있을까? 하는 의문이 내내 일었다.

일주일 전에 나는 여러 가지 걱정에 휩싸여 있었다. 지금 생각해 보면 그 걱정이라는 것은 아주 사소한 것들이었다. 학교에서 디지털

교과서 공문을 미처 처리하지 못한 것, 22일 위내시경 검사를 하며 의사가 이상한 것이 발견 되었으니 조직 검사를 해야 되겠다고 하면 어쩌나 하는 걱정, 중국 여행을 위해 비행기를 타고 가다가 자칫 사고라도 나면 어쩌지 싶었다. 그 모든 관문을 무사히 통과한 지금, 그 때는 심각했던 것들이 지금은 한낱 사소하기 그지없는 부류들은 아니었는지 싶다. 세상 이치가 그렇다. 그 관문을 통과하기 전에는 긴장하지 않을 수 없다. 많은 사람들이 무난히 통과 했으니 나도 그럴 것이라는 것은 금물이다. 소심하다고 비난 받을지는 모르나 如履薄氷, 如臨深淵, 戰戰兢兢하지 않을 수 없다. 이번 여행에서 위험한 순간도 있었다. 곡부에 도착한 첫날 밤. 식사를 마치고 나오며 내 가방을 챙기기 위해 버스 옆으로 갔다. 가방을 들고 일어서는 순간, 트렁크의 뚜껑과 머리가 부딪힐 뻔 했다. 누군가가 그런 말을 했다.

-자칫하면 홍콩 갈 뻔 했습니다.

만약 이때 내가 공부가주를 서너 잔 거푸 마시지 않은 말짱한 상태였다면 사전에 그런 위험을 감지했을 지도 모른다. 술이라는 것이 항상 그런 위험을 내포하고 있다. 청도에 도착했을 때, 식사를 마치고 한규진 선생과 나는 시내 거리를 산책하였다. 사람이 지나가면 자동차가 서겠거니 하고 걸었는데 막무가내로 달려왔다. 신호등이 없는 곳에서 횡단보도를 건널 때, 차량 행렬이 끝없이 이어지면 위험을 무릅쓰고 건너려는 경향이 나에게 있다. 나의 급한 성격과 연관 되어 있을 것이다. 비행기를 타는 내내 그것이 기우인 줄 알면서도 혹시 추락을 하면 어쩌나 하고 걱정이 되었다. 공항에서 사상역으로 가는 동안 경전철은 기관사가 없었다. '어떻게 기관사가 없이 열차가 달리는 거지?' 아무런 지식이 없는 나로서는 불안하지 않을 수 없었다.

태항산에서 나선식 계단을 결국 오르지 못했다. '떨어져 죽으면 어쩌나? 나는 그렇다 치더라도 같이 여행 온 다른 사람들에게도 피해를 주는 것이 아닌가?'

-세 계단을 도는 동안 괜히 왔구나, 후회를 했습니다. 돌아가려고 하니 그게 더 무서운 거예요. 그래서 어쩔 수 없이 올라갔습니다. 다리가 아픈 줄 하나도 못 느꼈습니다.

룸메이트였던 한규진 선생이 나에게 그렇게 말해 주었다. 역시 오르지 않기를 잘했구나 싶었다.

한자(한문)를 알면 유익한 몇 가지

1. 국어만으로는 한계가 있다

우리에게 친근한 국어교과서(중2)에 보면 '국문학의 정의'를 '국문학은 우리나라 사람이 우리 민족의 생활과 사상과 감정을 우리의 언어에 담아 표현한 문학이다.'라고 말하고 있다. 여기에서 문제는 역시 작자나 내용보다도 문학의 형식이 중요한 관건이 된다. 다들 알다시피 우리는 지금 한글을 일상적으로 사용하고 있지만, 우리 조상들은 중국의 글자인 한자를 한글과 함께 사용하여 왔다. 더군다나 훈민정음을 창제하기 전에는 한자 이외에는 사용할 글자가 없었기 때문에 한자를 사용하는 것은 어쩔 수 없는 일이었다. 최초의 국가인 고조선의 건국과 더불어 세종대왕과 같은 영명하신 군주가 태어나시어 한글을 좀 더 일찍 창제하셨더라면 얼마나 좋았을까? 그러나 역사를 두고 '만약……했더라면'하는 가정법 과거는 용납되지 않는다. 한동안 '한글전용론자'와 '국한문 병용론자' 사이에 끝없는 논쟁이 있었다. 얼마

전에 '시ㄴ브로' 라는 담배가 나왔을 때 그 뜻을 물어오는 사람들이 많았다. '모르는 사이에 조금씩'이라는 뜻이라고 말해 주었더니 고개를 끄덕였다. 그 이외에도 '멧남새' 라던가 '꼬치미' 등 우리가 현재는 사용하지 않는 아름다운 우리말이 많다. 우리가 옛말에서 아름답고 고운 우리말을 많이 발굴해서 순우리말만 가지고 일상생활에서 쓰는 단어는 물론 학술용어까지 구사할 수 있다면 더 이상 바랄 나위가 없다. 그러나 어디까지나 현실화되기에는 비관적이다. 생활 용어는 그렇다손 치더라도 제 3의 물결을 타고 도도하게 밀려드는 정보·기술 관련 신어(新語)들을 어떻게 대체할 수 있겠는가? 문화라는 것이 알고 보면 '흐르는 물'과 같아서 한 곳에 정체되어 있기를 거부하는 속성이 있다. 더군다나 요즘과 같이 교통과 통신이 발달한 지구촌시대에는 더욱 걷잡을 수 없다. 우리가 우리 고유의 전통문화를 아끼고 보호하듯이 우리 고유의 순우리말을 발굴, 보급해야 한다는 것은 또 다른 차원에서의 이야기다. 그것은 그것대로 전문 학자들에 의해 연구, 개발되어야 할 당위성을 충분히 가지고 있다. 여기서 필자가 주장하는 것은 이미 우리말의 70%가 한자어로 되어 있다는 현실성과 국가 경쟁력 제고를 위한 외국어로서의 한자를 더 이상 묵과할 수 없는 시점에 와 있다는 것이다.

2. 한자를 알면 국어가 보인다.

필자가 중학교 시절에 만난 국어 선생님이 한 분 계신다. 향가에서 작품을 거론하는데 '제 망매가'를 읽는데 항상 '제망'하고는 띄우고 '매가' 라고 읽었다. 물론 그런 식으로 읽다 보니 의미가 더욱 모호해진 것은 기정사실이었다. '제 망매가'를 한자로 쓰면 '祭亡妹歌'이니

'祭'는 '제사 지낸다' 즉 '추모'의 뜻이고, '亡妹'는 죽은 누이이며, '歌'는 노래이다. 즉 '죽은 누이를 추모하는 노래'이니 '제' 띄우고 '망매가'라고 읽어야 한다. 신라 향가 중에 '찬기파랑가'가 있다. 내가 아는 선생님은 '찬기' 띄우고 '파랑가'라고 항상 읽었다. 한자에 다소 익숙해 있는 지금도 '찬기', '파랑가' 식으로 읽으면 무슨 뜻인지 더욱 오리무중(五里霧中)이 된다. 이것을 한자로 쓰면 '讚耆婆郞歌'이다. '讚'은 '찬양한다.'라는 뜻이고, 여기서 '기파랑(耆婆郞)'은 사람(화랑)의 이름이다. 그러므로 '찬기파랑가'란 '기파랑'이란 화랑을 찬양하는 노래이고, 읽을 때에는 '찬'하고 띄우고 '기파랑가'로 읽어야 된다. 그리고 시험 문제 중에는 이들 작품의 주제를 묻는 문제가 때때로 출제되기도 하는데, 한자의 기본적인 뜻과 음을 알고 있다면 곧바로 '죽은 누이를 추모함', '기파랑을 찬양함'하고 알 수가 있는 것이다.

우리 국어의 표현 중에, 한글만으로 표현해서 알 수 없는 복수의미를 지닌 단어가 많다. 예를 들면,

'그는 시가를 물었다.'라고 표현했을 때 읽는 사람은 큰 혼란을 느끼지 않을 수 없다.

① 시 : 가(市街) 도시의 큰 거리, 또는 번화한 거리

② 시 : 가(市價) 시장에서 팔리는 가격. 시장가격

③ 시가(時價) (가격이 바뀌는 상품의) 거래할 때의 가격. 그때 (지금)의 값. 시세(時勢)

④ 시가(媤家) 시집

⑤ 시가(詩歌) 시(詩). 시와 노래와 창곡을 통틀어 이르는 말.

한자를 병기하지 않고 한글만으로 '시가'라고 했을 때 어떤 시가를 가리키는지 도통 알 수가 없게 된다. 더군다나, 그 뜻에 따라서 발음

도 제각기 달라지니 제대로 발음하기 위해서라도 한자 병기는 불가피하다.

지금은 순우리말이 되었지만 이들 중에서도 본래는 한자어가 많다. 예를 들면,

♣ 고수레 - 고시(高矢)네

♣ 내숭스럽다 - 내흉(內凶) 스럽다.

♣ 대수롭다 - 대사(大事)롭다.

♣ 대충 - 대총(大總)

♣ 도무지 - 도모지(塗貌紙)

※ 물을 묻힌 한지를 얼굴에 몇 겹으로 착착 발라 놓으면 종이의 물기가 말라감에 따라 서서히 숨을 못 쉬어 죽게 되는 형벌.

♣ 돈 - 도(刀)

♣ 참 - 역참(驛站)

♣ 벽창호 - 벽창우(碧昌牛) ※ 평안북도 벽동·창성 지방에서 나는 크고 억센 소

♣ 빈대떡 - 빈대(賓待)떡

♣ 사또 - 사도(使道)

♣ 산림 - 산림(山林, 産林)

♣ 샌님 - '생원(生員)님'의 줄임말

♣ 서낭당 - 성황당(城隍堂)

♣ 서울 - 서라벌(徐羅伐), 서벌(徐伐), 서나벌(徐那伐)

♣ 시달리다 - 불교용어 시달리(尸陀林)

※ 시다림(尸陀林) : 인도 중부에 있는 왕사성 북쪽에 있는 숲의 이름으로 일종의 공동묘지였는데 사람이 죽으면 이곳에 시신을

내다버렸다

♣ 시답잖다 - 실(實)답지 않다.

♣ 억수 - 악수(惡水)

♣ 을씨년스럽다 - 을사년(乙巳年)스럽다.

♣ 잡동사니 - 잡동산이(雜同散異)

♣ 장가들다 - 장가(杖家)들다.

♣ 젬병 - 전병(煎餠)

♣ 조카 - 족하(足下)

♣ 지루하다 - 지리(支離)하다.

♣ 한참동안 - 역참(驛站)에서 나온 말.

(박숙희. '뜻도 모르고 자주 쓰는 우리말 500가지', 서운관, 1994)

이상에서 보는 것과 같이 어원이 된 한자어를 알면 우리의 순우리말 의미를 보다 명확하게 알 수 있는 것은 자명한 사실이다.

3. 한자는 훌륭한 국제어이다.

서양의 미래학자들은 앞으로 21세기에는 세계경제의 중심이 서구로부터 아시아, 태평양으로 움직인다고 한결같이 피력하고 있다. 그리고 이 지역에 바로 중국, 일본, 대만, 싱가포르……. 등 동남아 각국의 한자문화권이 형성되어 있다. 따라서 이 시장을 개척하고 이 지역의 문화, 역사, 사고방식을 이해하려면 한자에 대한 지식이 필수 불가결이다.

해외에서 무역업에 종사하는 사람들의 말에 의하면 국제무역과 금융의 중심지인 홍콩을 다니다보면 골목의 표지판도 영어와 한자로 되어 있는 것은 물론 그 곳에 상주하는 영국, 독일, 덴마크 등지의 외국인들도 한자에 매우 익숙해 있음을 발견했다고 한다. 뿐만 아니라 중국이 WTO에 가입하면서 전 세계의 강대국들이 바짝 긴장하고 있다. 실제로 최근 중국을 다녀온 오지여행가 한비야 씨에 의하면 중국은 2008년 올림픽까지 북경에 유치하여 '새로운 베이징', '새로운 올림픽'을 외치면서 분위기가 후끈 달아올랐다고 한다. 얼마 전 KBS 일요스페셜에서도 중국의 열기를 방영한 적이 있는데, 한 체육관에 수 천 수 만 관중이 모여 영어 배우기에 여념이 없었다. 대부분의 미래 예언자들은 앞으로 미국과 견줄 수 있는 나라는 중국 밖에 없다고도 하고, 혹자는 미국이 중국을 두려워하는 척하며 중국이 제대로 크기도 전에 싹을 자르기 위함이라는 말도 있다. 주룽지 총리도 '중국은 미국의 적이 아니라 동반자이다. 미국을 따라가려면 아직 멀고멀었는데 무슨 위협적인 존재냐'라고 말했다지만 몇 가지 문제점을 안고 있다는 것을 감안하더라도 화교의 엄청난 자본력, 거대한 인력, 서부지역에 묻혀 있는 어마어마한 지하자원 등과 함께 자국의 문화에 대한 자부심 등이 중국의 국제경쟁력의 착실한 밑바탕이 되고도 남음이 있다고 전문가들도 말하고 있다.

유럽 사람들이 라틴어라는 한 뿌리에서 나왔기 때문에 프랑스어, 이탈리아어, 스페인어를 구사하는 사람들이 영어를 배우는데 아주 익숙하나 반대로 중국어를 배우는 유럽인들은 우리나라가 한자문화권에 있기 때문에 우리가 중국어를 배우는데 매우 유리할 것이라고 부러운 시선을 보낸다. 실제로 중국어 공부하는 사람이야기를 들어보면 교육부 지정 1,800자만 알면 중국어 공부 시간을 절반으로 줄일 수 있다고 이야기 한다. 중국은 간자체를 쓰기 때문에 우리가 배우는 한자와 다르다고 생각하기 쉬운데 간단하게 쓰는데도 원칙이 있기 때문에 한번만 보면 쉽게 각인이 된다고 한다. 예를 들면, '飛→飞', '廣→广'으로 얼른 봐도 알아볼 수 있도록 간략하게 되었다는 것이다.

4. 한자(漢字)는 수신서이자 삶의 지침서이다.

예전에 우리 조상들은 사용해온 욕말 중에 가장 흉악한 말이 '효경(梟獍)'이 같은 놈! 이었다고 한다. 부엉이(梟)는 제 어미를 잡아먹고 경(獍)이란 범처럼 생긴 짐승은 제 아비를 잡아먹는다고 하여 불효막심을 일컬을 때 쓰이는 말이다. 몇 년 전에는 부유한 환경에서 자라나 유학까지 다녀온 대학교수가 대명천지에 길러준 아버지의 목을 난자하는 시부(弑父)사건이 발생하더니, 또 얼마 전에는 전교 10등 안에 드는 우등생이 과외비 문제로 저를 낳아준 어머니를 목 졸라 죽이는 시모(弑母) 사건이 발생했다. 소크라테스조차도 어머니에게 불효막심한 그의 맏아들 랄프로크레스를 타이른 장문의 글 가운데 "너를 기를 때 네 마음속에 부모가 들어가 공존한 마음의 여지를 못 마련해 준 아비의 잘못이 크다."라고 남기고 있는 걸 보면 부모에게 있어 자녀교육이란 얼마나 힘들고 어려운지 짐작할 수 있다. 요즘 우리 학교교육을 보면 부모나 이웃을 배려한 윤리적 성숙, 곧 인성을 길러주기보다는 이기적 자기만을 비대화 시키는 경향이 없지 않다. 아무리 창의성이 풍부한 인간이라 할지라도 만약 그 좋은 실력을 한순간 잘못 생각하여 인류 복지가 아닌 인류 파멸로 이끌어 간다면 한낱 무지랭이로 태어난 것보다 못한 결과가 생겨나는 것이다. 한자교육은 현대의 교육과정에서 자친 소홀하기 쉬운 도덕적 품성을 길러주는 역할을 한다.

우리는 흔히 한문공부를 하기 위한 입문서로 '명심보감'을 많이 찾는데 그것과도 무관하지 않는 것이다.

명심보감 첫머리에, '子曰 爲善者는 天報之以福하고 爲不善者는 天報之以禍니라. (자왈 위선자 천보지이복 위불선자 천보지이화)'고 쓰여 있다.(공자가 말하기를, 하늘은 착한 일을 하는 사람에게 복을 주시고, 악한 일을 하는 사람에게 화를 주신다.) 우리는 우선 위의 글을 해독하기 위해서는 爲(위할 : 위), 善(착할 : 선), 者(놈 : 자)…… 등의 훈독을 할 수 있어야 한다. 물론 이것이 한자 학습의 일차적 목표다. 그렇지만 이 말을 반복, 암기하는 가운데 스스로의 마음속에 '나중에 복을 받기 위해서라도 착하게 살아야지…….' 하는 뜻이 절로 우러나오게 되는 것이다. 하이데거라는 사람이 일찍이 '언어는 존재의 집이다.' 라고 했는데, 이 말은 여러 해석이 가능하겠지만 언어라는 것이 그만큼 인간의 정신을 지배하는 힘이 크다는 것을 의미하는 것도 된다.

항차 국제경쟁력을 갖춘 실력자가 되기 위해 중국어를 배우는 중간단계로서 이와 같은 외국어를 익히고 그에 따른 보너스로 도덕적 심성을 갖춘 훌륭한 인격자까지 되어준다면 이보다 더 유익한 일이 어디 있겠는가? 그야말로 '꿩 먹고 알 먹고'이다.

물론 우리는 영어를 배울 때에도 속담이나 격언을 통해서 정신적인 감화를 받기도 한다. 예를 들면 'Time is gold.' 라든가, 'Heaven helps those who help themselves.' 라는 글귀를 통해 '시간은 귀하다.' 든가 '하늘은 스스로 돕는 자를 돕는다.' 든가 해서 하나씩의 교훈은 마음에 새길 수는 있다. 그러나 한문에서처럼 체계적이고도 일관성 있게 새길 수는 없다. 하물며 유교의 기본덕목인 '충(忠)'과

‘효(孝)’에 대해서 이처럼 끊임없이 반복적으로 일깨워 주는 경우는 거의 없다.

인간성 회복과 맞물리면서 한문은 단순한 수신서 역할 뿐만 아니라 삶의 지침서의 기능도 한다. 필자의 경우 처음 사회에 첫발을 내딛으면서 모든 것이 학교에서 배운 것과는 달라 심한 사회 부적응 현상을 겪기도 했다. 그때 굴원의 유명한 글귀 ‘어부사’에 나오는 ‘滄浪之水 淸兮 可以濯吾纓 滄浪之水 濁兮 可以濯吾足……. (창랑지수 청혜 가이탁오영 창랑지수 탁혜 가이탁오족)’, (…… 창랑의 물 맑듯 맑은 세상이라면 갓끈을 씻고, 창랑의 물이 흐리듯 어지러운 세상이라면 그 물에 발이나 씻으리……)를 통해 처세의 방법을 배워나갔다. 사회적 분위기가 한문이 낡고 고루한 것으로 천대받는 가운데에서도 액자에 ‘家和萬事成(가화만사성)’이 가장 많이 눈에 띄고 ‘盡人事 待天命(진인사 대천명)’과 같은 글귀가 발견하기가 어렵지 않은 걸 보면 많은 사람들이 아직도 삶의 지침을 한문 글귀에서 찾음을 알 수 있다. 특히 이런 경향은 정치인들 중에 많아서 몇 년 전에도 ‘大道無門(대도무문)’이 나오고 또 그 얼마 후에는 ‘兎死狗烹(토사구팽)’이라는 말이 유행하더니 최근에는 주역이 나오는 ‘天網繪繪 疎而不淚(천망회회 소이불루)’라는 글귀까지 정치면에 오르내리는 것을 보면 한문이 삶의 지침서로서의 기능이 시류에 따라 합종연횡(合從連衡)을 일삼는 정치인들에게 보다 긴요하게 작용하는 것이 아닌가 싶다.